새로운 배움, 더 큰 즐거움

미래엔이 응원합니다!

초코 사회 4·2

WRITERS

미래엔콘텐츠연구회
이효연(새서귀초)

COPYRIGHT

인쇄일 2024년 7월 16일(1판5쇄)
발행일 2022년 5월 23일

펴낸이 신광수
펴낸곳 (주)미래엔
등록번호 제16-67호

융합콘텐츠개발실장 황은주
개발책임 이원일 **개발** 이현자, 이환희, 전승원, 김수연

디자인실장 손현지
디자인책임 김기욱 **디자인** 장병진

CS본부장 강윤구
제작책임 강승훈

ISBN 979-11-6841-166-1

초등학교 3학년부터 6학년까지

사회 한눈에 보기

3학년 1학기에는

우리가 살아가는 곳을 배워요.

1단원 사람들이 모여 사는 우리 고장의 모습을 살펴봐요.

2단원 옛날부터 전해 내려오는 이야기와 문화유산을 통해 고장의 역사적인 유래와 특징을 파악해요.

3단원 자동차, 버스는 옛날에는 어떤 모습이었는지, 휴대 전화가 없던 옛날에는 어떻게 소식을 전했는지 알아봐요.

3학년 2학기에는

우리가 살아가는 모습을 살펴봐요.

1단원 환경에 따라 달라지는 고장의 생활 모습을 탐구해요.

2단원 옛날 사람들이 사용한 생활 도구와 세시 풍속을 살펴보며 오늘날과 달라진 생활 모습을 비교해 봐요.

3단원 옛날과 오늘날의 혼인 풍습과 가족의 변화된 모습을 알아봐요.

5학년 1학기에는

우리 국토, 인권 존중과 정의로운 사회를 배워요.

1단원 우리나라의 위치와 영역, 자연환경과 인문환경 등 지리적 특성을 배워요.

2단원 인권이 무엇인지 배우고, 인권 보장을 위한 헌법의 역할과 헌법에 기초하여 만들어지는 법을 알아봐요.

5학년 2학기에는

우리나라 역사와 사회의 변화를 살펴봐요.

1단원 고조선부터 조선 전기에 이르기까지 나라의 발전에 기여한 인물과 대표적인 문화유산을 살펴봐요.

2단원 조선 후기부터 일제의 침략, 광복 후 대한민국 정부의 수립과 6·25 전쟁의 원인과 과정을 탐구해요.

1 매일 매일 꾸준히 학습하고 싶다면 초코 학습 계획표를 사용하여 스스로 공부하는 습관을 길러 보세요!

2 매일 학습이 끝나면 ☐ 에 √ 표시를 하세요.

일차	쪽	날짜	학습 완료
4일차	16~17쪽	월 일	☐
5일차	18~19쪽	월 일	☐
6일차	20~21쪽	월 일	☐
7일차	26~29쪽	월 일	☐
2일차	0~52쪽	월 일	☐
13일차	53~55쪽	월 일	☐

2 필요한 것의 생산과 교환

일차	쪽	날짜	학습 완료
1일차	60~61쪽	월 일	☐
6일차	74~77쪽	월 일	☐
7일차	80~81쪽	월 일	☐
8일차	82~83쪽	월 일	☐
9일차	84~85쪽	월 일	☐

3 사회 변화와 문화 다양성

일차	쪽	날짜	학습 완료
1일차	110~111쪽	월 일	☐
2일차	112~113쪽	월 일	☐
3일차	114~115쪽	월 일	☐
8일차	132~133쪽	월 일	☐
9일차	138~141쪽	월 일	☐
10일차	146~148쪽	월 일	☐
11일차	149~151쪽	월 일	☐

초코가 추천하는

사회 학습 계획표

1 촌락과 도시의 생활 모습

1일차 10~11쪽 월 일 학습 완료 ☐	**2일차** 12~13쪽 월 일 학습 완료 ☐	**3일차** 14~15쪽 월 일 학습 완료 ☐	
8일차 32~33쪽 월 일 학습 완료 ☐	**9일차** 34~35쪽 월 일 학습 완료 ☐	**10일차** 36~37쪽 월 일 학습 완료 ☐	**11일차** 42~45쪽 월 일 학습 완료 ☐
2일차 62~63쪽 월 일 학습 완료 ☐	**3일차** 64~65쪽 월 일 학습 완료 ☐	**4일차** 66~67쪽 월 일 학습 완료 ☐	**5일차** 68~69쪽 월 일 학습 완료 ☐
10일차 86~87쪽 월 일 학습 완료 ☐	**11일차** 92~95쪽 월 일 학습 완료 ☐	**12일차** 100~102쪽 월 일 학습 완료 ☐	**13일차** 103~105쪽 월 일 학습 완료 ☐
4일차 116~117쪽 월 일 학습 완료 ☐	**5일차** 122~125쪽 월 일 학습 완료 ☐	**6일차** 128~129쪽 월 일 학습 완료 ☐	**7일차** 130~131쪽 월 일 학습 완료 ☐

초등학교 3학년부터 6학년까지 사회에서는
무엇을 배우는지 한눈에 알아보아요!

4학년 1학기에는

우리 지역의 어제와 오늘을 살펴봐요.

1단원 지도를 공부하고 우리 지역의 지리 정보를 파악해요.

2단원 우리 지역의 대표적인 문화유산과 역사적 인물을 살펴봐요.

3단원 공공 기관을 알아보고 우리 지역이 안고 있는 문제점과 그 해결 방안을 탐구해요.

4학년 2학기에는

우리 지역의 다양한 모습을 알아봐요.

1단원 촌락과 도시에서 나타나는 생활 모습의 특징과 이들 사이의 교류, 상호 관계를 탐구해요.

2단원 경제활동을 알아보고 여러 지역들의 물자 교환과 경제적 교류를 살펴봐요.

3단원 저출산·고령화, 정보화, 세계화로 달라진 생활 모습과 다양한 문화 속 편견과 차별을 알아봐요.

6학년 1학기에는

우리나라 정치와 경제 발전을 알아봐요.

1단원 우리나라의 민주주의 발전 과정을 통해 시민의 정치 참여 중요성을 파악해요. 또 국회, 행정부, 법원 등 주요 국가 기관의 역할을 탐구해요

2단원 가계, 기업, 자유 경쟁 등의 뜻을 배우고, 우리나라 경제 체제의 특징과 문제점을 파악해요.

6학년 2학기에는

세계의 여러 나라를 살펴보고, 지구촌의 평화를 위한 노력을 배워요.

1단원 세계 여러 대륙 및 나라들의 지리적 특성과 다양한 생활 모습을 살펴봐요.

2단원 남북통일을 위한 노력, 지구촌의 다양한 갈등, 지속 가능한 미래를 위한 세계 시민의 자세를 배워요.

사회는

우리의 생활 모습을 배우는 과목이에요.

하지만

어려운 내용과 알 수 없는 용어가

교과서에 마구마구 나와서

무엇을 배우는지 모르는 친구들이 많이 있어요.

그런 친구들을 위해

초코 가 왔어요!

초코 는~

중요하고 꼭 알아야 하는 내용을 쉽게 정리했어요.

알쏭달쏭한 용어들도 그림으로 재미있게 이해할 수 있지요.

공부한 내용도 여러 문제를 풀면서 확인할 수 있어요.

공부가 재미있어지는 **초코** 와 함께라면

사회가 쉬워진답니다.

초등 사회의 즐거운 길잡이!
초코! 맛보러 떠나요~

구성과 특징

"책"으로 공부해요

1 문제로 개념 탄탄

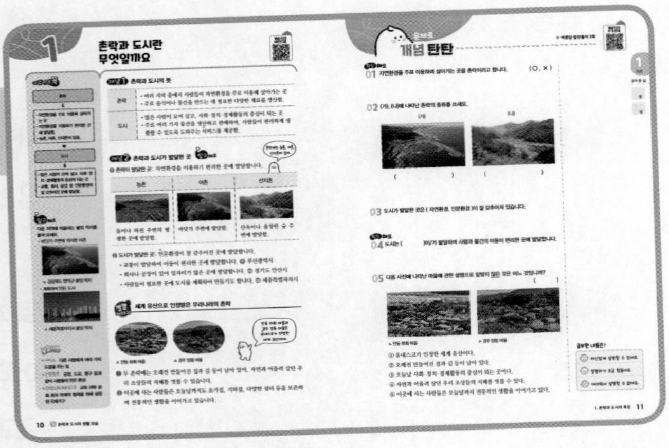

교과서 중요 개념을 이미지와 표로 정리하여
쉽고 재미있게 사회 기본기를 다질 수 있어요.

2 용어만 쏙쏙

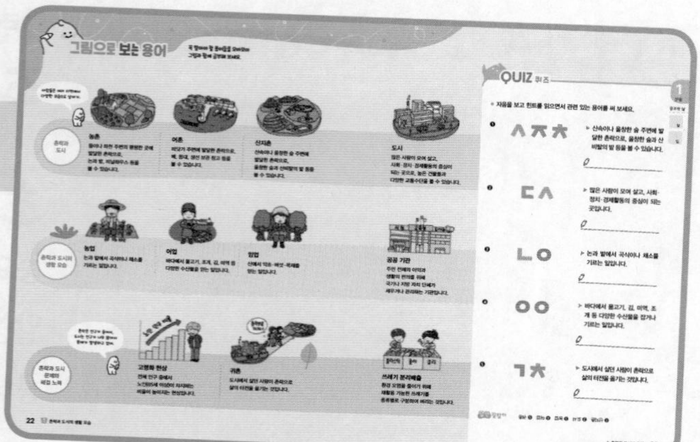

어려운 사회 용어를 그림으로 학습하며
확실하고 완벽하게 용어를 이해할 수 있어요.

"온라인 서비스"도 활용해요

핵심이 보이는
개념 터치 마인드맵

이미지 마인드맵을 터치하고 교과서 중요
개념을 보면서 한눈에 정리해요.

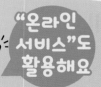

3 시험도 척척

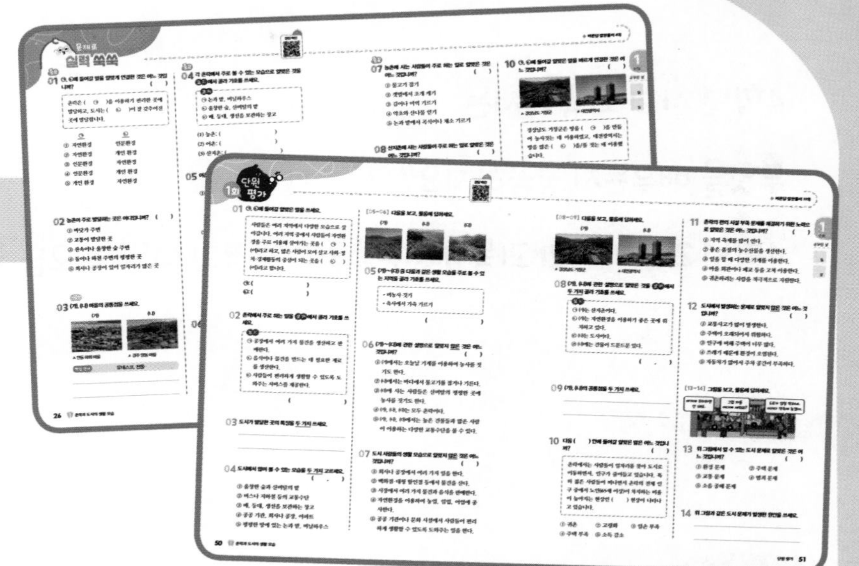

다양한 유형의 문제를 풀어보고
문제 해결력을 키우며 실력을
쌓을 수 있어요.

4 교과서도 완벽

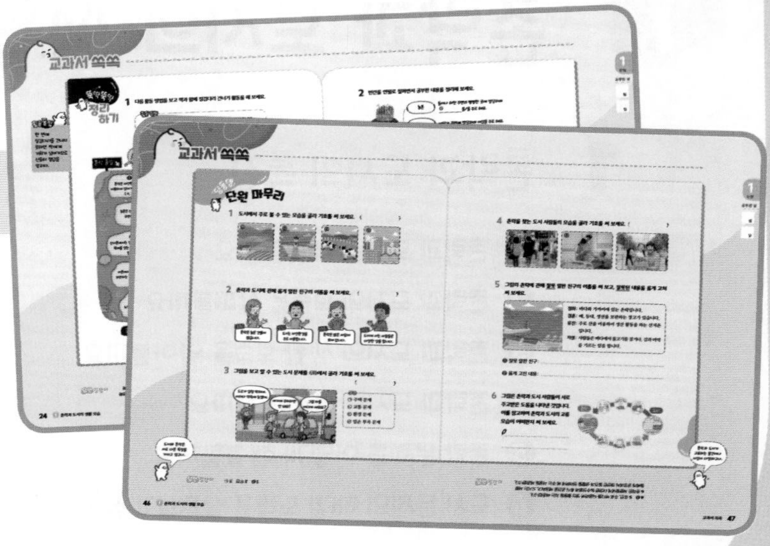

교과서 '뚝딱뚝딱 정리하기'와
'딩동댕 단원 마무리'를 확인하고
내용을 완벽하게 정리할 수 있어요.

콕 짚어주는

개념 터치 추가 문제

학습한 중요 개념을 완벽하게 이해하고 있는지 문제를 터치하면서 빠르게 다시 한 번 확인해요.

바로바로

정답 확인

문제를 풀고 자세한 해설을 보면서 정답을 바로 확인해요.

차례

4학년 사회 과목에서는

무엇을 배우는지 궁금하지요?

4학년 2학기 사회 과목에서는 '우리 지역의 다양한 모습'을 배워요.

1 촌락과 도시의 생활 모습

1 촌락과 도시의 특징

2 함께 발전하는 촌락과 도시

2 필요한 것의 생산과 교환

1 경제활동과 현명한 선택

2 교류하며 발전하는 우리 지역

3 사회 변화와 문화 다양성

1 사회 변화로 나타난 일상생활의 모습

2 다양한 문화에 대한 이해와 존중

촌락과 도시의 생활 모습

1
촌락과 도시의 특징
촌락과 도시를 비교하고, 두 지역의
문제점과 해결 방법을 살펴볼까요?

2
함께 발전하는 촌락과 도시
촌락과 도시는 어떻게 교류하면서
함께 발전해 나가고 있을까요?

단원에 대한 학습 계획을 세우고, 공부한 내용을 얼마나 이해했는지 스스로 평가해 보세요.

1 촌락과 도시의 특징

공부할 내용		쪽수	스스로 평가
1일차	❶ 촌락과 도시란 무엇일까요	10~11쪽	☆☆☆
2일차	❷ 촌락과 도시의 모습을 살펴볼까요	12~13쪽	☆☆☆
3일차	❸ 촌락과 도시의 생활 모습을 알아볼까요	14~15쪽	☆☆☆
4일차	❹ 촌락과 도시를 비교해 볼까요	16~17쪽	☆☆☆
5일차	❺ 촌락 문제를 어떻게 해결할까요	18~19쪽	☆☆☆
6일차	❻ 도시 문제의 해결 노력을 살펴보고 살기 좋은 촌락과 도시를 만들어 볼까요	20~21쪽	☆☆☆
7일차	문제로 실력 쑥쑥	26~29쪽	☆☆☆

2 함께 발전하는 촌락과 도시

공부할 내용		쪽수	스스로 평가
8일차	❶ 촌락과 도시가 교류하는 까닭을 알아볼까요	32~33쪽	☆☆☆
9일차	❷ 촌락과 도시의 다양한 교류를 알아볼까요	34~35쪽	☆☆☆
10일차	❸ 촌락과 도시가 교류하는 모습을 살펴볼까요	36~37쪽	☆☆☆
11일차	문제로 실력 쑥쑥	42~45쪽	☆☆☆

12일차	단원 평가 1회	50~52쪽	☆☆☆
13일차	단원 평가 2회	53~55쪽	☆☆☆

☆☆☆ 자신있게 설명할 수 있어요. ☆☆ 설명하기 조금 힘들어요. ☆ 어려워서 설명할 수 없어요.

교과서 쏙쏙

1 촌락과 도시의 특징

이 단원을 공부하면?

- 촌락과 도시의 공통점과 차이점을 비교할 수 있어요.
- 촌락과 도시에서 나타나는 문제점과 해결 방법을 알 수 있어요.

도시의 모습이 한눈에 보이지.
내가 사는 촌락과는 완전 다르다. 나중에 우리 집에 놀러 와.

8쪽 그림에 나타난 도시의 모습을 보면
높은 건물, 아파트, 넓은 도로 등이 있어요.
반면 9쪽 그림에 나타난 촌락의 모습을 보면
곡식과 채소가 자라는 논과 밭, 낮은 건물 등이 있어요.

1 단원

공부한 날

월

일

생각이 활짝 사촌 동생에게 촌락의 어떤 모습을 보여 주면 좋을까요?

✎ 내 생각은

답안 길잡이

촌락 중에서 농촌은 도시와 다르게 논과 밭이 많습니다. 그러므로 논과 밭에서 곡식이나 채소를 기르는 사람들의 모습을 보여 줍니다. 또, 비닐하우스, 정미소, 농산물 저장고 등 농사짓는 데 도움을 주는 시설들을 보여 줍니다.

1 촌락과 도시란 무엇일까요

개념 터치 마인드맵

이것만은 꼭

촌락
• 자연환경을 주로 이용해 살아가는 곳 • 자연환경을 이용하기 편리한 곳에 발달함. • 농촌, 어촌, 산지촌이 있음.

도시
• 많은 사람이 모여 살고 사회·정치·경제활동의 중심이 되는 곳 • 교통, 회사, 공장 등 인문환경이 잘 갖추어진 곳에 발달함.

탐구해요

다음 지역에 어울리는 붙임 딱지를 붙여 보세요.

• 바닷가 주변에 위치한 어촌

▲ 경상북도 영덕군 붙임 딱지

• 계획하여 만든 도시

▲ 세종특별자치시 붙임 딱지

낱말사전

★서비스 다른 사람에게 여러 가지 도움을 주는 일

★인문환경 공장, 도로, 항구 등과 같이 사람들이 만든 환경

★유네스코(UNESCO) 교육·과학·문화 등의 국제적 협력을 위해 설립된 국제기구

개념 1 촌락과 도시의 뜻

촌락	• 여러 지역 중에서 사람들이 자연환경을 주로 이용해 살아가는 곳 • 주로 음식이나 물건을 만드는 데 필요한 다양한 재료를 생산함.
도시	• 많은 사람이 모여 살고, 사회·정치·경제활동의 중심이 되는 곳 • 주로 여러 가지 물건을 생산하고 판매하며, 사람들이 편리하게 생활할 수 있도록 도와주는 서비스★를 제공함.

개념 2 촌락과 도시가 발달한 곳 탐구해요

촌락에는 농촌, 어촌, 산지촌이 있어.

❶ 촌락이 발달한 곳: 자연환경을 이용하기 편리한 곳에 발달합니다.

농촌	어촌	산지촌

들이나 하천 주변의 평평한 곳에 발달함.	바닷가 주변에 발달함.	산속이나 울창한 숲 주변에 발달함.

❷ 도시가 발달한 곳: 인문환경★이 잘 갖추어진 곳에 발달합니다.

• 교통이 발달하여 이동이 편리한 곳에 발달합니다. 예 부산광역시

• 회사나 공장이 있어 일자리가 많은 곳에 발달합니다. 예 경기도 안산시

• 사람들이 필요한 곳에 도시를 계획하여 만들기도 합니다. 예 세종특별자치시

별별 이야기 세계 유산으로 인정받은 우리나라의 촌락

▲ 안동 하회 마을

▲ 경주 양동 마을

안동 하회 마을과 경주 양동 마을은 유네스코★가 인정한 세계 유산이야.

❶ 두 촌락에는 오래전 만들어진 집과 길 등이 남아 있어, 자연과 어울려 살던 우리 조상들의 지혜를 엿볼 수 있습니다.

❷ 이곳에 사는 사람들은 오늘날까지도 초가집, 기와집, 다양한 쉼터 등을 보존하며 전통적인 생활을 이어가고 있습니다.

문제로
개념 탄탄

바른답·알찬풀이 2쪽

개념 터치 추가 문제

1 단원

공부한 날 월 일

확인해요

01 자연환경을 주로 이용하며 살아가는 곳을 촌락이라고 합니다. (○, ×)

02 (가), (나)에 나타난 촌락의 종류를 쓰세요.

(가)

( )

(나)

( )

03 도시가 발달한 곳은 (자연환경, 인문환경)이 잘 갖추어져 있습니다.

확인해요

04 도시는 ( )이/가 발달하여 사람과 물건의 이동이 편리한 곳에 발달합니다.

05 다음 사진에 나타난 마을에 관한 설명으로 알맞지 않은 것은 어느 것입니까? ( )

▲ 안동 하회 마을

▲ 경주 양동 마을

① 유네스코가 인정한 세계 유산이다.
② 오래전 만들어진 집과 길 등이 남아 있다.
③ 오늘날 사회·정치·경제활동의 중심이 되는 곳이다.
④ 자연과 어울려 살던 우리 조상들의 지혜를 엿볼 수 있다.
⑤ 이곳에 사는 사람들은 오늘날까지 전통적인 생활을 이어가고 있다.

공부한 내용은?

- 자신있게 설명할 수 있어요.
- 설명하기 조금 힘들어요.
- 어려워서 설명할 수 없어요.

2 촌락과 도시의 모습을 살펴볼까요

개념 터치 마인드맵

이것만은 꼭

촌락의 모습

- 농촌: 논과 밭, 비닐하우스
- 어촌: 배, 등대, 생선 보관 창고
- 산지촌: 울창한 숲, 산비탈의 밭

도시의 모습

- 높은 건물과 이동하는 사람
- 공공 기관, 상점, 회사나 공장, 아파트 등 많은 건물
- 크고 작은 도로와 다양한 교통수단

개념 1 촌락의 모습

농촌	어촌	산지촌

평평한 땅에 있는 논과 밭, 비닐하우스 등을 볼 수 있음.	배, 등대, 생선을 보관하는 창고 등을 볼 수 있음.	울창한 숲, 산비탈의 밭 등을 볼 수 있음.

개념 2 도시의 모습

❶ 높은 건물과 이동하는 사람을 많이 볼 수 있습니다.

❷ 공공 기관, 상점, 회사나 공장, 아파트 등 많은 건물이 있습니다.

❸ 크고 작은 도로들이 연결되어 있고, 버스나 지하철 등 많은 사람이 이용하는 교통수단을 볼 수 있습니다.

▲ 높은 건물

▲ 아파트

▲ 다양한 교통수단

별별 이야기 촌락과 도시로 떠나는 여행

❶ 서울의 명동: 필요한 물건을 사고, 맛있는 음식도 먹을 수 있었습니다.

❷ 인천의 송도 신도시: 높은 건물이 많고 야경이 아름다웠습니다.

❸ 김제의 호남평야: 넓은 들판이 끊임없이 펼쳐져 있어 하늘과 땅이 만나는 지평선을 볼 수 있었습니다.

❹ 남해: 전통적 멸치잡이 방식인 죽방렴을 볼 수 있었습니다.

❺ 평창의 대관령: 여름인데도 시원해서 구경하기 좋았고, 목장에는 양들이 참 많았습니다.

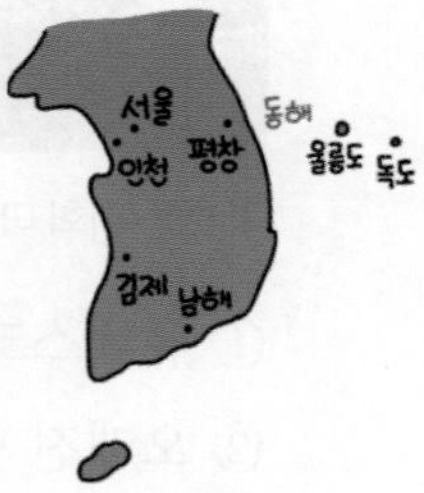

? 내가 다녀온 촌락이나 도시를 친구에게 이야기해 보세요.

예시 답안 내가 다녀온 곳은 목포입니다. 이곳은 우리나라에서 가장 긴 해상 케이블카가 있는 곳입니다. 케이블카에서 내려다본 파란 바다와 어우러진 도시의 모습은 정말 멋있었습니다.

낱말사전

- ★산비탈 산에 가파르게 기울어져 있는 곳
- ★공공 기관 주민 전체의 이익과 생활의 편의를 위해 국가나 지방 자치 단체가 세우거나 관리하는 기관
- ★야경 밤에 볼 수 있는 경치
- ★죽방렴 물살이 빠른 바다에 대나무로 만든 그물을 세워 물고기를 잡는 도구

→ 바른답·알찬풀이 2쪽

개념 터치 추가 문제

공부한 날 월 일

01 어촌의 모습에 관한 설명으로 알맞은 것을 보기에서 골라 기호를 쓰세요.

보기
㉠ 평평한 땅에 있는 논과 밭을 볼 수 있습니다.
㉡ 울창한 숲, 산비탈의 밭 등을 볼 수 있습니다.
㉢ 배, 등대, 생선을 보관하는 창고 등을 볼 수 있습니다.

(　　　　　　　　)

02 (가), (나) 중 산지촌의 모습으로 알맞은 것에 ○표 하세요.

(가)

▲ 평평한 땅에 있는 비닐하우스

(　　　　　　　　)

(나)

▲ 울창한 숲과 산비탈의 밭

(　　　　　　　　)

확인해요

03 도시에서는 크고 작은 도로들이 연결되어 있습니다. (○, ×)

04 도시의 모습에 관한 설명으로 알맞지 않은 것은 어느 것입니까? (　　　)

① 높은 건물들을 볼 수 있습니다.
② 비닐하우스를 많이 볼 수 있습니다.
③ 이동하는 사람을 많이 볼 수 있습니다.
④ 버스나 지하철 등 다양한 교통수단을 볼 수 있습니다.
⑤ 공공 기관, 회사나 공장, 아파트 등 많은 건물이 있습니다.

05 다음 중 도시로 여행을 다녀온 친구의 이름을 쓰세요.

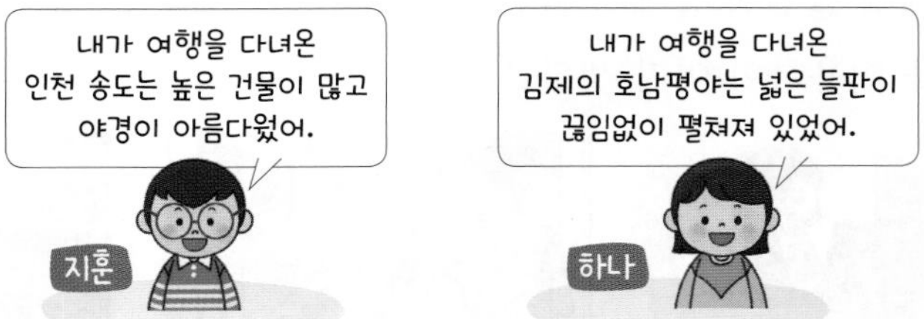

내가 여행을 다녀온 인천 송도는 높은 건물이 많고 야경이 아름다웠어.
지훈
내가 여행을 다녀온 김제의 호남평야는 넓은 들판이 끊임없이 펼쳐져 있었어.
하나

(　　　　　　　　)

공부한 내용은?
자신있게 설명할 수 있어요.
설명하기 조금 힘들어요.
어려워서 설명할 수 없어요.

3 촌락과 도시의 생활 모습을 알아볼까요

개념 터치 마인드맵

이것만은 꼭

촌락의 생활 모습

↓

- 농촌: 농업을 주로 함.
- 어촌: 어업을 주로 함.
- 산지촌: 임업을 주로 함.

■

도시의 생활 모습

↓

- 회사나 공장, 시장, 공공 기관 등에서 다양한 일을 함.
- 물건을 쉽게 살 수 있고, 문화 시설을 이용하여 여가 생활을 즐김.

활동해요

촌락과 도시의 생활 모습을 조사할 때 무엇을 조사해야 할까요?

예시 답안 사람들이 주로 무슨 일을 하는지, 사람들이 일하는 장소는 주로 어디인지, 사람들이 이동할 때 무엇을 주로 이용하는지 등을 조사합니다.

낱말사전

- ★수산물 김, 미역, 조개 등 바다나 강의 물에서 나는 생산물
- ★갯벌 밀물 때는 잠기고 썰물 때는 물 밖으로 드러나는 평탄한 땅
- ★약초 약으로 쓰는 풀
- ★목재 건물을 짓거나 가구를 만드는 데 쓰는 나무로 된 재료

개념 1 촌락의 생활 모습

❶ 농촌의 생활 모습

- 논과 밭에서 곡식이나 채소를 기르는 농업을 주로 합니다.
- 서로 도와가며 농사를 짓는데, 오늘날에는 기계를 이용하기도 합니다.

▲ 논에서 벼농사 짓기

▲ 비닐하우스에서 꽃 재배하기

▲ 축사에서 가축 기르기

❷ 어촌의 생활 모습

- 물고기를 잡거나 기르고, 다양한 수산물을 얻는 어업을 주로 합니다.
- 사는 곳 주변에서 작은 규모로 농사를 짓기도 합니다.

▲ 물고기 잡기

▲ 김이나 미역 기르기

▲ 갯벌에서 조개 캐기

❸ 산지촌의 생활 모습

- 산에서 약초·버섯·목재를 얻는 임업을 주로 합니다.
- 산비탈의 평평한 곳에 농사를 짓거나, 목장에서 소·양을 키우기도 합니다.

▲ 약초와 산나물 얻기

▲ 나무 가꾸고 목재 얻기

▲ 목장에서 소 키우기

개념 2 도시의 생활 모습 활동해요

❶ 회사나 공장에 다니거나 시장에서 여러 가지 물건과 음식을 판매합니다.

❷ 공공 기관이나 문화 시설에서 사람들의 생활을 도와주는 일을 하기도 합니다.

❸ 백화점·대형 할인점 등에서 물건을 쉽게 살 수 있으며, 도서관·영화관 등의 문화 시설을 이용하여 여가 생활을 즐깁니다.

▲ 회사나 공장에서 일하기

▲ 시장에서 음식 판매하기

▲ 영화관에서 영화 보기

문제로
개념 탄탄

바른답·알찬풀이 2쪽

개념 터치 추가 문제

1 단원

공부한 날 월 일

확인해요

01 주변의 자연환경에 따라 촌락 사람들이 주로 하는 일이 달라집니다. (○, ×)

02 그림과 같은 생활 모습이 나타나는 지역을 바르게 연결하세요.

(1)

▲ 논에서 벼농사 짓기

(2)

▲ 나무 가꾸고 목재 얻기

(3)

▲ 김이나 미역 기르기

㉠ 농촌　㉡ 어촌　㉢ 산지촌

03 촌락과 도시의 생활 모습을 조사할 때 조사해야 할 내용으로 알맞은 것을 보기에서 두 가지 골라 기호를 쓰세요.

보기
㉠ 사람들이 주로 하는 일을 조사합니다.
㉡ 사람들이 주로 일하는 장소를 조사합니다.
㉢ 사람들이 주로 어떤 영화를 보는지 조사합니다.

(,)

확인해요

04 도시 사람들은 모두 비슷한 일을 하며 살아갑니다. (○, ×)

05 도시의 생활 모습으로 알맞지 않은 것은 어느 것입니까? ( )

① 회사나 공장에 다닌다.
② 목장에서 소나 양을 키운다.
③ 백화점에서 다양한 물건을 산다.
④ 영화관을 이용하며 여가 생활을 즐긴다.
⑤ 공공 기관에서 사람들의 생활을 도와주는 일을 한다.

공부한 내용은?

- 자신있게 설명할 수 있어요.
- 설명하기 조금 힘들어요.
- 어려워서 설명할 수 없어요.

4 촌락과 도시를 비교해 볼까요

개념 터치 마인드맵

이것만은 꼭

촌락과 도시의 공통점

- 사람들이 모여 사는 곳임.
- 사람들이 주변 환경을 알맞게 이용하며 살아감.

촌락과 도시의 차이점

위치한 곳, 건물이나 시설물의 모습, 사람들이 하는 일 등이 다름.

활동해요

촌락과 도시를 비교하는 계단책을 만들어 보세요.

예시

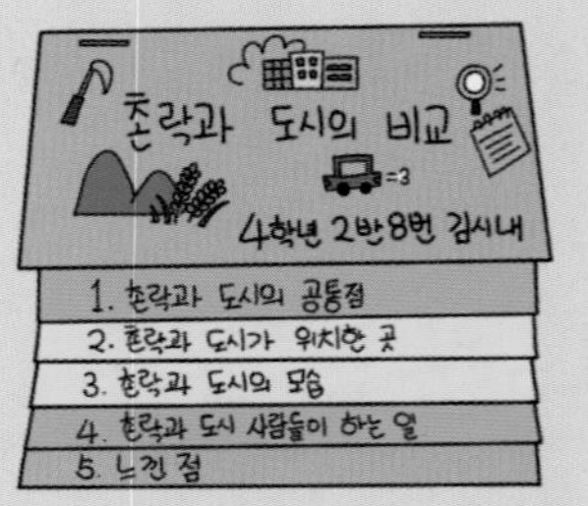

낱말사전

★농업 논밭에서 곡식이나 채소 등을 기르는 일

★어업 바다에서 물고기, 조개, 김, 미역 등을 잡거나 기르는 일

★임업 산에서 약초, 버섯, 목재 등을 얻는 일

개념 1 촌락과 도시 비교하기

▲ 경상남도 거창군

▲ 대전광역시

❶ 촌락과 도시의 공통점

- 촌락과 도시는 모두 사람들이 모여 사는 곳입니다.
- 사람들은 주변 환경을 알맞게 이용하며 다양한 모습으로 살아갑니다.

❷ 촌락과 도시의 차이점

구분	촌락	도시
위치한 곳	자연환경을 이용하기 좋은 곳에 위치함.	인문환경이 잘 갖추어진 곳에 발달함.
건물이나 시설물의 모습	건물이나 시설물이 드문드문 있음.	건물이나 시설물이 많음.
사람들이 하는 일	농업★·어업★·임업★을 주로 함.	주로 회사, 공장, 공공 기관 등에서 일을 함.

개념 2 촌락과 도시를 비교하는 계단책 만들기 활동해요

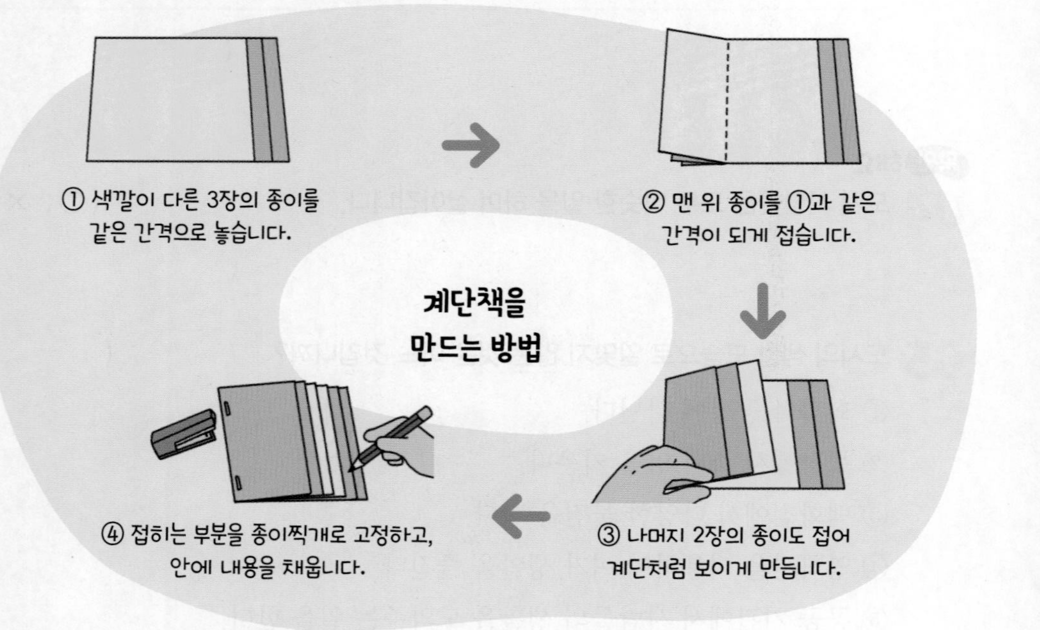

① 색깔이 다른 3장의 종이를 같은 간격으로 놓습니다.
② 맨 위 종이를 ①과 같은 간격이 되게 접습니다.
계단책을 만드는 방법
③ 나머지 2장의 종이도 접어 계단처럼 보이게 만듭니다.
④ 접히는 부분을 종이찍개로 고정하고, 안에 내용을 채웁니다.

문제로

개념 탄탄

바른답·알찬풀이 3쪽

개념 터치 추가 문제

1 단원

공부한 날 월 일

확인 해요

01 촌락에는 높은 건물이 많지 않으나, 도시에는 높은 건물이 많습니다. (○ , ×)

02 (가), (나) 중 자연환경을 이용하기 좋은 곳에 위치한 것에 ○표 하세요.

(가)

( )

(나)

( )

03 사람들이 주변 환경을 알맞게 이용하며 다양한 모습으로 살아가는 것은 촌락과 도시의 (공통점, 차이점)입니다.

04 촌락과 도시의 차이점으로 알맞은 것을 보기에서 골라 기호를 쓰세요.

보기

㉠ 촌락에는 건물이나 시설물이 많지만, 도시에는 건물이나 시설물이 드문드문 있습니다.

㉡ 촌락은 땅을 많은 건물을 짓는 데 이용하지만, 도시는 땅을 논을 만들어 농사짓는 데 이용합니다.

㉢ 촌락 사람들은 농업·어업·임업을 주로 하지만, 도시 사람들은 주로 회사, 공장, 공공 기관 등에서 일을 합니다.

( )

05 다음 중 촌락과 도시의 공통점에 관해 잘못 설명하고 있는 친구의 이름을 쓰세요.

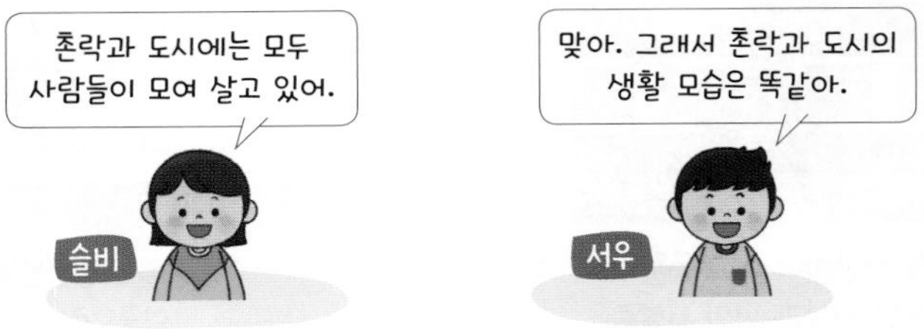

촌락과 도시에는 모두 사람들이 모여 살고 있어.
슬비
맞아. 그래서 촌락과 도시의 생활 모습은 똑같아.
서우

( )

공부한 내용은?

자신있게 설명할 수 있어요.

설명하기 조금 힘들어요.

어려워서 설명할 수 없어요.

5 촌락 문제를 어떻게 해결할까요

개념 터치 마인드맵

이것만은 꼭

촌락에서 나타나는 문제

↓

- 인구 감소에 따른 고령화 현상과 일손 부족 문제
- 생활에 필요한 시설 부족 문제
- 소득 감소 문제

■

촌락 문제의 해결 노력

↓

- 귀촌 지원
- 다양한 기계 이용
- 문화 시설과 편의 시설 확충
- 좋은 품질의 농수산물 생산

개념 1 촌락에서 나타나는 문제

❶ 인구 감소에 따른 고령화★ 현상과 일손 부족

- 촌락에서는 사람들이 일자리를 찾아 도시로 이동하면서, 인구가 줄어들고 있습니다.
- 특히 젊은 사람들이 떠나면서 고령화 현상과 일손 부족 문제가 나타나고 있습니다.

〈촌락의 인구 변화〉

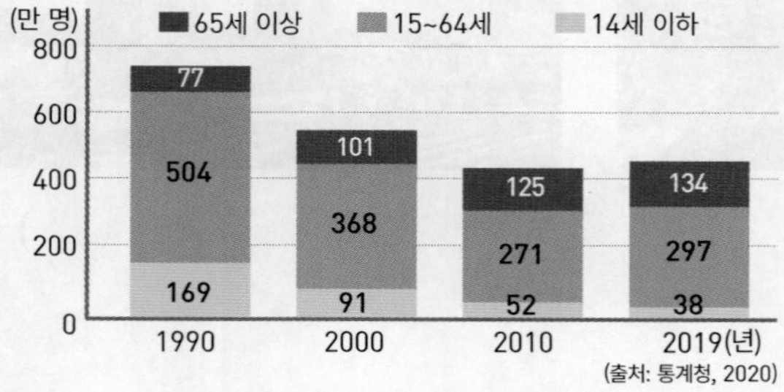

시간이 흐를수록 노인 인구는 계속 늘지만, 어린이 인구는 꾸준히 줄고 있어.

❷ 생활에 필요한 시설 부족: 촌락은 문화 시설과 편의 시설★이 부족하여 이용하는 데 어려움이 있습니다.

❸ 촌락 사람들의 소득★ 감소: 값싼 외국 농수산물이 들어오면서 농수산물 가격이 내려가 촌락 사람들의 소득이 줄어들기도 하였습니다.

개념 2 촌락 문제를 해결하기 위한 노력 탐구해요

〈인구 감소 문제 해결 노력〉

인구를 늘리기 위해 귀촌★하려는 사람들에게 정보를 제공하고 적극적으로 지원해요.

〈일손 부족 문제 해결 노력〉

일손 부족 문제를 해결하기 위해 다양한 기계를 이용해요.

〈시설 부족 문제 해결 노력〉

마을 회관이나 폐교 등을 고쳐 문화 시설과 편의 시설로 이용해요.

〈소득 감소 문제 해결 노력〉

좋은 품질의 농수산물을 생산하여 외국으로 수출하는 등 소득을 높이려고 노력해요.

낱말사전

★고령화 현상 전체 인구 중에서 노인(65세 이상)이 차지하는 비율이 높아지는 현상

★편의 시설 교통, 교육, 의료 시설 등 사람들의 생활에 편리함을 주는 시설

★소득 경제활동을 통해 얻은 대가

★귀촌 도시에서 살던 사람이 촌락으로 삶의 터전을 옮기는 것

문제로
개념 탄탄

➜ 바른답·알찬풀이 3쪽

개념 터치 추가 문제

공부한 날 월 일

확인 해요

01 촌락에서는 고령화 현상과 일손 부족 문제가 나타나고 있습니다. (○ , ×)

02 그래프에 나타난 촌락의 변화 모습으로 알맞은 것을 두 가지 고르세요. (,)

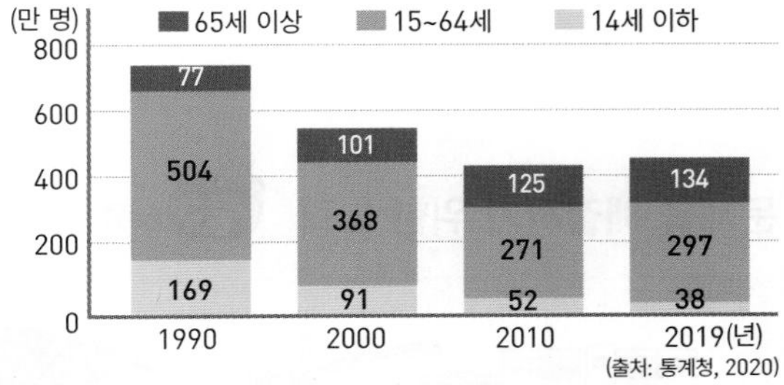

▲ 촌락의 인구 변화

① 촌락 인구가 늘고 있다.
② 노인 인구가 늘고 있다.
③ 촌락 사람들의 소득이 줄고 있다.
④ 어린이 인구가 꾸준히 줄고 있다.
⑤ 문화 시설이나 편의 시설이 부족해지고 있다.

03 값싼 외국 농수산물이 들어오면서 농수산물 가격이 ㉠ (내려가, 올라가) 촌락 사람들의 소득이 ㉡ (줄어들기도, 늘어나기도) 하였습니다.

확인 해요

04 촌락에서는 인구를 늘리기 위해 ( )하려는 사람을 적극적으로 지원합니다.

05 촌락의 일손 부족 문제를 해결하기 위한 노력으로 알맞은 것을 보기에서 골라 기호를 쓰세요.

보기
㉠ 일할 때 다양한 기계를 이용합니다.
㉡ 좋은 품질의 농수산물을 생산합니다.
㉢ 마을 회관이나 폐교 등을 고쳐 편의 시설로 이용합니다.
㉣ 값싼 외국 농수산물보다 더 낮은 가격으로 농수산물을 팝니다.

( )

공부한 내용은?
- 자신있게 설명할 수 있어요.
- 설명하기 조금 힘들어요.
- 어려워서 설명할 수 없어요.

6 도시 문제의 해결 노력을 살펴보고 살기 좋은 촌락과 도시를 만들어 볼까요

개념 터치 마인드맵

이것만은 꼭

도시에서 나타나는 문제
↓
주택 문제, 교통 문제, 환경 문제 등
■
도시 문제의 해결 노력
↓
- 주택 새로 짓기, 낡은 주택 고쳐서 사용하기
- 대중교통 이용하기, 승용차 요일제에 참여하기
- 쓰레기 분리배출 실천하기, 친환경 자동차 이용하기

탐구해요

도시의 쓰레기 문제를 해결하기 위한 방법을 표어로 만들어 보세요.

예시 답안 내가 주운 쓰레기로 깨끗해진 우리 도시

탐구해요

내가 생각하는 살기 좋은 촌락과 도시를 표현해 보세요.

예시 답안
〈아이들이 안전히 놀 수 있는 도시〉

○○시는 아이들이 안전하게 다닐 수 있도록 도로 옆에 울타리를 설치하고, 놀이 공간을 곳곳에 마련했습니다. 그 결과 아이와 함께 사는 가족들이 이사를 많이 왔습니다.

낱말사전

★승용차 요일제 참여자가 월화수목금요일 중 하루를 쉬는 날로 정해서 해당하는 요일에는 차를 운행하지 않도록 하는 제도

★쓰레기 분리배출 재활용 쓰레기를 종류별로 구분하여 버리는 것

★친환경 자동차 대기 오염 물질이나 이산화탄소 배출이 적은 자동차

개념 1 도시에서 나타나는 문제

❶ 주택 문제: 살 집이 부족해서 주택 문제가 생깁니다.
❷ 교통 문제: 차가 너무 많아서 교통 문제가 생깁니다.
❸ 환경 문제: 주변 환경이 오염되는 환경 문제가 생깁니다.
❹ 그 밖의 도시 문제: 범죄 증가, 소음 공해 등의 문제가 있습니다.

도시에서는 좁은 공간에 많은 사람이 모여 살기 때문에 다양한 문제가 나타나.

개념 2 도시 문제를 해결하기 위한 노력 탐구해요

주택 문제 해결 노력	 주택을 새로 짓습니다.	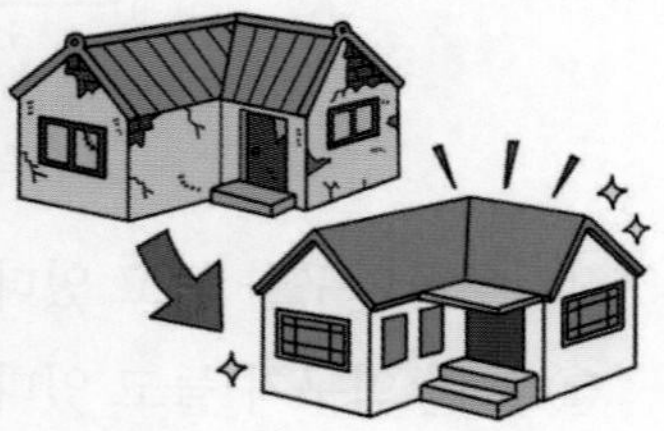 낡은 주택을 고쳐서 사용합니다.
교통 문제 해결 노력	 대중교통을 이용합니다.	 ★승용차 요일제에 참여합니다.
환경 문제 해결 노력	 ★쓰레기 분리배출을 실천합니다.	 ★친환경 자동차를 이용합니다.

개념 3 살기 좋은 촌락과 도시 탐구해요

❶ 촌락 문제나 도시 문제가 없는 곳입니다.
❷ 자연과 사람이 함께 살아갈 수 있는 곳입니다.
❸ 안전하게 생활할 수 있는 곳입니다.
❹ 편의 시설이 잘 갖추어진 곳입니다.

내가 사는 촌락이나 도시를 살기 좋은 곳으로 만들기 위해서는 어떻게 해야 할지 생각해 보자.

문제로 개념 탄탄

→ 바른답·알찬풀이 4쪽

개념 터치 추가 문제

공부한 날 월 일

확인해요

01 도시는 많은 사람이 모여 살기 때문에 다양한 문제가 발생합니다. (○ , ×)

02 촌락과 도시 중 다음과 같은 문제가 발생하는 곳은 어디인지 쓰세요.

> ○○ 지역의 공영 주차장은 동네 주민의 자동차와 주변의 공공 기관을 이용하는 자동차가 많아 주차 공간이 부족하고, 교통사고가 자주 발생합니다.

( )

03 다음 그림과 같은 노력들은 어떤 도시 문제를 해결하기 위한 것입니까? ( )

▲ 대중교통 이용하기

▲ 승용차 요일제 참여하기

① 교통 문제 ② 주택 문제 ③ 환경 문제
④ 범죄 증가 문제 ⑤ 소음 공해 문제

확인해요

04 환경 문제를 해결하기 위해 ( ) 분리배출을 실천합니다.

05 살기 좋은 촌락과 도시에 관한 설명으로 알맞지 <u>않은</u> 것을 보기 에서 골라 기호를 쓰세요.

> **보기**
> ㉠ 안전하게 살 수 있는 곳입니다.
> ㉡ 인구가 빠르게 줄어드는 곳입니다.
> ㉢ 편의 시설이 잘 갖추어진 곳입니다.
> ㉣ 촌락 문제나 도시 문제가 없는 곳입니다.

( )

공부한 내용은?

- 자신있게 설명할 수 있어요.
- 설명하기 조금 힘들어요.
- 어려워서 설명할 수 없어요.

그림으로 보는 용어

꼭 알아야 할 용어들을 모아모아
그림과 함께 공부해 보세요.

사람들은 여러 지역에서 다양한 모습으로 살아가.

촌락과 도시

농촌

들이나 하천 주변의 평평한 곳에 발달한 촌락으로, 논과 밭, 비닐하우스 등을 볼 수 있습니다.

어촌

바닷가 주변에 발달한 촌락으로, 배, 등대, 생선 보관 창고 등을 볼 수 있습니다.

산지촌

산속이나 울창한 숲 주변에 발달한 촌락으로, 울창한 숲과 산비탈의 밭 등을 볼 수 있습니다.

촌락과 도시의 생활 모습

농업

논과 밭에서 곡식이나 채소를 기르는 일입니다.

어업

바다에서 물고기, 조개, 김, 미역 등 다양한 수산물을 얻는 일입니다.

임업

산에서 약초·버섯·목재를 얻는 일입니다.

촌락과 도시 문제와 해결 노력

촌락은 인구가 줄어서, 도시는 인구가 너무 많아서 문제가 발생하고 있어.

고령화 현상

전체 인구 중에서 노인(65세 이상)이 차지하는 비율이 높아지는 현상입니다.

귀촌

도시에서 살던 사람이 촌락으로 삶의 터전을 옮기는 것입니다.

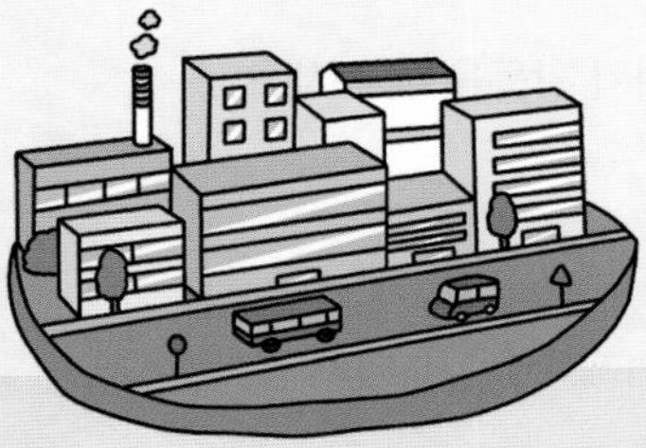

도시
많은 사람이 모여 살고,
사회·정치·경제활동의 중심이
되는 곳으로, 높은 건물들과
다양한 교통수단을 볼 수 있습니다.

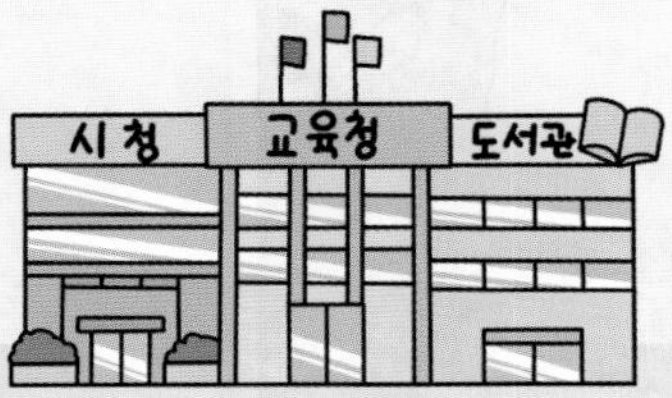

공공 기관
주민 전체의 이익과
생활의 편의를 위해
국가나 지방 자치 단체가
세우거나 관리하는 기관입니다.

쓰레기 분리배출
환경 오염을 줄이기 위해
재활용 가능한 쓰레기를
종류별로 구분하여 버리는 것입니다.

QUIZ 퀴즈

1 단원

공부한 날 월 일

● 자음을 보고 힌트를 읽으면서 관련 있는 용어를 써 보세요.

❶ ㅅㅈㅊ
▶ 산속이나 울창한 숲 주변에 발달한 촌락으로, 울창한 숲과 산비탈의 밭 등을 볼 수 있습니다.

❷ ㄷㅅ
▶ 많은 사람이 모여 살고, 사회·정치·경제활동의 중심이 되는 곳입니다.

❸ ㄴㅇ
▶ 논과 밭에서 곡식이나 채소를 기르는 일입니다.

❹ ㅇㅇ
▶ 바다에서 물고기, 김, 미역, 조개 등 다양한 수산물을 잡거나 기르는 일입니다.

❺ ㄱㅊ
▶ 도시에서 살던 사람이 촌락으로 삶의 터전을 옮기는 것입니다.

답안 길잡이 ❶ 산지촌 ❷ 도시 ❸ 농업 ❹ 어업 ❺ 귀촌

교과서 쏙쏙

뚝딱뚝딱 정리하기

활동 꿀팁
한 번에 징검다리를 건너지 못하면 짝에게 기회가 넘어가므로 신중히 정답을 맞히자.

1 다음 활동 방법을 보고 짝과 함께 징검다리 건너기 활동을 해 보세요.

활동 방법

❶ 가위바위보를 하여 이긴 사람이 도시나 촌락을 고른 다음 출발합니다.
❷ 문제의 정답을 맞히면 다음 단계로 이동하고, 틀리면 짝에게 순서가 넘어갑니다.
❸ 모두 징검다리를 건너면 활동이 끝납니다.

촌락 출발

❶ 촌락은 자연환경을 주로 이용하여 살아가는 곳입니다. (O, X)

❷ 농촌은 산속이나 울창한 숲 주변에 발달합니다. (O, X)

❸ 산지촌에서는 산에서 약초, 버섯, 목재를 얻는 (ㅇ ㅇ)을/를 합니다.

❹ 어촌에서는 배, 등대, 생선을 보관하는 창고를 볼 수 있습니다. (O, X)

❺ 촌락은 전체 인구 중에서 노인이 차지하는 비율이 높아지는 (　　) 현상이 나타납니다.

도착

도시 출발

❶ 도시에서는 여러 가지 물건을 생산하고 판매합니다. (O, X)

❷ 도시는 회사나 공장이 있어 일자리가 많습니다. (O, X)

❸ 도시에서는 차가 너무 많아서 (ㄱ ㅌ) 문제가 발생합니다.

❹ 도시 사람들은 비슷한 일을 하며 살아갑니다. (O, X)

❺ 도시 사람들은 도서관, 영화관 등 (　　) 시설을 이용하여 여가 생활을 즐깁니다.

도착

답안 길잡이
[촌락 활동] ❶ ○ ❷ × ❸ 임업 ❹ ○ ❺ 고령화
[도시 활동] ❶ ○ ❷ ○ ❸ 교통 ❹ × ❺ 문화

공부한 날 월 일

2 빈칸을 연필로 칠하면서 공부한 내용을 정리해 보세요.

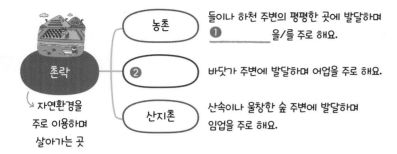

촌락 — 자연환경을 주로 이용하며 살아가는 곳

- **농촌**: 들이나 하천 주변의 평평한 곳에 발달하며 ❶ ________ 을/를 주로 해요.
- **❷ ________**: 바닷가 주변에 발달하며 어업을 주로 해요.
- **산지촌**: 산속이나 울창한 숲 주변에 발달하며 임업을 주로 해요.

도시 — 많은 사람이 모여 사는 곳

- 높은 ❸ ________, 많은 사람들이 이용하는 교통수단을 볼 수 있어요.
- 교통이 발달한 곳, 회사나 공장이 많은 곳 등에 발달해요.
- 회사에 다니거나 물건을 파는 등 다양한 ❹ ________ 을/를 해요.
- 물건을 쉽게 살 수 있고, 문화 시설을 이용하여 여가 생활을 즐겨요.

촌락 문제와 해결 노력

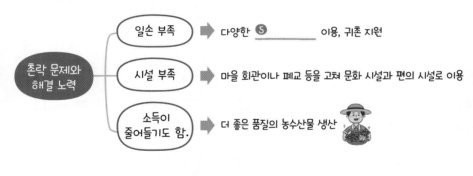

- 일손 부족 ➡ 다양한 ❺ ________ 이용, 귀촌 지원
- 시설 부족 ➡ 마을 회관이나 폐교 등을 고쳐 문화 시설과 편의 시설로 이용
- 소득이 줄어들기도 함. ➡ 더 좋은 품질의 농수산물 생산

도시 문제와 해결 노력

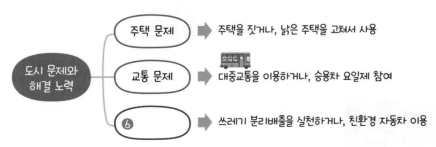

- 주택 문제 ➡ 주택을 짓거나, 낡은 주택을 고쳐서 사용
- 교통 문제 ➡ 대중교통을 이용하거나, 승용차 요일제 참여

- ❻ ________ ➡ 쓰레기 분리배출을 실천하거나, 친환경 자동차 이용

촌락 문제와 도시 문제를 해결하여 살기 좋은 촌락과 도시를 만들어야겠어.

답안 길잡이 ❶ 농업 ❷ 어촌 ❸ 건물 ❹ 일 ❺ 기계 ❻ 환경 문제

문제로 실력 쑥쑥

정답 확인

중요

01 ㉠, ㉡에 들어갈 말을 알맞게 연결한 것은 어느 것입니까? (　　)

> 촌락은 (㉠)을 이용하기 편리한 곳에 발달하고, 도시는 (㉡)이 잘 갖추어진 곳에 발달합니다.

	㉠	㉡
①	자연환경	인문환경
②	자연환경	개인 환경
③	인문환경	자연환경
④	인문환경	개인 환경
⑤	개인 환경	자연환경

02 농촌이 주로 발달하는 곳은 어디입니까? (　　)

① 바닷가 주변
② 교통이 발달한 곳
③ 산속이나 울창한 숲 주변
④ 들이나 하천 주변의 평평한 곳
⑤ 회사나 공장이 있어 일자리가 많은 곳

서술형

03 (가), (나) 마을의 공통점을 쓰세요.

(가)

▲ 안동 하회 마을

(나)

▲ 경주 양동 마을

핵심 단어 유네스코, 전통

....

....

중요

04 각 촌락에서 주로 볼 수 있는 모습으로 알맞은 것을 보기에서 골라 기호를 쓰세요.

> 보기
> ㉠ 논과 밭, 비닐하우스
> ㉡ 울창한 숲, 산비탈의 밭
> ㉢ 배, 등대, 생선을 보관하는 창고

(1) 농촌: (　　　　)
(2) 어촌: (　　　　)
(3) 산지촌: (　　　　)

05 어촌의 모습으로 알맞은 것은 어느 것입니까? (　　)

①

▲ 평평한 땅의 논과 밭

②

▲ 배, 등대, 생선 보관 창고

③

▲ 울창한 숲과 산비탈의 밭

④

▲ 많은 아파트

⑤

▲ 높은 건물과 크고 작은 도로

06 다음과 같은 모습을 볼 수 있는 곳은 어디입니까? (　　)

> • 높은 건물과 이동하는 사람들
> • 버스나 지하철 등 다양한 교통수단
> • 회사나 공장, 공공 기관, 상점, 아파트

① 농촌　　② 어촌　　③ 도시
④ 촌락　　⑤ 산지촌

➜ 바른답·알찬풀이 4쪽

중요

07 농촌에 사는 사람들이 주로 하는 일로 알맞은 것은 어느 것입니까? (　　)

① 물고기 잡기
② 갯벌에서 조개 캐기
③ 김이나 미역 기르기
④ 약초와 산나물 얻기
⑤ 논과 밭에서 곡식이나 채소 기르기

08 산지촌에 사는 사람들이 주로 하는 일로 알맞은 것은 어느 것입니까? (　　)

①

▲ 회사나 공장에서 일하기

②

▲ 바다에서 물고기 잡기

③

▲ 김이나 미역 기르기

④

▲ 나무 가꾸고 목재 얻기

⑤

▲ 비닐하우스에서 꽃 재배하기

서술형

09 다음 그림과 같은 지역에 사는 사람들은 어떤 일을 하며 살아가는지 쓰세요.

핵심 단어　회사나 공장, 시장, 공공 기관

....

....

10 ㉠, ㉡에 들어갈 알맞은 말을 바르게 연결한 것은 어느 것입니까? (　　)

▲ 경상남도 거창군

▲ 대전광역시

> 경상남도 거창군은 땅을 (　㉠　)을 만들어 농사짓는 데 이용하였고, 대전광역시는 땅을 많은 (　㉡　)을/를 짓는 데 이용했습니다.

	㉠	㉡		㉠	㉡
①	논	밭	②	논	건물
③	염전	논	④	갯벌	건물
⑤	염전	비닐하우스			

중요

11 촌락과 도시를 비교한 내용으로 알맞은 것을 보기에서 골라 기호를 쓰세요.

보기
㉠ 촌락이 도시보다 건물이나 시설물이 많습니다.
㉡ 촌락과 도시는 모두 사람들이 모여 사는 곳입니다.
㉢ 촌락 사람들은 주로 회사, 공장, 공공 기관 등에서 일을 하고, 도시 사람들은 농업, 어업, 임업을 주로 합니다.

(　　　　　　　　)

12 다음 (　　) 안에 들어갈 알맞은 말을 쓰세요.

> (　　) 현상이란 전체 인구 중에서 노인(65세 이상)이 차지하는 비율이 높아지는 현상을 말합니다.

(　　　　　　　　)

1 단원
공부한 날
월
일

[13~14] 다음 글을 읽고, 물음에 답하세요.

> 값싼 외국 농수산물이 들어오면 농수산물 가격이 내려갑니다.

13 위와 같은 현상 때문에 나타나는 촌락 문제는 어느 것입니까? ( )

① 인구가 감소한다.
② 일손이 부족해진다.
③ 노인 인구가 증가한다.
④ 사람들의 소득이 줄어든다.
⑤ 생활에 필요한 시설이 부족해진다.

중요

14 위와 같은 현상 때문에 나타나는 촌락 문제를 해결하기 위한 노력으로 알맞은 것을 보기에서 골라 기호를 쓰세요.

보기
㉠ 귀촌을 적극적으로 돕습니다.
㉡ 좋은 품질의 농수산물을 생산합니다.
㉢ 농사짓는 데 다양한 기계를 이용합니다.
㉣ 마을 회관이나 폐교를 고쳐 문화 시설로 이용합니다.

( )

15 도시에서 발생하는 문제로 알맞지 않은 것은 어느 것입니까? ( )

① 차가 너무 많다.
② 살 집이 부족하다.
③ 환경 오염이 심하다.
④ 쓰레기가 많이 발생한다.
⑤ 젊은 사람들이 떠나고 있다.

16 다음 그림을 통해 알 수 있는 도시 문제를 두 가지 고르세요. (,)

① 교통 혼잡
② 주택 부족
③ 층간 소음
④ 쓰레기 증가
⑤ 주차 공간 부족

중요

17 다음과 같은 도시 문제를 해결하기 위한 노력으로 알맞은 것을 보기에서 두 가지 골라 기호를 쓰세요.

> 오늘날 도시에서는 주변 환경이 오염되는 환경 문제가 나타나고 있습니다.

보기
㉠ 교통 시설을 늘립니다.
㉡ 새 주택을 많이 짓습니다.
㉢ 친환경 자동차를 이용합니다.
㉣ 쓰레기 분리배출을 실천합니다.

(,)

서술형

18 밑줄 친 ㉠에 들어갈 알맞은 내용을 쓰세요.

> 살기 좋은 촌락과 도시는 촌락 문제나 도시 문제가 없고, 자연과 사람이 함께 살아갈 수 있는 곳입니다. 또한 ___㉠___

핵심 단어 안전, 편의 시설

➔ 바른답·알찬풀이 6쪽

특별한 서술/논술

공부한 날 월 일

• 그래프를 보고, 물음에 답하세요.

〈촌락의 인구 변화〉

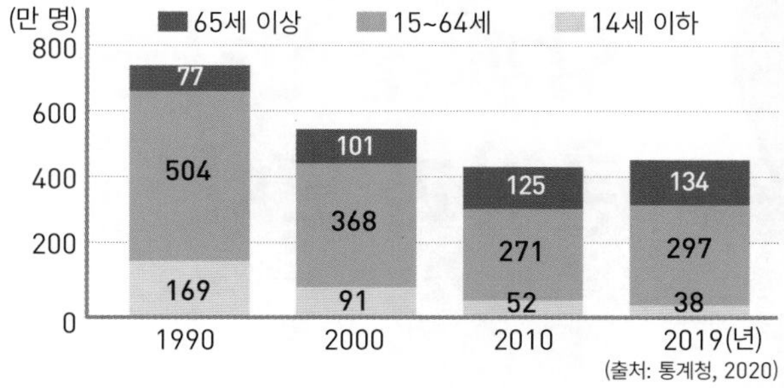

(출처: 통계청, 2020)

01 위 그래프를 보고 다음 (　　　) 안에 들어갈 알맞은 말에 ○표 하세요.

촌락의 14세 이하 어린이 인구는 시간이 지날수록 점점 (줄어드는, 늘어나는) 반면, 65세 이상 노인 인구는 점점 (줄어들고, 늘어나고) 있습니다.

힌트! 그래프에서 색깔별 네모 안의 숫자나 크기가 오른쪽으로 가면서 어떻게 변하는지를 살펴보자!

02 밑줄 친 ㉠, ㉡에서 잘못된 부분을 바르게 고쳐 쓰세요.

위 그래프를 보면 ㉠ 젊은 사람들이 일자리를 찾아 촌락으로 이동하면서, 촌락에서는 ㉡ 인구 증가에 따른 주택 부족 문제가 나타나고 있음을 알 수 있습니다.

㉠: ______________________

㉡: ______________________

힌트! 그래프에서 노인과 어린이를 제외한 15~64세 인구가 전체적으로 어떻게 변화하고 있는지를 꼼꼼히 살펴보면, ㉠, ㉡에서 잘못된 부분이 무엇인지 알 수 있을 거야.

03 위 그래프를 통해 알 수 있는 오늘날 촌락이 겪고 있는 문제가 무엇인지 쓰고, 그에 대한 해결 노력을 쓰세요.

____

____

____

힌트! 그래프를 파악했다면 촌락이 겪고 있는 문제는 쉽게 쓸 수 있겠지? 그럼 그 문제를 해결하기 위한 노력에는 어떤 것이 있을지 생각해 보자.

핵심 단어
귀촌, 기계

교과서 쏙쏙

2 함께 발전하는 촌락과 도시

이 단원을 공부하면?

- 촌락과 도시 사이에 이루어지는 다양한 교류를 알 수 있어요.
- 촌락과 도시 사이에 도움을 주고받는 관계를 이해할 수 있어요.

이렇게 찾아와 줘서
고마워요.
사과 따기 체험을
해서 좋았어요.

제시된 그림은 도시에 사는 한 가족이 촌락으로 사과 따기 체험을 하러 간 모습이에요. 가족들은 색다른 체험을 해서 좋아하고 있고, 촌락에 사는 농부는 도시 사람들이 과수원 일을 도와줘서 고마워하고 있어요.

1 단원

공부한 날 월 일

생각이 활짝 오빠와 농부 아저씨는 어떤 점이 좋았을까요?

내 생각은

답안 길잡이

오빠는 촌락에 방문하여 도시에서 쉽게 경험할 수 없는 사과 따기 체험을 하고, 바로 수확한 사과로 만든 신선한 음료를 마실 수 있어 좋았습니다. 농부 아저씨는 도시 사람들이 찾아와서 사과를 따 주어 바쁜 수확 시기에 일손을 덜 수 있었습니다. 또, 체험 행사 운영 및 사과 판매 등을 통해 소득을 올릴 수 있어 좋았습니다.

1 촌락과 도시가 교류하는 까닭을 알아볼까요

개념 터치 마인드맵

이것만은 꼭

교류의 뜻

⬇

사람들이 오고 가거나 물건, 문화 등을 서로 주고받는 것

■

촌락과 도시가 교류하는 까닭

⬇

지역마다 생산되는 물건이나 문화 등이 다르기 때문

개념 1 교류

❶ 교류의 뜻: 사람들이 오고 가거나 물건, 문화 등을 서로 주고받는 것입니다.

❷ 교류하는 모습

- 촌락 사람들은 일자리*를 찾으려고 도시에 갑니다.
- 촌락 사람들은 대학교에서 공부하려고 도시에 갑니다.
- 도시 사람들은 전통문화*를 체험*하려고 촌락에 갑니다.
- 도시 사람들은 농수산물을 사거나 농사짓는 법을 배우려고 촌락에 갑니다.
- 촌락 사람들은 공장에서 생산된 냉장고, 세탁기 등의 물건을 사려고 도시에 갑니다.

도시 사람은 수박을 따기 위해 농촌에 방문해요.

촌락 사람은 옷을 사기 위해 도시의 백화점*에 방문해요.

개념 2 촌락과 도시가 교류하는 까닭 탐구해요

공부하거나 일자리를 찾을 수 있기 때문이에요.

지역의 문화가 서로 달라 다른 문화를 경험할 수 있기 때문이에요.

지역마다 생산되는 물건이 달라 필요한 물건을 사고팔 수 있기 때문이에요.

촌락과 도시 사람들은 오고 가며 서로 교류해요.

낱말사전

- ★일자리 생활을 꾸려 나갈 수 있는 방법으로서의 직업
- ★전통문화 한 나라에서 만들어져 전해 내려오는 고유한 문화
- ★체험 자기가 직접 겪거나 경험하는 것
- ★백화점 여러 가지 상품을 갖추어 놓고 파는 큰 규모의 상점

바른답·알찬풀이 7쪽

개념 터치 추가 문제

공부한 날 월 일

확인해요

01 물건, 문화 등을 서로 주고받는 것을 (   )(이)라고 합니다.

02 촌락과 도시의 교류 모습을 바르게 말한 친구의 이름을 쓰세요.

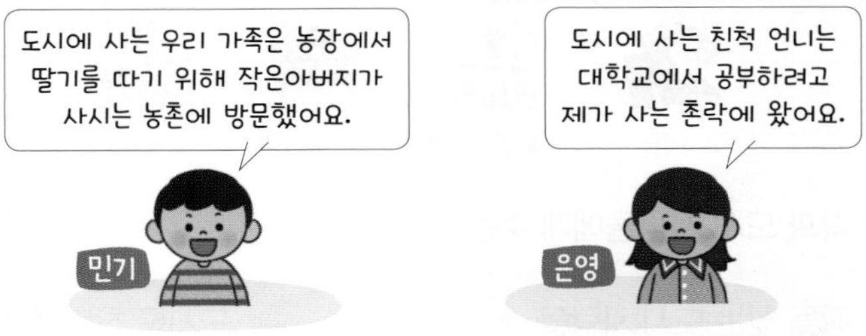

도시에 사는 우리 가족은 농장에서 딸기를 따기 위해 작은아버지가 사시는 농촌에 방문했어요.
민기
도시에 사는 친척 언니는 대학교에서 공부하려고 제가 사는 촌락에 왔어요.
은영

(   )

확인해요

03 지역마다 생산되는 물건이나 문화가 달라서 사람들은 교류하며 살아갑니다.
(○ , ×)

04 ㉠, ㉡에 들어갈 알맞은 말을 고르세요.

㉠ (도시, 촌락) 사람들은 공장에서 생산된 냉장고, 세탁기 등의 물건을 사려고 ㉡ (도시, 촌락)에 가기도 합니다.

05 그림에서 알 수 있는 촌락과 도시가 교류하는 까닭을 보기에서 골라 기호를 쓰세요.

보기
㉠ 전통문화를 체험하기 위해
㉡ 필요한 물건을 사고팔기 위해
㉢ 공부하거나 일자리를 찾기 위해

(   )

공부한 내용은?
- 자신있게 설명할 수 있어요.
- 설명하기 조금 힘들어요.
- 어려워서 설명할 수 없어요.

2 촌락과 도시의 다양한 교류를 알아볼까요

개념 터치 마인드맵

이것만은 꼭

촌락과 도시의 교류

⬇

- 촌락은 도시에 농수산물과 휴식 공간 등을 제공함.
- 도시는 촌락에 공장에서 생산한 물건과 편의 시설 등을 제공함.

개념 1 촌락과 도시의 교류 탐구해요

촌락과 도시는 교류하며 서로 부족한 부분을 채워 주는구나!

❶ 교류를 통해 촌락과 도시가 서로에게 제공하는 것

❷ 교류가 촌락과 도시 사람들에게 주는 도움

촌락을 찾는 도시 사람들	도시를 찾는 촌락 사람들
• 신선하고 다양한 농수산물을 얻음. • 다양한 체험 활동을 즐김. • 깨끗한 자연환경을 찾아 쉬기도 함.	• 백화점·대형 할인점에서 물건을 삼. • 공공 기관, 종합 병원, 영화관 등 다양한 시설을 이용함.

탐구해요

촌락이나 도시 사람들과 교류했던 경험을 말해 보세요.

예시 답안 촌락에 있는 야영장에서 캠핑을 한 적이 있어요.

개념 2 서로 돕는 촌락과 도시 탐구해요

지역 축제를 통한 교류	• 촌락에서는 자연환경과 특산물을 활용한 지역 축제를 함. 예 금산 인삼 축제, 울릉도 오징어 축제 등 • 도시 사람들은 지역 축제에서 다양한 경험을 즐길 수 있음. • 촌락 사람들은 먹거리나 즐길 거리로 소득을 올릴 수 있음.
직거래 장터를 통한 교류	• 촌락 사람들은 자신들이 재배한 농수산물을 직접 판매하여 소득을 올릴 수 있음. • 도시 사람들은 신선한 농수산물을 저렴하게 살 수 있음. 예 농수산물 직거래 장터, 자매결연을 통한 직거래 장터
봉사 활동을 통한 교류	도시의 기업이나 단체는 촌락을 찾아 일손 돕기나 무료 진료 등과 같은 봉사 활동을 함.

탐구해요

촌락과 도시가 교류할 때 좋은 점을 써 보세요.

예시 답안

- 지역 축제: 도시 사람들이 촌락의 지역 축제에 참여하면서 촌락의 음식을 사 먹게 되니 촌락 사람들의 소득이 늘어나서 좋아요.
- 농수산물 직거래 장터: 도시에 직거래 장터가 열리면 신선한 농수산물을 저렴하게 살 수 있어 좋아요.

별별 이야기 촌락과 도시의 인터넷을 통한 교류

낱말사전

- ★체험 활동 자기가 직접 겪거나 경험하는 활동
- ★지역 축제 한 지역의 자연환경과 특산물을 활용하여 열리는 축제
- ★특산물 어떤 지역에서 특별하게 생산되는 물건
- ★직거래 장터 물건을 생산한 사람이 직접 물건을 살 사람에게 판매하는 시장
- ★자매결연 지역과 지역이 서로 교류하려고 친선 관계를 맺는 것

문제로 개념 탄탄

바른답·알찬풀이 7쪽

개념 터치 추가 문제

공부한 날 월 일

확인해요

01 촌락은 도시 사람들에게 다양한 농수산물을 제공합니다. (○ , ×)

02 교류를 통해 도시가 촌락에 제공하는 것에는 ○표, 아닌 것에는 ×표 하세요.

(가)

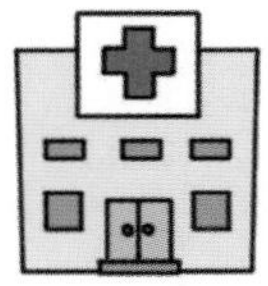

▲ 종합 병원

( )

(나)

▲ 백화점

( )

(다)

▲ 고기, 우유

( )

03 다음 ( ) 안에 공통으로 들어갈 알맞은 말을 쓰세요.

( )은/는 한 지역의 자연환경과 특산물을 활용하여 여는 축제야.

( )을/를 통해 도시 사람들은 다양한 경험을 할 수 있어.

( )의 예로 금산 인삼 축제가 있어.

( )

확인해요

04 도시에서는 촌락 사람들이 재배한 농수산물을 직접 판매할 수 있는 ( ) 을/를 엽니다.

05 인터넷을 통한 촌락과 도시의 교류 모습으로 알맞은 것을 보기에서 두 가지 골라 기호를 쓰세요.

보기

㉠ 촌락에서는 농사짓는 법 등을 동영상으로 올려 도시 사람들에게 정보를 줍니다.

㉡ 도시 사람들은 촌락에서 올린 영상을 보고 궁금한 점을 물어보러 직접 촌락에 방문합니다.

㉢ 촌락 사람들은 도시에 직접 가지 않아도 도시에서 올리는 공연 영상을 보며 문화생활을 즐길 수 있습니다.

(,)

공부한 내용은?

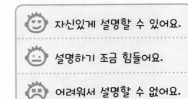

- 자신있게 설명할 수 있어요.
- 설명하기 조금 힘들어요.
- 어려워서 설명할 수 없어요.

3 촌락과 도시가 교류하는 모습을 살펴볼까요

개념 터치 마인드맵

이것만은 꼭

- 촌락과 도시의 관계
- ↓
- 서로 교류하며 도움을 주고받으며 상호 의존함.
- ■
- 촌락과 도시의 교류 모습
- ↓
- • 도시 문화 탐방을 통해 촌락의 아이들이 도시의 문화를 경험함.
- • 농촌 유학을 통해 도시 아이들이 한 학기나 일 년 정도를 농촌의 학교에서 공부함.

개념 1 촌락과 도시의 관계

❶ 촌락과 도시의 관계: 촌락과 도시는 서로 교류하며 도움을 주고받는 상호* 의존 관계입니다.

❷ 촌락과 도시의 발전: 촌락과 도시는 교류를 통해 상호 의존할 때 함께 발전할 수 있습니다.

개념 2 도시 문화 탐방*을 통한 교류 탐구해요

❶ 도시 문화 탐방: 촌락에 사는 아이들이 도시의 다양한 시설을 구경하고 필요한 물건을 사는 등 도시의 문화를 경험하는 것입니다.

❷ 도시 문화 탐방을 통한 교류의 좋은 점

- 촌락 사람들이 물건을 사기 때문에 도시 사람들의 생활에 도움을 줍니다.
- 촌락에 사는 아이들은 촌락에서 흔히 경험할 수 없는 공공 기관, 대형 상점, 대형 서점, 문화 예술 센터 등의 시설들을 구경할 수 있습니다.

대형 공연장이나 공공 기관을 탐방해요.

서점과 문구점에 들러서 필요한 물건을 사요.

개념 3 농촌 유학*을 통한 교류 탐구해요

❶ 농촌 유학: 도시 아이들이 농촌으로 가서 한 학기나 일 년 정도를 농촌의 학교에 다니는 것입니다.

❷ 농촌 유학을 통한 교류의 좋은 점

- 도시 사람들이 많이 방문할수록 촌락 사람들의 소득이 높아집니다.
- 도시에 사는 아이들은 깨끗한 자연 속에서 공부할 수 있습니다.

농촌의 학교에서 공부하며 텃밭을 가꿔요.

촌락의 자연 속에서 뛰놀며 공부해요.

탐구해요

촌락과 도시가 교류하는 모습을 보고, 생각하거나 느낀 점을 써 보세요.

예시 답안

- 나도 도시 문화 탐방(또는 농촌 유학)을 해 보고 싶은 생각이 들었다.
- 촌락과 도시가 서로 다르다는 점을 이해할 수 있었다.
- 촌락과 도시가 함께 발전하려면 상호 의존해야 한다는 것을 알았다.

낱말사전

★상호 의존 서로 돕고 교류하는 것

★탐방 어떤 사실이나 소식 등을 알아내기 위하여 사람이나 장소를 찾아가는 것

★유학 내가 태어나고 자란 곳을 떠나 다른 지역에서 공부하는 것

문제로 개념 탄탄

바른답·알찬풀이 8쪽

개념 터치 추가 문제

1 단원

공부한 날 월 일

01 촌락과 도시는 서로 교류하며 도움을 주고받는 상호 (   ) 관계입니다.

02 도시 문화 탐방은 촌락에 사는 아이들이 도시의 다양한 시설을 구경하고 필요한 물건을 사는 등 도시의 문화를 경험하는 것입니다. (○, ×)

03 도시 문화 탐방을 통한 교류의 좋은 점으로 알맞지 않은 것을 보기 에서 골라 기호를 쓰세요.

보기
- ㉠ 촌락 사람들이 물건을 사면서 도시 사람들의 생활에 도움을 줍니다.
- ㉡ 촌락 아이들이 촌락에서 할 수 없는 다양한 경험을 할 수 있습니다.
- ㉢ 촌락 사람들이 도시를 방문하면서 촌락 사람들의 소득이 높아집니다.

(   )

04 (가), (나) 중 농촌 유학을 통한 교류에 해당하는 모습에 ○표 하세요.

(가)

▲ 대형 공연장 방문하기

(   )

(나)

▲ 자연 속에서 뛰놀며 공부하기

(   )

05 농촌 유학에 관한 설명으로 알맞지 않은 것은 어느 것입니까? (   )

① 농촌 유학을 통해 농촌 사람들은 소득을 높일 수 있다.
② 농촌 유학을 통해 도시 아이들은 깨끗한 자연 속에서 공부할 수 있다.
③ 농촌 유학을 통해 촌락과 도시는 상호 의존하며 함께 발전할 수 있다.
④ 농촌 유학은 학급 수가 적은 촌락 사람들이 도시에 가서 공부하는 것이다.
⑤ 농촌 유학은 도시 아이들이 농촌으로 가서 한 학기나 일 년 정도 학교에 다니는 것이다.

공부한 내용은?
- 자신있게 설명할 수 있어요.
- 설명하기 조금 힘들어요.
- 어려워서 설명할 수 없어요.

그림으로 보는 용어

꼭 알아야 할 용어들을 모아모아
그림과 함께 공부해 보세요.

촌락과 도시가 교류하는 까닭

교류

사람들이 오고 가거나 물건, 문화 등을 서로 주고받는 것입니다.

백화점

여러 가지 상품들을 갖추어 놓고 파는 큰 규모의 상점입니다.

일자리

생활을 꾸려 나갈 수 있는 방법으로서의 직업입니다.

촌락과 도시의 다양한 교류

지역 축제

한 지역의 자연환경과 특산물을 활용하여 열리는 축제입니다.

특산물

어떤 지역에서 특별하게 생산되는 물건입니다.

직거래 장터

물건을 생산한 사람이 직접 물건을 살 사람에게 판매하는 시장입니다.

촌락과 도시가 교류하는 모습

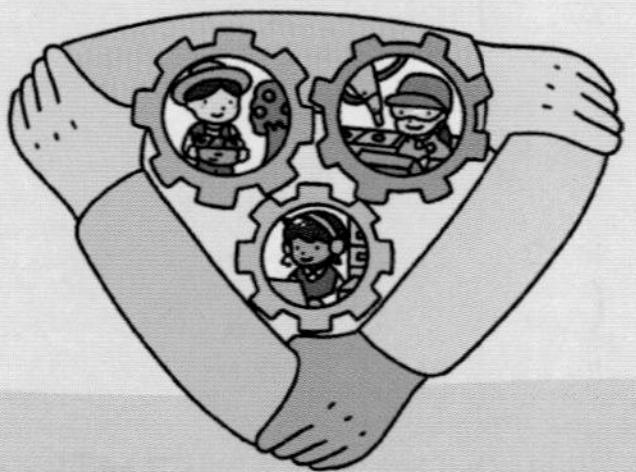

상호 의존

서로 돕고 교류하는 것을 말합니다.

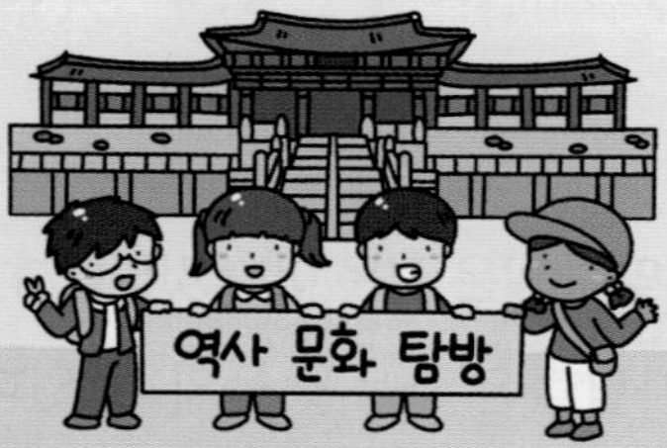

탐방

어떤 사실이나 소식 등을 알아내기 위하여 사람이나 장소를 찾아가는 것입니다.

유학

내가 태어나고 자란 곳을 떠나 다른 지역에서 공부하는 것입니다.

공부한 날 월 일

QUIZ 퀴즈

체험
자기가 직접 겪거나
경험하는 것입니다.

자매결연
지역과 지역이
서로 돕거나 교류하려고
친선 관계를 맺는 것입니다.

촌락과 도시는 서로 교류하며 도움을 주고받는 상호 의존 관계를 바탕으로 함께 발전하고 있어요.

- 질문을 읽고 자음을 보면서 관련 있는 용어를 써 보세요.

❶ 사람들이 오고 가거나 물건, 문화 등을 서로 주고받는 것은?

ㄱ ㄹ

✎ ______

❷ 생활을 꾸려 나갈 수 있는 방법으로서의 직업은?

ㅇ ㅈ ㄹ

✎ ______

❸ 한 지역의 자연환경과 특산물을 활용하여 열리는 축제는?

ㅈ ㅇ ㅊ ㅈ

✎ ______

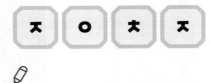

❹ 지역과 지역이 서로 돕거나 교류하려고 친선 관계를 맺는 것은?

ㅈ ㅁ ㄱ ㅇ

✎ ______

❺ 내가 태어나고 자란 곳을 떠나 다른 지역에서 공부하는 것은?

ㅇ ㅎ

✎ ______

답안 길잡이 ❶ 교류 ❷ 일자리 ❸ 지역 축제 ❹ 자매결연 ❺ 유학

교과서 쏙쏙

뚝딱뚝딱 정리하기

활동 꿀팁

두더지가 낸 문제를 풀고 나서 정답을 확인하기 전에, 틀린 문제가 없는지 다시 한번 확인해 보자!

1 다음 활동 방법을 보고 두더지가 낸 문제를 맞혀 보세요.

활동 방법

❶ 문제를 모두 푼 뒤 146쪽 답안 길잡이에서 정답을 확인합니다.
❷ 문제의 정답을 맞히면 '맞다'에, 틀리면 '틀리다'에 ✓표시를 합니다.
❸ 틀린 문제가 있다면 다시 풉니다.

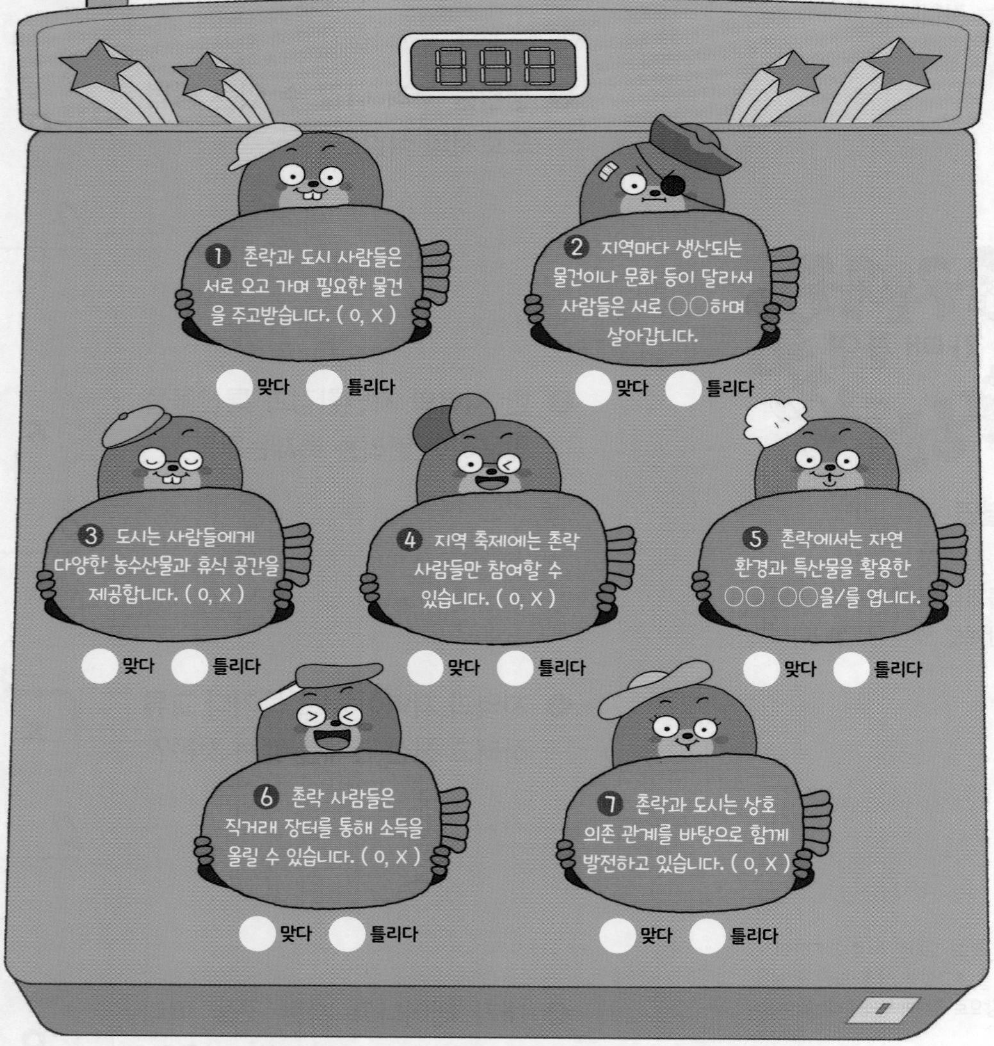

❶ 촌락과 도시 사람들은 서로 오고 가며 필요한 물건을 주고받습니다. (o, X)
맞다 틀리다
❷ 지역마다 생산되는 물건이나 문화 등이 달라서 사람들은 서로 ○○하며 살아갑니다.
맞다 틀리다
❸ 도시는 사람들에게 다양한 농수산물과 휴식 공간을 제공합니다. (o, X)
맞다 틀리다
❹ 지역 축제에는 촌락 사람들만 참여할 수 있습니다. (o, X)
맞다 틀리다
❺ 촌락에서는 자연 환경과 특산물을 활용한 ○○ ○○을/를 엽니다.
맞다 틀리다
❻ 촌락 사람들은 직거래 장터를 통해 소득을 올릴 수 있습니다. (o, X)
맞다 틀리다
❼ 촌락과 도시는 상호 의존 관계를 바탕으로 함께 발전하고 있습니다. (o, X)
맞다 틀리다

답안 길잡이 ❶ ○ ❷ 교류 ❸ × ❹ × ❺ 지역 축제 ❻ ○ ❼ ○

공부한 날 월 일

2 빈칸을 연필로 칠하면서 공부한 내용을 정리해 보세요.

촌락과 도시의 교류

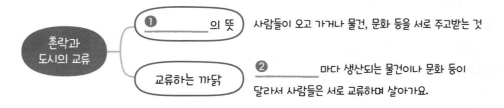

- ❶ ________ 의 뜻: 사람들이 오고 가거나 물건, 문화 등을 서로 주고받는 것
- 교류하는 까닭: ❷ ________ 마다 생산되는 물건이나 문화 등이 달라서 사람들은 서로 교류하며 살아가요.

촌락과 도시의 다양한 교류

- 다양한 방법으로 서로 교류하며, 부족한 부분을 채워 줘요.
- 서로 교류하기 위해 노력하며, 도움을 주고받아요.
- ❸ ________ 관계를 바탕으로 함께 발전하고 있어요.

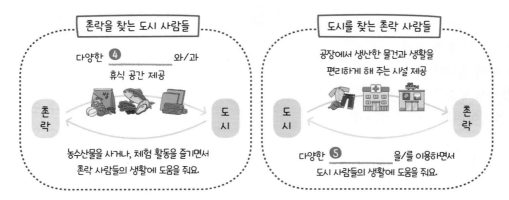

촌락을 찾는 도시 사람들

다양한 ❹ ________ 와/과 휴식 공간 제공

농수산물을 사거나, 체험 활동을 즐기면서 촌락 사람들의 생활에 도움을 줘요.

도시를 찾는 촌락 사람들

공장에서 생산한 물건과 생활을 편리하게 해 주는 시설 제공

다양한 ❺ ________ 을/를 이용하면서 도시 사람들의 생활에 도움을 줘요.

서로 돕는 촌락과 도시

지역 축제

도시 사람들은 다양한 경험을 즐길 수 있고, 촌락 사람들은 먹거리나 즐길 거리를 통해 소득을 올릴 수 있어요.

❻ ________

촌락 사람들은 농수산물을 판매하여 소득을 올릴 수 있고, 도시 사람들은 농수산물을 저렴하게 살 수 있어요.

봉사 활동

도시의 기업이나 단체는 촌락을 찾아가 농촌 일손 돕기, 무료 진료 등의 봉사 활동을 해요.

촌락과 도시 사람들은 교류를 통해 다양한 환경을 경험하고, 서로에게 관심을 가질 수 있어.

답안 길잡이 ❶ 교류 ❷ 지역 ❸ 상호 의존 ❹ 농수산물 ❺ 시설 ❻ 직거래 장터

문제로 실력 쑥쑥

정답 확인

01 다음 (   ) 안에 들어갈 알맞은 말을 쓰세요.

> 지난 주말 철민이는 게임기를 사기 위해 촌락에서 도시에 있는 백화점으로 갔고, 수현이는 귤을 따러 도시에서 큰아버지가 계신 촌락의 농장으로 갔습니다. 이처럼 사람들이 오고 가거나 물건, 문화 등을 주고받는 것을 (   )(이)라고 합니다.

(   )

02 교류의 모습으로 알맞지 않은 것을 보기에서 골라 기호를 쓰세요.

보기
- ㉠ 일자리를 찾아 도시에 가는 것
- ㉡ 체험 활동을 하러 촌락에 가는 것
- ㉢ 자기 집 텃밭에서 채소를 기르는 것
- ㉣ 전통문화를 체험하려고 촌락에 가는 것

(   )

03 그림을 통해 알 수 있는 촌락과 도시가 교류하는 까닭으로 알맞은 것은 어느 것입니까? (   )

이 냉장고는 ○○공장에서 만들어졌습니다.

① 필요한 물건을 사고팔기 위해
② 서로 다른 문화를 체험하기 위해
③ 공부할 학교나 일자리를 찾기 위해
④ 촌락이나 도시 문제를 해결하기 위해
⑤ 살기 좋은 촌락과 도시를 만들기 위해

서술형

04 촌락과 도시가 서로 교류하며 살아가는 까닭을 쓰세요.

핵심 단어 지역, 물건, 문화

....

....

05 촌락과 도시의 교류를 통해 촌락을 찾는 도시 사람들이 얻을 수 있는 도움으로 알맞은 것은 어느 것입니까? (   )

① 대학교에서 공부를 할 수 있다.
② 공공 기관인 법원을 이용할 수 있다.
③ 깨끗한 자연환경을 찾아 쉴 수 있다.
④ 백화점에서 필요한 물건을 살 수 있다.
⑤ 종합 병원에서 아픈 곳을 치료할 수 있다.

중요

06 다음 (   ) 안에 들어갈 알맞은 말을 쓰세요.

> 금산 인삼 축제와 같이 한 지역의 자연환경과 특산물을 이용하여 여는 축제를 (   )(이)라고 합니다.

(   )

➔ 바른답·알찬풀이 8쪽

중요

07 (가), (나)는 교류를 통해 촌락과 도시가 서로에게 제공하는 것입니다. (가), (나)에 들어갈 알맞은 말을 보기에서 모두 골라 기호를 쓰세요.

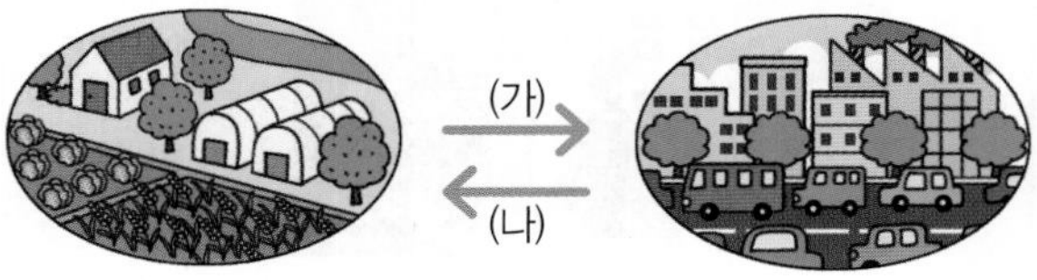

▲ 촌락 ▲ 도시

보기
- ㉠ 휴식 공간
- ㉡ 공장에서 생산한 물건
- ㉢ 다양하고 신선한 농수산물
- ㉣ 생활을 편리하게 해 주는 시설

(가): ( )

(나): ( )

08 다음 ( ) 안에 들어갈 알맞은 말은 어느 것입니까? ( )

▲ 도시 기업의 촌락 일손 돕기

▲ 도시 병원의 촌락 무료 진료

도시의 기업이나 단체는 촌락을 찾아 일손 돕기나 무료 진료 등과 같은 ( )을/를 하기도 합니다.

① 귀촌 지원 ② 문화 교류 ③ 봉사 활동 ④ 지역 탐방 ⑤ 체험 활동

[09~10] 그림을 보고, 물음에 답하세요.

09 다음 ( ) 안에 들어갈 알맞은 말을 쓰세요.

촌락과 도시는 서로 교류하기 위해 노력하고 있습니다. 위 그림처럼 도시에서는 촌락 사람들이 재배한 농수산물을 직접 판매할 수 있는 ( )을/를 엽니다.

( )

서술형

10 위 그림과 같은 교류가 도시 사람들에게 주는 좋은 점을 쓰세요.

핵심 단어 농수산물, 저렴

중요

11 촌락과 도시가 인터넷을 통해 교류하면 좋은 점으로 알맞은 것을 보기에서 두 가지 골라 기호를 쓰세요.

보기
- ㉠ 댓글로 궁금한 점을 바로 물어볼 수 있습니다.
- ㉡ 직접 가지 않고도 필요한 정보를 얻을 수 있습니다.
- ㉢ 깨끗한 자연환경에서 체험 활동을 즐길 수 있습니다.

(,)

12 촌락과 도시가 교류하는 모습으로 알맞지 않은 것은 어느 것입니까? ( )

① 도시 사람들이 농촌으로 가서 모내기를 돕는 모습
② 촌락에 사는 할머니가 도시의 병원에서 진료를 받는 모습
③ 촌락 사람들이 신선하고 다양한 농수산물을 생산하는 모습
④ 도시에 사는 가족이 촌락의 야영장에서 캠핑을 즐기는 모습
⑤ 도시 사람들이 도시에서 열린 직거래 장터를 이용해 농산물을 구매하는 모습

[13~14] 그림을 보고, 물음에 답하세요.

13 위 그림에 나타난 촌락과 도시의 교류 모습으로 알맞은 것은 어느 것입니까? ( )

① 촌락에서 지역 축제를 연다.
② 도시에서 직거래 장터를 연다.
③ 도시 아이들이 농촌 유학을 한다.
④ 촌락 아이들이 도시 문화 탐방을 한다.
⑤ 도시 병원이 촌락에서 무료 진료 봉사를 한다.

중요
14 위 그림과 같은 교류가 촌락 아이들에게 좋은 점을 보기에서 골라 기호를 쓰세요.

보기
㉠ 농수산물을 팔아 소득을 높일 수 있습니다.
㉡ 도시의 다양한 문화를 경험할 수 있습니다.
㉢ 자연 속에서 뛰놀며 열심히 공부할 수 있습니다.

( )

[15~16] 자료를 보고, 물음에 답하세요.

도시 아이들이 농촌으로 가서 한 학기나 일 년 정도 농촌의 학교에 다니는 것을 ( )(이)라고 합니다.

15 위 자료의 ( ) 안에 들어갈 알맞은 말을 쓰세요.

( )

16 위 자료와 같이 교류할 때 촌락 사람들에게 좋은 점으로 알맞은 것은 어느 것입니까? ( )

① 촌락 사람들의 소득이 높아진다.
② 촌락의 부족한 일손 문제가 해결된다.
③ 촌락 아이들이 도시의 학교에 다닐 수 있다.
④ 촌락 아이들이 깨끗한 자연 속에서 공부할 수 있다.
⑤ 촌락 아이들이 도시에서 다양한 경험을 할 수 있다.

17 촌락과 도시의 교류 모습에 관한 설명으로 알맞지 않은 것은 어느 것입니까? ( )

① 촌락과 도시는 서로 다양하게 교류하고 있다.
② 촌락과 도시는 함께 발전하기 위해 서로 경쟁하고 있다.
③ 촌락과 도시는 교류하면서 서로 도움을 주고받을 수 있다.
④ 촌락과 도시 사람들은 교류를 통해 다양한 경험을 할 수 있다.
⑤ 촌락과 도시 사람들은 교류를 통해 서로에게 관심을 가질 수 있다.

➔ 바른답·알찬풀이 10쪽

특별한 서술/논술

1 단원

공부한 날 월 일

• 자료를 보고, 물음에 답하세요.

촌락과 도시는 서로 교류하기 위해 노력합니다. 지역의 자연환경과 특산물을 활용한 지역 축제에 참여하는 도시 사람들은 다양한 경험을 즐길 수 있습니다. 울릉도에서 많이 잡히는 오징어라는 특산물을 이용하여 열리는 '울릉도 오징어 축제'는 지역 축제의 한 사례입니다.

또한 도시에서는 촌락 사람들이 재배한 농수산물을 직접 사고팔 수 있는 직거래 장터를 열기도 합니다. 직거래 장터에서 촌락 사람들은 소득을 올릴 수 있고, 도시 사람들은 농수산물을 저렴하게 살 수 있습니다.

01 밑줄 친 부분에 들어갈 알맞은 말을 위 자료에서 찾아 쓰세요.

① 촌락에서는 자기 지역의 자연환경과 ____________ 을/를 활용하여 지역 축제를 열고 도시와 교류합니다.

② 도시에서는 촌락 사람들이 재배한 ____________ 을/를 직접 사고팔 수 있는 직거래 장터를 열어 촌락과 교류합니다.

힌트! 우리가 채울 부분은 촌락과 도시의 교류 모습이야. 제시문을 잘 살펴보면 답을 쓸 수 있을 거야.

02 밑줄 친 부분에 들어갈 알맞은 말을 위 자료에서 찾아 쓰세요.

윗글에 나타난 다양한 교류를 통해 촌락과 도시 사람들은 좋은 점을 얻을 수 있습니다.

① 촌락의 지역 축제에 참여하는 도시 사람들은 ____________ 을/를 즐길 수 있습니다.

② 도시 직거래 장터에서 촌락 사람들은 ____________ 을/를 올릴 수 있습니다.

힌트! 제시문을 잘 읽고, 교류를 통해 촌락과 도시 사람들이 얻을 수 있는 도움을 생각해 보자.

03 02번 문제를 참고하여 촌락과 도시는 함께 발전하기 위해 어떤 관계를 맺고 있는지 쓰세요.

____

____

힌트! 도시와 촌락은 서로 도움을 주고받는다는 것을 바탕으로 쓰면 돼.

핵심 단어
교류, 도움

교과서 쏙쏙

딩동댕 단원 마무리

1 도시에서 주로 볼 수 있는 모습을 골라 기호를 써 보세요. (　　　　)

2 촌락과 도시에 관해 옳게 말한 친구의 이름을 써 보세요. (　　　　)

슬기
촌락은 높은 건물이 많습니다.
민석
도시는 자연환경을 주로 이용합니다.
도연
촌락은 많은 사람이 모여 삽니다.
우건
도시에 사는 사람들은 다양한 일을 합니다.

3 그림을 보고 알 수 있는 도시 문제를 보기에서 골라 기호를 써 보세요.

(　　　　)

보기

- ㉠ 주택 문제
- ㉡ 교통 문제
- ㉢ 환경 문제
- ㉣ 일손 부족 문제

도시와 촌락은 서로 다른 특징을 가지고 있구나.

답안 길잡이　1 ㉣ 2 우건 3 ㉡

4 촌락을 찾는 도시 사람들의 모습을 골라 기호를 써 보세요. (　　　　　)

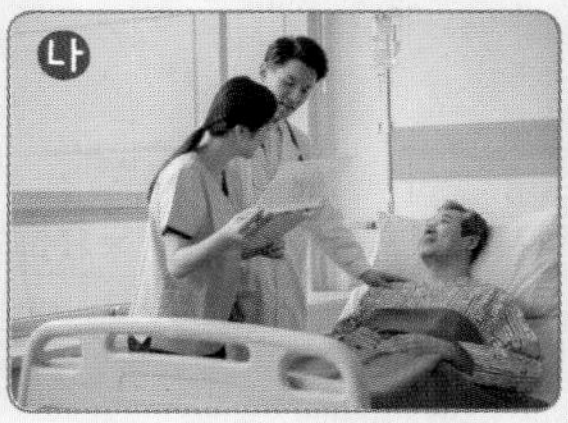

5 그림의 촌락에 관해 잘못 말한 친구의 이름을 써 보고, 잘못된 내용을 옳게 고쳐 써 보세요.

정화: 바다와 가까이에 있는 촌락입니다.
경훈: 배, 등대, 생선을 보관하는 창고가 있습니다.
유진: 주로 산을 이용하여 생산 활동을 하는 산지촌입니다.
지영: 사람들은 바다에서 물고기를 잡거나, 김과 미역을 기르는 일을 합니다.

❶ 잘못 말한 친구: ______________________

❷ 옳게 고친 내용: ______________________

6 그림은 촌락과 도시 사람들이 서로 주고받은 도움을 나타낸 것입니다. 이를 참고하여 촌락과 도시의 교류 모습이 어떠한지 써 보세요.

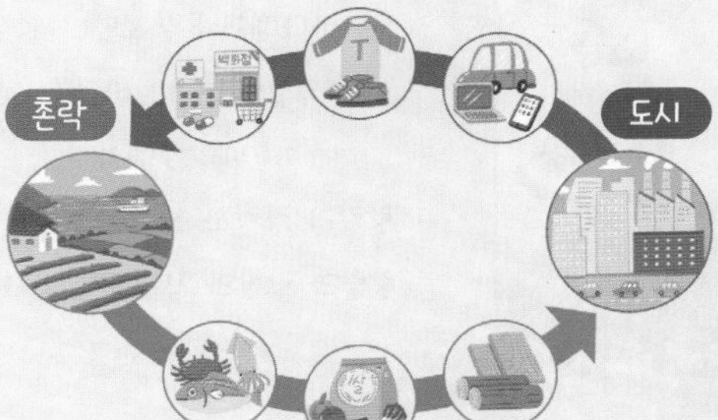

촌락과 도시가 교류하는 물건이나 시설이 다양하구나.

답안 길잡이
4 ㉰ 5 유진, 주로 바다를 이용하여 생산 활동을 하는 어촌입니다.
6 촌락은 사람들에게 다양한 농수산물과 휴식 공간을 제공하고, 도시는 사람들에게 공장에서 생산된 물건과 생활을 편리하게 해 주는 시설을 제공합니다.

교과서 쏙쏙

창의·융합 놀이터

노랫말 바꿔 부르기

우리 삶의 터전인 촌락이나 도시의 모습을 가사에 담은 노래가 많이 있습니다. 내가 경험한 촌락이나 도시의 모습을 생각하며 노랫말을 바꿔 불러 보세요.

활동 꿀팁

첫째, 내가 알고 있는 동요 중에서 선택하거나 인터넷에서 적당한 노래를 검색해 보자.

둘째, 노랫말을 바꿀 때는 촌락과 도시의 모습이 잘 드러나도록 써 보자.

활동 방법

1. 촌락이나 도시의 모습을 잘 표현한 동요를 찾습니다.
2. 내가 경험한 촌락이나 도시의 모습을 생각하며 찾은 동요의 노랫말을 바꾸어 써 봅시다.
3. 바꾼 노랫말로 노래를 불러 봅시다.

예시

찾은 동요: 참 재미있었지

노랫말

나는 나는 산으로 갔었지
산에서 무얼 보았니
졸졸졸졸 흐르는 시냇물
맴맴맴맴 매미
랄랄라 랄랄라 참 좋았겠구나
랄랄라 랄랄라 참 재미있었지

노랫말 바꾸기

나는 나는 바다로 갔었지
바다에서 무얼 보았니
철썩철썩 거리는 바닷물
끼룩끼룩 갈매기
랄랄라 랄랄라 참 좋았겠구나
랄랄라 랄랄라 참 시원했었지

찾은 동요:

노랫말

노랫말 바꾸기

답안 길잡이

찾은 동요: 기차를 타고
〈노랫말〉
기차 타고 신나게 달려가 보자
높은 산도 지나고 넓은 들도 지나고
푸른 산을 지날 때 산새를 찾고
넓은 바다 지날 때 물새와 놀고
설레임을 가득 안고 달려가 보자
새로운 세상이 자꾸자꾸 보인다

〈노랫말 바꾸기〉
기차 타고 신나게 달려가 보자
아파트도 지나고 운동장도 지나고
백화점을 지날 때 꼬까옷 사고
영화관을 지날 때 영화를 보고
설레임을 가득 안고 달려가 보자
새로운 세상이 자꾸자꾸 보인다

한눈에
단원 정리

1 촌락과 도시의 특징

❶ 촌락과 도시

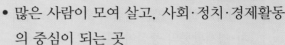

촌락
- 자연환경을 주로 이용해 살아가는 곳
- 자연환경을 이용하기 편리한 곳에 발달함.
- 농촌, 어촌, 산지촌이 있음.

도시
- 많은 사람이 모여 살고, 사회·정치·경제활동의 중심이 되는 곳
- 인문환경이 잘 갖추어진 곳에 발달함.

❷ 촌락과 도시의 모습

촌락의 모습	도시의 모습
• 농촌: 들이나 하천 주변의 평평한 곳에 발달하며 농업을 주로 함. • 어촌: 바닷가 주변에 발달하며 어업을 주로 함. • 산지촌: 산속이나 울창한 숲 주변에 발달하며 임업을 주로 함.	• 높은 건물과 다양한 교통수단을 볼 수 있음. • 회사나 공장, 공공 기관에 다니거나 물건을 파는 등 다양한 일을 함. • 물건을 쉽게 살 수 있고, 문화 시설을 이용하며 여가 생활을 즐김.

❸ 촌락과 도시 문제와 이를 해결하기 위한 노력

촌락 문제와 해결 노력	도시 문제와 해결 노력
• 인구 감소와 일손 부족 → 귀촌하려는 사람을 적극적으로 지원하고 일할 때 다양한 기계를 이용함. • 시설 부족 → 마을 회관이나 폐교 등을 고쳐 문화 시설과 편의 시설로 이용함. • 소득 감소 → 더 좋은 품질의 농수산물을 생산하여 소득을 높임.	• 주택 문제 → 주택을 새로 짓거나, 낡은 주택을 고쳐 사용함. • 교통 문제 → 대중교통을 이용하고, 승용차 요일제에 참여함. • 환경 문제 → 쓰레기 분리배출을 실천하고, 친환경 자동차를 이용함.

2 함께 발전하는 촌락과 도시

❶ 촌락과 도시의 교류

- 교류의 뜻: 사람들이 오고 가거나 물건, 문화 등을 주고받는 것입니다.
- 교류하는 까닭: 지역마다 생산되는 물건이나 문화 등이 다르기 때문입니다.

❷ 다양한 교류를 통해 서로 돕는 촌락과 도시

- 촌락은 도시에 다양한 농수산물과 휴식 공간을 제공합니다.
- 도시는 촌락에 공장에서 생산한 물건과 생활을 편리하게 해 주는 시설을 제공합니다.
- 촌락과 도시는 지역 축제, 직거래 장터, 봉사 활동 등 다양한 교류를 통해 도움을 주고받습니다.
- 촌락과 도시는 상호 의존 관계를 바탕으로 함께 발전하고 있습니다.

정답 확인

1회 단원 평가

01 ㉠, ㉡에 들어갈 알맞은 말을 쓰세요.

> 사람들은 여러 지역에서 다양한 모습으로 살아갑니다. 여러 지역 중에서 사람들이 자연환경을 주로 이용해 살아가는 곳을 (㉠)(이)라고 하고, 많은 사람이 모여 살고 사회·정치·경제활동의 중심이 되는 곳을 (㉡)(이)라고 합니다.

㉠: (   )

㉡: (   )

02 촌락에서 주로 하는 일을 보기에서 골라 기호를 쓰세요.

> 보기
> ㉠ 공장에서 여러 가지 물건을 생산하고 판매합니다.
> ㉡ 음식이나 물건을 만드는 데 필요한 재료를 생산합니다.
> ㉢ 사람들이 편리하게 생활할 수 있도록 도와주는 서비스를 제공합니다.

(   )

03 도시가 발달한 곳의 특징을 두 가지 쓰세요.

....

....

04 도시에서 많이 볼 수 있는 모습을 두 가지 고르세요. (,   )

① 울창한 숲과 산비탈의 밭
② 버스나 지하철 등의 교통수단
③ 배, 등대, 생선을 보관하는 창고
④ 공공 기관, 회사나 공장, 아파트
⑤ 평평한 땅에 있는 논과 밭, 비닐하우스

[05~06] 다음을 보고, 물음에 답하세요.

(가) (나) (다)

05 (가)~(다) 중 다음과 같은 생활 모습을 주로 볼 수 있는 지역을 골라 기호를 쓰세요.

> • 벼농사 짓기
> • 축사에서 가축 기르기

(   )

06 (가)~(다)에 관한 설명으로 알맞지 않은 것은 어느 것입니까? (   )

① (가)에서는 오늘날 기계를 이용하여 농사를 짓기도 한다.
② (나)에서는 바다에서 물고기를 잡거나 기른다.
③ (다)에 사는 사람들은 산비탈의 평평한 곳에 농사를 짓기도 한다.
④ (가), (나), (다)는 모두 촌락이다.
⑤ (가), (나), (다)에서는 높은 건물들과 많은 사람이 이용하는 다양한 교통수단을 볼 수 있다.

07 도시 사람들의 생활 모습으로 알맞지 않은 것은 어느 것입니까? (   )

① 회사나 공장에서 여러 가지 일을 한다.
② 백화점·대형 할인점 등에서 물건을 산다.
③ 시장에서 여러 가지 물건과 음식을 판매한다.
④ 자연환경을 이용하여 농업, 임업, 어업에 종사한다.
⑤ 공공 기관이나 문화 시설에서 사람들이 편리하게 생활할 수 있도록 도와주는 일을 한다.

[08~09] 다음을 보고, 물음에 답하세요.

(가)

▲ 경상남도 거창군

(나)

▲ 대전광역시

08 (가), (나)에 관한 설명으로 알맞은 것을 보기에서 두 가지 골라 기호를 쓰세요.

보기
㉠ (가)는 산지촌입니다.
㉡ (가)는 자연환경을 이용하기 좋은 곳에 위치하고 있습니다.
㉢ (나)는 도시입니다.
㉣ (나)에는 건물이 드문드문 있습니다.

(,)

09 (가), (나)의 공통점을 두 가지 쓰세요.

10 다음 ( ) 안에 들어갈 알맞은 말은 어느 것입니까? ( )

촌락에서는 사람들이 일자리를 찾아 도시로 이동하면서, 인구가 줄어들고 있습니다. 특히 젊은 사람들이 떠나면서 촌락의 전체 인구 중에서 노인(65세 이상)이 차지하는 비율이 높아지는 현상인 ( ) 현상이 나타나고 있습니다.

① 귀촌 ② 고령화 ③ 일손 부족
④ 주택 부족 ⑤ 소득 감소

11 촌락의 편의 시설 부족 문제를 해결하기 위한 노력으로 알맞은 것은 어느 것입니까? ( )

① 지역 축제를 많이 연다.
② 좋은 품질의 농수산물을 생산한다.
③ 일을 할 때 다양한 기계를 이용한다.
④ 마을 회관이나 폐교 등을 고쳐 이용한다.
⑤ 귀촌하려는 사람을 적극적으로 지원한다.

12 도시에서 발생하는 문제로 알맞지 않은 것은 어느 것입니까? ( )

① 교통사고가 많이 발생한다.
② 주택이 오래되어서 위험하다.
③ 인구에 비해 주택이 너무 많다.
④ 쓰레기 때문에 환경이 오염된다.
⑤ 자동차가 많아서 주차 공간이 부족하다.

[13~14] 그림을 보고, 물음에 답하세요.

13 위 그림에서 알 수 있는 도시 문제로 알맞은 것은 어느 것입니까? ( )

① 환경 문제 ② 주택 문제
③ 교통 문제 ④ 범죄 문제
⑤ 소음 공해 문제

14 위 그림과 같은 도시 문제가 발생한 원인을 쓰세요.

15 도시 문제를 해결하기 위한 노력으로 알맞은 것을 **보기** 에서 두 가지 골라 기호를 쓰세요.

보기
㉠ 쓰레기 분리배출을 실천합니다.
㉡ 낡은 주택을 고쳐서 사용합니다.
㉢ 귀촌하려는 사람을 적극 지원합니다.
㉣ 기계를 이용해 농산물을 거두어들입니다.

(,)

16 다음 중 교류에 관해 알맞은 설명을 한 친구의 이름을 쓰세요.

사람이 오고 가는 것은 교류가 아니야.
눈에 보이지 않는 문화를 주고받는 것도 교류야.
지역마다 생산되는 물건들이 비슷해서 교류가 일어나.
은수
태호
미연

( )

17 교류를 통해 도시가 촌락에 제공하는 것으로 알맞은 것을 두 가지 고르세요. (,)

①

▲ 농산물

②

▲ 수산물

③
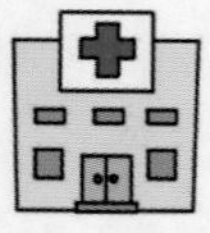
▲ 종합 병원

④

▲ 영화관

⑤

▲ 목재

[18~19] 그림을 보고, 물음에 답하세요.

(가)

(나)

18 (가)와 같이 지역의 자연환경과 특산물을 활용하여 여는 축제를 무엇이라고 하는지 쓰고, 각 지역마다 (가)와 같은 축제가 다양하게 열리는 까닭을 쓰세요.

....

....

19 (가), (나)에 대한 설명으로 알맞지 않은 것은 어느 것입니까? ( )

① (가)를 통해 도시 사람들은 다양한 경험을 즐길 수 있다.
② (가)를 통해 도시 사람들은 먹거리 등을 팔아 소득을 올릴 수 있다.
③ (나)를 통해 도시 사람들은 신선한 농수산물을 저렴하게 살 수 있다.
④ (나)를 통해 촌락 사람들은 자신들이 생산한 농수산물을 직접 판매할 수 있다.
⑤ (가), (나)를 통해 도시 사람과 촌락 사람들은 서로 도움을 주고받을 수 있다.

20 도시 문화 탐방을 통한 교류가 주는 좋은 점으로 알맞은 것을 **보기** 에서 골라 기호를 쓰세요.

보기
㉠ 촌락 사람들의 소득을 높일 수 있습니다.
㉡ 도시 아이들이 깨끗한 자연 속에서 공부할 수 있습니다.
㉢ 촌락 아이들이 물건을 사면서 도시 사람들의 생활에 도움을 줄 수 있습니다.

( )

01 다음 ( ) 안에 들어갈 촌락의 종류를 차례대로 쓰세요.

> 촌락에는 들이나 하천 주변의 평평한 곳에 발달한 ( ), 바닷가 주변에 발달한 ( ), 산속이나 울창한 숲 주변에 발달한 ( ) 이/가 있습니다.

(, ,)

02 도시가 주로 발달하는 곳의 특징으로 알맞지 않은 것은 어느 것입니까? ( )

① 일자리가 많은 곳
② 인문환경이 잘 갖추어진 곳
③ 자연환경을 이용하기 편리한 곳
④ 사람과 물건의 이동이 편리한 곳
⑤ 사람들이 필요에 따라 계획하여 만든 곳

03 다음 사진에 나타난 장소의 공통점으로 알맞은 것을 보기에서 두 가지 골라 기호를 쓰세요.

▲ 안동 하회 마을

▲ 경주 양동 마을

보기
㉠ 회사나 공장이 많습니다.
㉡ 유네스코가 인정한 세계 유산입니다.
㉢ 오래전 만들어진 집과 길 등이 남아 있습니다.
㉣ 교통이 발달하여 사람과 물건의 이동이 편리합니다.

(,)

[04~06] 그림을 보고, 물음에 답하세요.

(가)

(나)

(다)

(라)

04 (가)~(라)에 관한 설명으로 알맞은 것은 어느 것입니까? ( )

① (가)는 산지촌이다.
② (나)는 어촌이다.
③ (다)는 농촌이다.
④ (라)는 도시이다.
⑤ (가), (나), (다), (라)는 모두 촌락이다.

05 (가)~(라)에서 주로 볼 수 있는 모습으로 알맞은 것을 보기에서 골라 기호를 쓰세요.

보기
㉠ (가): 논과 밭, 비닐하우스
㉡ (나): 울창한 숲, 산비탈의 밭
㉢ (다): 배, 등대, 생선을 보관하는 창고
㉣ (라): 공공 기관, 상점, 회사나 공장, 아파트

( )

06 (라)와 같은 지역에 사는 사람들이 하는 일을 두 가지 쓰세요.

07 촌락과 도시에 관한 설명으로 알맞지 않은 것은 어느 것입니까? ( )

① 촌락에는 건물이나 시설이 드문드문 있다.
② 도시에는 크고 작은 도로들이 연결되어 있다.
③ 촌락에는 주변의 자연환경을 이용하는 모습이 많이 나타난다.
④ 촌락 중 농촌에서는 임업을 주로 하지만 어촌에서는 어업을 주로 한다.
⑤ 도시에서는 버스나 지하철 등 많은 사람이 이용하는 교통수단을 볼 수 있다.

[08~09] 그래프를 보고, 물음에 답하세요.

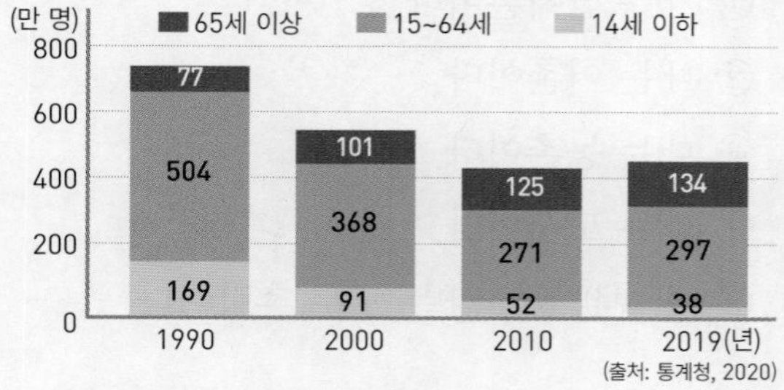

▲ 촌락의 인구 변화

08 위 그래프에 관한 설명으로 알맞은 것을 보기에서 골라 기호를 쓰세요.

보기
㉠ 65세 이상 노인 인구가 늘고 있습니다.
㉡ 14세 이하 어린이 인구가 늘고 있습니다.
㉢ 촌락의 전체 인구가 꾸준히 늘고 있습니다.

( )

09 위 그래프를 보고 알 수 있는 촌락의 문제를 두 가지 고르세요. (,)

① 인구 증가
② 소득 감소
③ 고령화 현상
④ 환경 오염
⑤ 일손 부족 문제

10 도시에서 다음과 같은 제도를 실시하는 까닭을 쓰세요.

도시에서는 월화수목금요일 중 하루를 쉬는 날로 정해서 해당하는 요일에는 차를 운행하지 않도록 하는 승용차 요일제를 실시합니다.

11 다음 그림은 어떤 도시 문제를 해결하기 위한 노력입니까? ( )

▲ 친환경 자동차를 이용합니다.

① 주택 부족 문제
② 낡은 주택 문제
③ 교통 혼잡 문제
④ 환경 오염 문제
⑤ 주차 공간 부족 문제

12 도시에서 발생하는 주택 문제를 해결하기 위한 노력을 두 가지 쓰세요.

13 살기 좋은 촌락과 도시의 모습으로 알맞지 않은 것을 보기에서 골라 기호를 쓰세요.

보기
㉠ 안전하게 생활할 수 있는 곳
㉡ 문화 시설과 편의 시설이 적은 곳
㉢ 촌락 문제나 도시 문제가 없는 곳

( )

➔ 바른답·알찬풀이 13쪽

14 살기 좋은 도시를 만들기 위한 노력으로 알맞지 않은 것은 어느 것입니까? ( )

① 도시의 자동차 수를 더 늘린다.
② 낡은 주택은 고치고 주택을 새로 짓는다.
③ 공기 오염을 줄일 수 있는 시설을 만든다.
④ 대중교통을 이용하고 주차 공간을 늘린다.
⑤ 어린이들이 안전하게 이용할 수 있는 시설을 만든다.

15 ㉠, ㉡에 들어갈 말을 알맞게 연결한 것은 어느 것입니까? ( )

> 사람들이 오고 가거나 물건, 문화 등을 서로 주고받는 것을 (㉠)(이)라고 합니다. (㉠)은/는 (㉡)마다 생산되는 물건이나 문화 등이 다르기 때문에 생겨납니다.

	㉠	㉡
①	교류	촌락
②	교류	지역
③	상호 의존	지역
④	직거래 장터	도시
⑤	직거래 장터	지역

16 도시와의 교류를 통해 촌락 사람들이 얻을 수 있는 도움으로 알맞은 것을 두 가지 고르세요. (,)

① 깨끗한 자연환경을 찾아 쉴 수 있다.
② 농장 등에서 체험 활동을 즐길 수 있다.
③ 종합 병원에서 아픈 곳을 치료할 수 있다.
④ 신선하고 다양한 농수산물을 얻을 수 있다.
⑤ 대형 할인점에서 필요한 물건을 살 수 있다.

17 다음 ( ) 안에 공통으로 들어갈 알맞은 말을 쓰세요.

> 도시에서는 촌락 사람들이 재배한 농수산물을 직접 판매할 수 있는 ( )을/를 엽니다. ( )에서 촌락 사람들은 소득을 올릴 수 있고, 도시 사람들은 신선한 농수산물을 저렴하게 살 수 있습니다.

( )

18 지역 축제를 열면 촌락과 도시 사람들에게 좋은 점을 쓰세요.

19 촌락과 도시의 바람직한 관계로 알맞은 것을 보기에서 골라 기호를 쓰세요.

> **보기**
> ㉠ 서로 경쟁하는 관계
> ㉡ 상호 독립적인 관계
> ㉢ 상호 의존하는 관계

( )

20 농촌 유학에 관해 알맞은 설명을 한 친구의 이름을 쓰세요.

도시 아이들은 촌락으로, 촌락 아이들은 도시로 잠시 학교를 다니는 거야.
민기
도시 아이들이 촌락에 가서 다양한 지역 축제를 즐기는 거야.
은영
도시 아이들이 한 학기나 일 년 정도 촌락의 자연 속에서 공부하는 거야.
시우

( )

2

필요한 것의 생산과 교환

1

경제활동과 현명한 선택

경제활동에서 선택의 문제가 발생하는 까닭은 무엇일까요?

2

교류하며 발전하는 우리 지역

경제적 교류는 왜 필요하고, 경제활동에 어떤 영향을 미칠까요?

단원에 대한 학습 계획을 세우고, 공부한 내용을 얼마나 이해했는지 스스로 평가해 보세요.

1 경제활동과 현명한 선택

	공부할 내용	쪽수	스스로 평가
1일차	❶ 우리는 왜 선택해야 할까요	60~61쪽	☆☆☆
2일차	❷ 현명한 선택을 하는 방법은 무엇일까요	62~63쪽	☆☆☆
3일차	❸ 생산과 소비란 무엇일까요	64~65쪽	☆☆☆
4일차	❹ 물건이 우리 손에 오기까지 어떤 과정을 거칠까요	66~67쪽	☆☆☆
5일차	❺ 현명한 소비 생활 방법을 알아볼까요	68~69쪽	☆☆☆
6일차	문제로 실력 쑥쑥	74~77쪽	☆☆☆

2 교류하며 발전하는 우리 지역

	공부할 내용	쪽수	스스로 평가
7일차	❶ 우리 주변의 상품은 어디에서 왔을까요	80~81쪽	☆☆☆
8일차	❷ 경제적 교류는 왜 필요할까요	82~83쪽	☆☆☆
9일차	❸ 다양한 경제적 교류를 알아볼까요	84~85쪽	☆☆☆
10일차	❹ 우리 지역의 경제적 교류를 조사해 볼까요	86~87쪽	☆☆☆
11일차	문제로 실력 쑥쑥	92~95쪽	☆☆☆

12일차	단원 평가 1회	100~102쪽	☆☆☆
13일차	단원 평가 2회	103~105쪽	☆☆☆

☆☆☆ 자신있게 설명할 수 있어요. ☆☆ 설명하기 조금 힘들어요. ☆ 어려워서 설명할 수 없어요.

교과서 쏙쏙

1 경제활동과 현명한 선택

이 단원을 공부하면?

- 경제활동에서 선택의 문제가 발생하는 까닭을 설명할 수 있어요.
- 생산, 소비 등 시장을 중심으로 이루어지는 경제활동을 파악할 수 있어요.

소년이 시장에서 어머니의 생신 선물을 고르고 있어요. 머리핀을 사서 어머니께 축하 카드와 함께 생신 선물로 드렸고, 기특하다는 칭찬을 받았어요. 하지만 다음 날 소년은 어머니로부터 철이 없다는 말을 듣게 돼요.

생각이 활짝 이야기 속 친구에게 어떤 충고를 해 주면 좋을까요?

✎ 내 생각은

1 우리는 왜 선택해야 할까요

개념 터치 마인드맵

이것만은 꼭

선택의 문제가 생기는 까닭

⬇

자원의 희소성

개념 1 일상생활 속 선택

❶ 사람들은 생활 속에서 여러 가지 선택을 합니다.

❷ 일상생활 속에는 다양한 선택의 순간이 있습니다.

분식집에서 김밥을 사 먹을지 떡볶이를 사 먹을지 선택해요.

옷 가게에서 흰색 옷을 살지 빨간색 옷을 살지 선택해요.

여행 갈 때 비행기를 탈지 배를 탈지 교통수단을 선택해요.

개념 2 선택의 문제가 생기는 까닭

❶ 희소성

- 사람들이 원하는 것은 많으나 그것을 모두 가질 수 없는 상태를 말합니다.
- 희소성 때문에 선택의 문제가 생깁니다.

❷ 우리가 선택해야 하는 까닭

- 쓸 수 있는 돈이나 자원이 한정*되어 있기 때문입니다.
- 경제활동*을 하는 사람이라면 누구나 희소성 때문에 선택의 문제를 겪게 됩니다.
- 무엇을 선택하는지는 사람에 따라 다를 수 있습니다.

탐구해요

평소에 내가 자주 이용하는 장소를 한 군데 골라, 그 장소에서 어떤 선택의 문제가 발생하는지 찾아보세요.

예시 답안

장소	선택의 문제
편의점	정해진 용돈으로 사탕을 살지, 초콜릿을 살지 선택함.
문구점	어떤 모양의 공책을 살지 선택함.

별별 이야기 아주 특별한 무지개 빵

❶ 무지개 빵을 사고 싶어 하는 사람은 많은 데 비해 파는 양이 부족해 사지 못하는 사람이 생겼습니다.

❷ 무지개 빵을 만들어 파는 곳이 많아지면서 이제는 누구나 원하는 만큼 살 수 있게 되었습니다.

? 무지개 빵이 더는 특별하지 않게 된 까닭은 무엇일까요?

예시 답안 무지개 빵을 만들어 파는 곳이 많아져 누구나 원하는 만큼 언제든 살 수 있게 되었기 때문이에요.

낱말사전

★한정 수량이나 범위 등을 제한하여 정함.

★경제활동 사람들이 생활하는 데 필요한 여러 가지 것들을 만들고 사용하는 것과 관련된 모든 활동

문제로 개념 탄탄

바른답·알찬풀이 15쪽

개념 터치 추가 문제

01 사람들이 생활하는 데 필요한 여러 가지 것들을 만들고 사용하는 것과 관련된 모든 활동을 사회 활동이라고 합니다. (○ , ×)

02 경제활동을 할 때 겪는 선택의 문제로 알맞지 않은 것을 보기에서 골라 기호를 쓰세요.

보기
- ㉠ 여행 갈 때 비행기를 탈지 배를 탈지 선택합니다.
- ㉡ 사회 과목을 공부할지 과학 과목을 공부할지 선택합니다.
- ㉢ 식당에서 불고기를 먹을지 된장찌개를 먹을지 선택합니다.

( )

확인해요

03 사람들이 쓸 수 있는 돈이나 자원이 한정되어 있어서 원하는 것을 모두 가질 수 없는 상태를 ( )(이)라고 합니다.

04 (가), (나) 중 희소성이 높은 상황에 해당하는 것을 골라 ○표 하세요.

(가)

( )

(나)

( )

2 단원

공부한 날 월 일

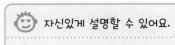

공부한 내용은?
- 자신있게 설명할 수 있어요.
- 설명하기 조금 힘들어요.
- 어려워서 설명할 수 없어요.

2 현명한 선택을 하는 방법은 무엇일까요

개념 터치 마인드맵

이것만은 꼭

현명한 선택을 해야 하는 까닭

⬇

- 만족감과 즐거움을 얻을 수 있음.
- 돈과 자원을 절약할 수 있음.

개념 1 현명한 선택이 필요한 까닭

❶ 자신의 선택에 만족이나 실망한 경험

가방이 예뻐서 샀는데 너무 크고 무거워서 후회했어요.
모양만 예쁜 운동화 대신 발이 편한 운동화를 사서 만족해요.
똑같은 필통을 친구보다 비싼 가격에 사서 후회돼요.

❷ 현명한 선택의 뜻

- 후회하지 않고 만족하는 선택입니다.
- 돈이나 시간을 낭비하지 않는 선택입니다.

❸ 현명한 선택을 해야 하는 까닭

- 자신에게 가장 알맞은 것을 고르게 되어 만족감과 즐거움을 얻을 수 있기 때문입니다.
- 돈과 자원을 절약할 수 있기 때문입니다.

개념 2 물건을 현명하게 사는 방법 활동해요

❶ 꼭 필요한 물건인지 먼저 생각합니다.

❷ 가격이 적당한지, 모양과 색깔이 마음에 드는지, 오래 쓸 수 있는지 등 여러 가지 선택 기준을 고려합니다.

❸ 같은 조건이라면 더 저렴한 것을 고릅니다.

선택 기준표의 결과를 참고하여 내가 선택한 물건은 연필이야. 왜냐하면 더 자주 사용할 것 같기 때문이지.

〈현명하게 선택해 보기〉

선택 기준표

물건 이름 / 선택 기준	연필			스티커		
	3점	2점	1점	3점	2점	1점
가격이 적당한가?	○			○		
모양이 예쁜가?		○		○		
자주 사용하는가?	○					○
합계 점수	8점			7점		

낱말사전

- ★만족 모자람이 없을 정도로 마음에 듦.
- ★낭비 시간, 돈 등을 아끼지 않고 씀.
- ★절약 함부로 쓰지 않고 꼭 필요한 데만 써서 아낌.
- ★저렴 물건의 값이 쌈.

문제로 개념 탄탄

➔ 바른답·알찬풀이 15쪽

개념 터치 추가 문제

01 우리는 경제활동을 하면서 다양한 선택을 하고 이러한 선택을 통해 만족감을 얻습니다. (○, ×)

02 경제활동을 하면서 만족했던 선택의 경험을 말한 친구의 이름을 쓰세요.

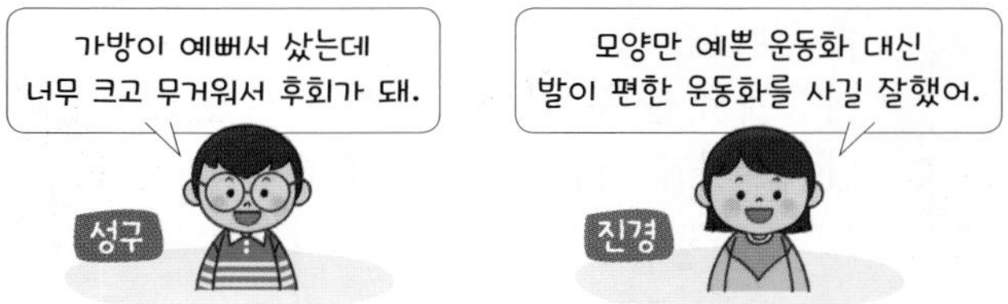

가방이 예뻐서 샀는데 너무 크고 무거워서 후회가 돼.
성구
모양만 예쁜 운동화 대신 발이 편한 운동화를 사길 잘했어.
진경

(　　　　　　　　)

03 현명한 선택이 필요한 까닭으로 알맞은 것을 두 가지 고르세요. (　　　,　　　)

① 자원의 낭비를 막을 수 있기 때문에
② 만족감과 즐거움을 얻을 수 있기 때문에
③ 내가 원하는 물건을 모두 가질 수 있기 때문에
④ 돈을 들이지 않고도 원하는 것을 모두 얻을 수 있기 때문에
⑤ 현명한 선택을 하지 않으면 원하는 것을 얻을 수 없기 때문에

04 현명한 선택을 하기 위해 고려해야 할 선택 기준을 보기 에서 두 가지 골라 기호를 쓰세요.

보기
㉠ 가격
㉡ 품질
㉢ 유명 연예인이 사용하는지 여부

(　　　,　　　)

05 물건을 선택할 때는 같은 조건이라면 값이 더 비싼 것을 고르는 것이 현명한 선택입니다. (○, ×)

2 단원

공부한 날 　월 　일

공부한 내용은?
- 자신있게 설명할 수 있어요.
- 설명하기 조금 힘들어요.
- 어려워서 설명할 수 없어요.

3 생산과 소비란 무엇일까요

개념 터치 마인드맵

이것만은 꼭

생산과 소비의 뜻

↓

- 생산: 생활에 필요한 물건을 만들거나 사람들의 생활을 편리하고 즐겁게 해 주는 활동
- 소비: 생산한 것을 쓰거나 이용하는 활동

■

다양한 생산 활동의 종류

↓

- 생활에 필요한 것을 자연에서 얻는 활동
- 생활에 필요한 것을 만드는 활동
- 생활을 편리하고 즐겁게 해 주는 활동

개념 1 생산과 소비 탐구해요

생산	• 뜻: 생활에 필요한 물건을 만들거나 사람들의 생활을 편리하고 즐겁게 해 주는 활동 • 시장에서 볼 수 있는 생산하는 사람: 빵 만드는 사람, 구두 고치는 사람, 이불 배달하는 사람, 공중화장실 청소하는 사람
소비	• 뜻: 생산한 것을 쓰거나 이용하는 활동 • 시장에서 볼 수 있는 소비하는 사람: 빵 가게 손님, 옷 가게 손님, 꽃 가게 손님, 반찬 가게 손님

개념 2 생산 활동과 소비 활동

❶ 다양한 생산 활동의 종류 탐구해요

생활에 필요한 것을 자연에서 얻는 활동

농사짓기, 조개 캐기, 젖소 우유 짜기, 버섯 따기 등이 있어요.

생활에 필요한 것을 만드는 활동

공장에서 물건 만들기, 가구 만들기, 건물 짓기, 장난감 만들기 등이 있어요.

생활을 편리하고 즐겁게 해 주는 활동

가수가 ★공연하기, 교사가 수업하기, 이삿짐 옮기기, 프로 축구 선수가 축구 경기하기 등이 있어요.

❷ 다양한 소비 활동의 종류

다양한 생산 활동 덕에 우리가 밥을 먹을 수 있는 거야.

자연에서 얻은 재료로 음식을 만들어 먹어요.

날씨가 더우니까 선풍기를 하나 더 사야겠어.

공장에서 만든 물건을 생활에서 사용해요.

가수의 공연을 보면서 즐거워해요.

❸ 생산과 소비 활동의 관계

- 생산하지 않으면 소비할 수 없습니다.
- 소비하지 않으면 생산할 필요가 없습니다.
- 다양한 생산 활동을 통해 다양한 소비 활동을 할 수 있고, 편리한 생활을 하게 됩니다.

낱말사전

★공연 음악, 무용, 연극 등을 다른 사람 앞에서 보이는 일

문제로
개념 탄탄

➔ 바른답·알찬풀이 16쪽

개념 터치 추가 문제

확인 해요

01 생활에 필요한 물건을 만들거나 생활을 편리하고 즐겁게 해 주는 활동을 (   )(이)라고 하고, 이를 쓰거나 이용하는 활동을 (   )(이)라고 합니다.

02 (가), (나)와 관련 있는 활동을 보기 에서 골라 기호를 쓰세요.

(가)

▲ 선풍기 만들기

(   )

(나)

▲ 농사짓기

(   )

보기

㉠ 생활에 필요한 것을 만드는 활동
㉡ 생활을 편리하고 즐겁게 해 주는 활동
㉢ 생활에 필요한 것을 자연에서 얻는 활동

03 생산 활동의 종류가 다른 것은 어느 것입니까? (   )

① 건물을 짓는다.
② 빵 가게에서 빵을 만든다.
③ 공장에서 선풍기를 만든다.
④ 가수가 공연장에서 공연을 한다.
⑤ 장난감 회사에서 장난감을 만든다.

04 소비 활동으로 알맞은 것은 어느 것입니까? (   )

① 산에서 버섯을 딴다.
② 교사가 수업을 한다.
③ 갯벌에서 조개를 캔다.
④ 좋아하는 가수의 공연을 본다.
⑤ 프로 축구 선수가 축구 경기를 한다.

2 단원

공부한 날 월 일

공부한 내용은?

- 자신있게 설명할 수 있어요.
- 설명하기 조금 힘들어요.
- 어려워서 설명할 수 없어요.

4 물건이 우리 손에 오기까지 어떤 과정을 거칠까요

개념 터치 마인드맵

이것만은 꼭

물건이 우리에게 오기까지의 과정

⬇

- 재료를 재배하거나 구하는 활동
- 공장에서 재료를 가공하거나 물건을 만드는 활동
- 물건을 운반하는 활동
- 물건을 팔고 사는 활동

개념 1 하나의 물건이 우리에게 오기까지의 과정 탐구해요

❶ 재료를 재배*하거나 구합니다.

❷ 공장에서 재료를 가공*하거나 물건을 만듭니다.

❸ 물건을 운반합니다.

❹ 물건을 팔고 삽니다.

〈놀이 카드가 우리에게 오기까지의 과정〉

종이 회사에서 놀이 카드의 재료인 종이를 만들어요. ➡ 놀이 카드 회사에서 종이로 놀이 카드를 만들어요. ➡ 놀이 카드를 트럭에 실어 전국의 상점으로 옮겨요. ➡ 손님이 상점에 진열된 놀이 카드를 사요.

개념 2 김치가 식탁 위에 오르기까지의 과정

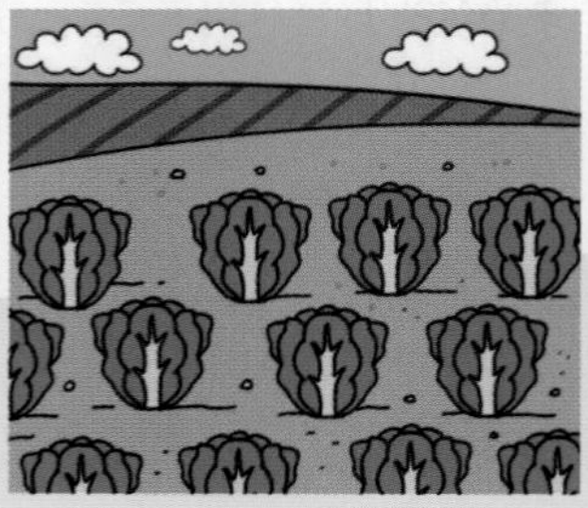

밭에서 배추를 재배해요.

→

농부들이 잘 자란 배추를 밭에서 뽑아요.

↘

트럭에 배추를 실어 김치 공장으로 운반해요.

←

공장에서 김치를 만들어 포장해요.

↙

포장된 김치를 트럭에 실어 할인 매장*이나 반찬 가게 등으로 운반해요.

→

사람들이 할인 매장이나 반찬 가게 등에서 김치를 사요.

하나의 물건이 우리에게 오기까지 다양한 생산과 소비 활동을 거치는구나.

낱말사전

*재배 식물을 심어 가꿈.

*가공 원료나 반제품을 인공적으로 처리하여 새로운 제품을 만들거나 제품의 질을 높임.

*할인 매장 가격을 할인하여 물건을 판매하는 곳

문제로

개념 탄탄

➔ 바른답·알찬풀이 16쪽

개념 터치 추가 문제

01 하나의 물건이 우리에게 오기까지의 과정에서 일어나는 활동으로 알맞지 않은 것은 어느 것입니까? ( )

① 재료 가공하기
② 재료 재배하기
③ 물건 사용하기
④ 물건 운반하기
⑤ 물건 팔고 사기

확인해요

02 물건이 우리 손에 오기까지 여러 생산 활동 과정을 거칩니다. (○, ×)

확인해요

03 물건을 운반하거나 제품을 디자인하는 것은 생산 활동이 아닙니다. (○, ×)

04 물건이 우리에게 오기까지의 과정 중 공장에서 만들어진 김치가 운반되는 곳으로 알맞지 않은 것에 ○표 하세요.

(1)

▲ 반찬 가게

( )

(2)

▲ 할인 매장

( )

(3)

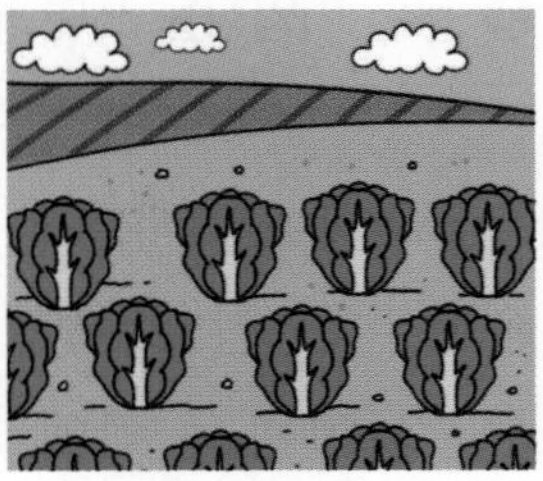

▲ 배추가 재배된 밭

( )

2 단원

공부한 날 월 일

공부한 내용은?

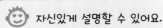

자신있게 설명할 수 있어요.
설명하기 조금 힘들어요.
어려워서 설명할 수 없어요.

5 현명한 소비 생활 방법을 알아볼까요

개념 터치 마인드맵

이것만은 꼭

현명한 소비 생활 방법
• 계획성 있게 소비하기 • 정보 활용하기

개념 1 현명한 소비 생활

뜻	• 돈을 사용할 때 계획을 세워 돈을 낭비하지 않는 소비를 하는 것임. • 소비하기 전에 먼저 꼭 필요한 것인지 생각해 보는 것임.
필요한 까닭	• 소득은 한정되어 있기 때문임. • 낭비를 줄여 돈을 아끼고, 편리하고 즐거운 생활을 할 수 있음.

개념 2 현명한 소비 생활 방법

❶ 계획성 있게 소비하기

방법	• 미리 소비 계획을 세워 꼭 필요한 곳에만 돈을 씀. • 용돈★ 기입장이나 가계부★를 쓰고, 용돈 일부를 저축★함.
좋은 점	• 필요한 순간에 돈을 사용할 수 있음. • 돈을 낭비하는 것을 막을 수 있음.

❷ 정보 활용하기

방법	• 인터넷이나 광고를 활용하여 물건의 종류와 가격을 비교함. • 상점을 방문하여 물건 상태를 직접 확인하고, 필요한 정보를 물어봄. • 상품을 사용해 본 주변 사람에게 사용한 경험을 물어봄.
좋은 점	• 필요한 물건을 현명하게 살 수 있음. • 품질이 좋은 물건을 저렴하게 살 수 있음. • 물건을 직접 살펴보고 확인할 수 있음.

❸ 현명한 소비 생활 방법을 실천할 때 주의할 점

• 여러 정보를 찾아서 비교하고, 정보가 믿을 만한 것인지 알아봅니다.

• 용돈 기입장에 정리한 내용을 살펴보고, 앞으로의 계획을 잘 세워야 합니다.

별별 이야기 용돈 기입장 쓰는 법

❶ 용돈 기입장을 쓰면 좋은 점

• 용돈을 어디에 썼는지 한눈에 알 수 있습니다.

• 계획에 맞게 돈을 쓰는 습관을 기를 수 있습니다.

❷ 용돈 기입장 쓰는 방법

• '들어온 돈' 칸에 받은 용돈을, '사용한 돈' 칸에 쓴 용돈을 씁니다.

• 매주 또는 매달 용돈 사용 내용을 정리하여 함부로 쓴 용돈은 없었는지 살펴보고, 다음에는 어떻게 용돈을 쓸지 계획을 세웁니다.

낱말사전

★용돈 특별한 목적을 갖지 않고 자유롭게 쓸 수 있는 돈

★가계부 집안 살림의 수입과 지출을 적는 공책

★저축 소득 중에서 소비하지 않은 부분

문제로
개념 탄탄

➔ 바른답·알찬풀이 17쪽

개념 터치 추가 문제

01 현명한 소비 생활이란 원하는 것을 모두 사는 것입니다. (○ , ×)

02 현명한 소비 생활을 하면 (　　　　　)을/를 줄여 돈을 아끼고, 편리하고 즐거운 생활을 할 수 있습니다.

확인해요

03 현명한 소비 생활을 하려면 소득을 어떻게 활용할지 미리 (　　　　　)을/를 세우고, 다양한 (　　　　　)을/를 활용해 선택해야 합니다.

04 계획성 있게 소비하는 방법으로 알맞지 않은 것은 어느 것입니까? (　　　　　)

① 가계부를 쓴다.
② 용돈 기입장을 쓴다.
③ 용돈 일부를 저축한다.
④ 꼭 필요한 곳에만 돈을 쓴다.
⑤ 용돈을 받으면 먼저 사고 싶은 것을 다 산다.

05 현명한 소비 생활을 실천하지 못한 친구의 이름을 쓰세요.

용돈으로 장난감을 샀더니 친구 생일 선물 살 돈이 부족해요.
정민
용돈 기입장을 살펴보며 다음 소비 계획을 세웠어요.
준하
여러 군데에서 가격을 비교해 보고 물건을 샀어요.
서윤

(　　　　　　　　　　　　)

2 단원

공부한 날
월
일

공부한 내용은?
- 자신있게 설명할 수 있어요.
- 설명하기 조금 힘들어요.
- 어려워서 설명할 수 없어요.

그림으로 보는 용어

꼭 알아야 할 용어들을 모아모아
그림과 함께 공부해 보세요.

현명한 선택

빵 사세요.
두 개 살게요.

경제활동

사람들이 생활하는 데 필요한 여러 가지 것들을 만들고 사용하는 것과 관련된 모든 활동입니다.

무지개 빵이 다 팔려서
못 사겠는 걸.

희소성

쓸 수 있는 돈이나 자원이 한정되어 있어 원하는 것을 모두 가질 수 없는 상태입니다.

어떤 것을 선택하면
만족감이 더 클까?

현명한 선택

만족감을 얻을 수 있고, 돈이나 시간을 낭비하지 않는 선택입니다.

생산과 소비

생산

생활에 필요한 물건을 만들거나 사람들의 생활을 편리하고 즐겁게 해 주는 활동입니다.

가공

원료나 반제품을 인공적으로 처리하여 새로운 제품을 만들거나 제품의 질을 높이는 것입니다.

공연

음악, 무용, 연극 등을 다른 사람 앞에서 보이는 일입니다.

현명한 소비 생활

낭비

시간, 돈 등을 아끼지 않고 쓰는 것입니다. 현명한 소비 생활을 하려면 돈을 낭비하지 않는 소비를 합니다.

저축

소득 중에서 소비하지 않은 부분입니다. 예상하지 못한 일에 대비하여 용돈 일부를 저축합니다.

용돈 기입장
날짜
내용
들어온 돈
사용한 돈
남은 돈

용돈 기입장

개인이 쓰는 돈의 드나듦을 정리하여 적어 넣는 공책입니다.

QUIZ 퀴즈

만족

모자람이 없을 정도로
마음에 드는 것을 말합니다.

소비

생산한 것을 쓰거나 이용하는
활동입니다.

가계부

집안 살림의 수입과 지출을
적는 공책입니다. 가계부를 쓰면
현명한 소비 생활을 하는 데
도움이 됩니다.

● 자음을 보고 힌트를 읽으면서 관련 있는 용어를 써 보세요.

❶ ㄱㅈㅎㄷ

▶ 사람들이 생활하는 데 필요한 여러 가지 것들을 만들고 사용하는 것과 관련된 모든 활동입니다.

✎ ______________________

❷ ㅎㅅㅅ

▶ 쓸 수 있는 돈이나 자원이 한정되어 있어 원하는 것을 모두 가질 수 없는 상태입니다.

✎ ______________________

❸ ㅅㅅ

▶ 생활에 필요한 물건을 만들거나 사람들의 생활을 편리하고 즐겁게 해 주는 활동입니다.

✎ ______________________

❹ ㅅㅂ

▶ 생산한 것을 쓰거나 이용하는 활동입니다.

✎ ______________________

❺ ㅈㅊ

▶ 소득 중에서 소비하지 않은 부분입니다.

✎ ______________________

2 단원

공부한 날 월 일

답안 길잡이 ❶ 경제활동 ❷ 희소성 ❸ 생산 ❹ 소비 ❺ 저축

교과서 쏙쏙

뚝딱뚝딱 정리하기

활동꿀팁

활동 방법을 익힌 뒤에 짝과 함께 문제를 풀면서 배운 내용을 확인하자.

1 다음 활동 방법을 보고 짝과 함께 색칠하기 활동을 해 보세요.

활동 방법

❶ 순서를 정한 뒤 차례로 원하는 문제를 골라 풉니다.
❷ 정답을 맞히면 1점을 얻고, 그 칸은 좋아하는 색으로 칠합니다.
❸ 색칠한 칸이 3개 이상 이어지면 최종 점수에서 추가로 1점을 더 받습니다.
❹ 자신이 칠한 칸의 점수에 추가 점수를 더합니다.

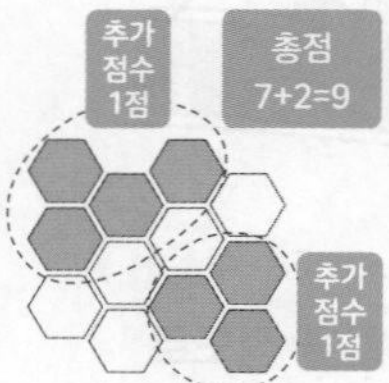

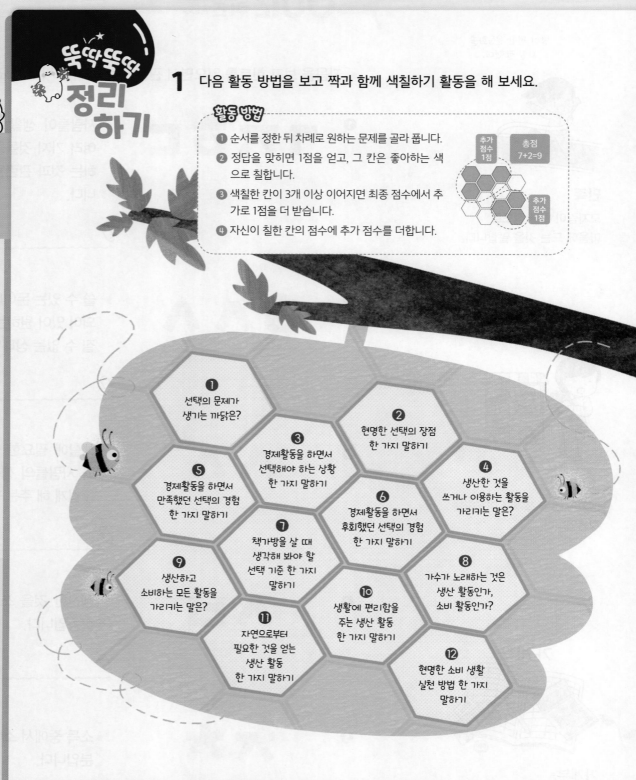

❶ 선택의 문제가 생기는 까닭은?

❷ 현명한 선택의 장점 한 가지 말하기

❸ 경제활동을 하면서 선택해야 하는 상황 한 가지 말하기

❹ 생산한 것을 쓰거나 이용하는 활동을 가리키는 말은?

❺ 경제활동을 하면서 만족했던 선택의 경험 한 가지 말하기

❻ 경제활동을 하면서 후회했던 선택의 경험 한 가지 말하기

❼ 책가방을 살 때 생각해 봐야 할 선택 기준 한 가지 말하기

❽ 가수가 노래하는 것은 생산 활동인가, 소비 활동인가?

❾ 생산하고 소비하는 모든 활동을 가리키는 말은?

❿ 생활에 편리함을 주는 생산 활동 한 가지 말하기

⓫ 자연으로부터 필요한 것을 얻는 생산 활동 한 가지 말하기

⓬ 현명한 소비 생활 실천 방법 한 가지 말하기

답안길잡이

❶ 희소성 때문입니다. ❷ 돈과 자원을 절약할 수 있습니다. ❸ 한정된 용돈으로 과자를 사 먹을지, 빵을 사 먹을지 선택해야 합니다. ❹ 소비 ❺ 인터넷으로 가격 비교를 하여 마음에 드는 가방을 저렴하게 살 수 있었습니다. ❻ 모양이 예쁜 것만 보고 머리핀을 샀는데 금방 고장 나서 쓸 수 없게 되었습니다. ❼ 오래 쓸 수 있도록 튼튼하게 만들어졌는지 꼼꼼하게 살펴봅니다. ❽ 생산 활동 ❾ 경제활동 ❿ 환경미화원이 거리를 청소해 줍니다. ⓫ 산에서 버섯을 땁니다. ⓬ 용돈 기입장을 씁니다.

2 빈칸을 연필로 칠하면서 공부한 내용을 정리해 보세요.

경제활동

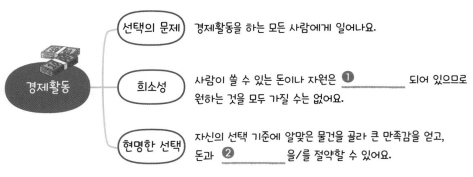

- **선택의 문제**: 경제활동을 하는 모든 사람에게 일어나요.
- **희소성**: 사람이 쓸 수 있는 돈이나 자원은 ❶ ________ 되어 있으므로 원하는 것을 모두 가질 수는 없어요.
- **현명한 선택**: 자신의 선택 기준에 알맞은 물건을 골라 큰 만족감을 얻고, 돈과 ❷ ________ 을/를 절약할 수 있어요.

❸ ________: 생활에 필요한 물건을 만들거나 사람들의 생활을 편리하고 즐겁게 해 주는 활동

다양한 생산 활동의 모습

벼농사 짓기

생활에 필요한 것을 자연에서 얻는 활동

자동차 만들기

생활에 필요한 것을 만드는 활동

공연하기

생활을 편리하고 즐겁게 해 주는 활동

소비: 생산한 것을 쓰거나 이용하는 활동

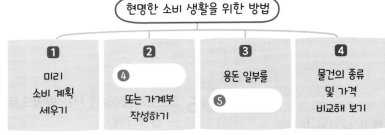

현명한 소비 생활을 위한 방법

1	2	3	4
미리 소비 계획 세우기	❹ ________ 또는 가계부 작성하기	용돈 일부를 ❺ ________	물건의 종류 및 가격 비교해 보기

현명하게 소비하려면 계획을 세우고 용돈 기입장을 작성하여 소비해야 해.

답안 길잡이 ❶ 한정 ❷ 자원 ❸ 생산 ❹ 용돈 기입장 ❺ 저축하기

문제로
실력 쑥쑥

정답 확인

01 다음 (   ) 안에 들어갈 알맞은 말을 쓰세요.

> 사람들이 원하는 것은 많으나 그것을 모두 가질 수 없는 상태를 (   )(이)라고 합니다.

(   )

02 경제활동을 하는 모습으로 알맞지 않은 것은 어느 것입니까? (   )

① 방 청소를 오늘 할지 주말에 할지 선택한다.
② 여행 갈 때 비행기를 탈지 기차를 탈지 선택한다.
③ 흰색 운동화를 살지 검은색 운동화를 살지 선택한다.
④ 옷 가게에서 흰색 옷을 살지 빨간색 옷을 살지 선택한다.
⑤ 분식집에서 김밥을 사 먹을지 튀김을 사 먹을지 선택한다.

서술형

03 경제활동을 할 때 선택의 문제가 생기는 까닭을 쓰세요.

핵심 단어 돈, 자원, 한정

....

....

04 현명한 선택을 한 친구의 모습으로 알맞은 것은 어느 것입니까? (   )

① 준서: 같은 필통인데 친구보다 비싸게 샀어.
② 예은: 가방이 예뻐서 샀는데 무거워서 자주 쓰지 않아.
③ 진경: 모양만 예쁜 것보다 발이 편한 운동화를 사서 만족해.
④ 시우: 친구가 산 옷을 따라서 샀는데 나에게 어울리지 않아.
⑤ 하경: 장난감이 금방 망가져 버렸어. 튼튼한지 잘 살펴볼걸.

중요

05 경제생활을 하면서 현명한 선택이 필요한 까닭을 두 가지 고르세요. (,   )

① 즐거움을 얻을 수 있기 때문이다.
② 자원을 절약할 수 있기 때문이다.
③ 돈을 마음대로 쓸 수 있기 때문이다.
④ 내가 원하는 것을 모두 가질 수 있기 때문이다.
⑤ 주변 사람들의 만족감을 높일 수 있기 때문이다.

중요

06 물건을 현명하게 사는 방법으로 알맞지 않은 것은 어느 것입니까? (   )

① 오래 쓸 수 있는지 살펴본다.
② 꼭 필요한 물건인지 생각한다.
③ 물건의 가격이 적당한지 따져 본다.
④ 같은 조건이라면 더 비싼 것을 선택한다.
⑤ 모양이나 색깔이 마음에 드는지 살펴본다.

➔ 바른답·알찬풀이 17쪽

07 다음 선택 기준표를 보고, (   ) 안에 공통으로 들어갈 알맞은 말을 쓰세요.

물건 이름 / 선택 기준	색연필			사인펜		
	3점	2점	1점	3점	2점	1점
가격	○			○		
모양		○		○		
사용 횟수			○	○		
합계 점수	6점			9점		

> 선택 기준표의 결과를 참고하여 내가 선택한 물건은 (   )입니다. 왜냐하면 (   )의 모양이 마음에 들고, 더 많이 사용할 것 같기 때문입니다.

(   )

08 ㉠, ㉡에 들어갈 알맞은 말을 쓰세요.

> 생활에 필요한 물건을 만들거나 사람들의 생활을 편리하고 즐겁게 해 주는 활동을 (㉠)(이)라고 하고, (㉠)한 것을 쓰거나 이용하는 활동을 (㉡)(이)라고 합니다.

㉠: (   )
㉡: (   )

09 생산 활동으로 알맞은 것은 어느 것입니까? (   )

① 치킨을 주문해 먹는다.
② 옷 가게에서 바지를 산다.
③ 손님이 맡긴 구두를 고친다.
④ 이불 가게에서 이불을 산다.
⑤ 빵 가게에서 샌드위치를 산다.

중요

10 생활에 필요한 것을 자연에서 얻는 활동으로 알맞은 것은 어느 것입니까? (   )

① 의사가 환자를 진료한다.
② 바다에서 물고기를 잡는다.
③ 공장에서 자동차를 만든다.
④ 미용사가 머리를 손질해 준다.
⑤ 건설 회사에서 아파트를 짓는다.

서술형

11 다음과 같은 생산 활동의 공통점을 쓰세요.

▲ 물건 배달하기

▲ 공연하기

핵심 단어 | 생활, 편리, 즐겁게

....

....

12 소비 활동으로 알맞지 않은 것은 어느 것입니까? (   )

① 택시 운전을 한다.
② 뮤지컬 공연을 본다.
③ 학원에서 수업을 듣는다.
④ 날씨가 더워 선풍기를 산다.
⑤ 반찬 가게에서 만든 반찬을 사 먹는다.

2 단원

공부한 날 월 일

문제로 실력 쑥쑥

13 생산과 소비 활동의 관계를 틀리게 말한 친구의 이름을 쓰세요.

> 우정: 생산하지 않으면 소비할 수 없어요.
> 호민: 다양한 생산 활동이 생기면 소비 활동도 다양해져요.
> 지아: 생산과 소비 활동은 서로 영향을 미치지 않아요.

( )

14 물건이 우리에게 오기까지의 과정에서 일어나는 활동으로 알맞지 않은 것은 어느 것입니까? ( )

① 재료 구하기
② 물건을 팔거나 사기
③ 고장 난 물건 고치기
④ 재료나 물건 운반하기
⑤ 공장에서 재료 가공하기

15 놀이 카드가 우리에게 오기까지의 과정에서 가장 먼저 거치는 활동을 보기에서 골라 기호를 쓰세요.

보기
> ㉠ 손님이 상점에 진열된 놀이 카드를 삽니다.
> ㉡ 놀이 카드 회사에서 종이로 놀이 카드를 만듭니다.
> ㉢ 종이 회사에서 놀이 카드의 재료인 종이를 만듭니다.
> ㉣ 놀이 카드를 트럭에 실어 전국의 상점으로 옮깁니다.

( )

16 현명한 소비 생활을 하는 방법으로 알맞지 않은 것은 어느 것입니까? ( )

① 낭비를 줄인다.
② 소비 계획을 세운다.
③ 계획성 있게 소비한다.
④ 원하는 것은 모두 산다.
⑤ 소비할 때는 믿을 만한 정보를 활용한다.

중요

17 현명한 소비 생활을 위해 정보를 활용하는 방법으로 알맞지 않은 것은 어느 것입니까? ( )

① 용돈 일부를 저축한다.
② 상품을 사용해 본 주변 사람에게 사용한 경험을 물어본다.
③ 물건에 대해 잘 아는 사람에게 필요한 정보를 물어본다.
④ 물건을 파는 상점을 방문하여 물건의 상태를 직접 확인한다.
⑤ 인터넷이나 광고를 활용하여 물건의 종류, 가격을 비교한다.

서술형

18 소비할 때 정보를 활용하면 좋은 점을 두 가지 쓰세요.

핵심 단어 현명, 저렴

➔ 바른답·알찬풀이 19쪽

특별한 서술/논술

• 다음 글을 읽고, 물음에 답하세요.

시장에 가면 물건을 사는 사람과 파는 사람, 물건을 가게나 손님에게 배달해 주는 사람, 음식을 만드는 사람과 사 먹는 사람 등 다양한 생산과 소비의 모습을 볼 수 있습니다.

01 ㉠~㉦을 생산과 소비 활동으로 구분하여 각각 기호를 쓰세요.

(1) 생산 활동: (　　　　　　　　　　)

(2) 소비 활동: (　　　　　　　　　　)

힌트! 생산과 소비의 뜻을 떠올리며 각 활동을 구분해 보자.

02 밑줄 친 부분에 들어갈 알맞은 말을 쓰세요.

생산은 ① ______________________

소비는 ② ______________________

힌트! 01번에서 찾은 생산과 소비의 특징을 정리해 보자.

03 02번 내용을 참고하여 생산과 소비 활동의 관계를 쓰세요.

____

____

____

힌트! 생산이 필요한 까닭이 무엇인지, 소비하기 위해서는 무엇이 필요한지 생각해 보면 도움이 될 거야.

핵심 단어
생산, 소비, 다양, 편리

2 단원

공부한 날 　월 　일

2 교류하며 발전하는 우리 지역

이 단원을 공부하면?

- 우리 주변의 상품을 조사하면서 경제적 교류가 필요한 까닭을 알 수 있어요.
- 지역 간 경제활동이 밀접하게 관련되어 있음을 파악할 수 있어요.

우리 쌀 마을은 튼튼한 농기구가 부족해.
우리 철 마을은 식량이 부족해.

올해도 풍년이 든 쌀 마을은 쌀이 많이 나서 먹을거리 걱정이 없지만 튼튼한 농기구가 부족해요. 그래서 농기구가 많은 철 마을을 부러워해요. 반면에 철 마을은 철이 많이 나서 튼튼한 농기구를 많이 만들 수 있지만 먹을 것이 부족하여 올해도 풍년이 든 쌀 마을을 부러워해요.

생각이 활짝

쌀 마을과 철 마을이 모두 만족하려면 어떻게 해야 할까요?

내 생각은

답안 길잡이

쌀 마을에서 많이 나는 쌀과 철 마을에서 많이 나는 철로 만든 튼튼한 농기구를 바꿉니다.
쌀 마을과 철 마을이 서로 도우며 친하게 지냅니다.

1 우리 주변의 상품은 어디에서 왔을까요

개념 터치 마인드맵

이것만은 꼭

우리 주변의 상품이 어디에서 왔는지 확인하는 방법
⬇
• 상품 정보를 통해 확인하기 • 뉴스나 통계 자료를 통해 정보 얻기

개념 1 다른 지역에서 온 상품 찾아보기

❶ 시장*, 백화점, 할인 매장 등에서는 다른 지역에서 온 상품을 많이 찾아볼 수 있습니다.

❷ 오스트레일리아산 쇠고기, 괴산 찰옥수수, 철원 파프리카, 제주 은갈치 등은 시장에서 찾아볼 수 있는 다른 지역의 상품입니다.

활동 해요

다른 지역에서 우리 지역으로 들어온 상품을 다양한 방법으로 조사해 보세요.

예시 답안

상품	포도	마늘
지역	칠레	의성
조사 방법	광고지	원산지 표시판

다른 지역에서 우리 지역으로 다양한 상품이 들어오는 까닭은 무엇인지 토의해 보세요.

예시 답안 우리 지역에서 생산되지 않기 때문입니다.

개념 2 우리 주변의 상품이 어디에서 왔는지 확인하는 방법 활동 해요

❶ 상품 정보를 통해 확인하기

상품의 포장지에 표시된 정보를 보고 알 수 있어요.

상품을 홍보*하는 광고지에서 찾아볼 수 있어요.

시장이나 가게에 안내된 원산지* 표시판을 보고 알 수 있어요.

상품을 판매하는 누리집의 상품 소개에서 찾아볼 수 있어요.

❷ 뉴스나 통계 자료를 통해 정보 얻기

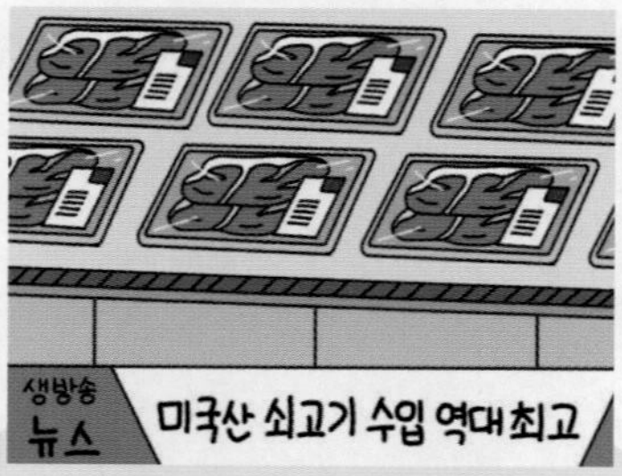

신문 기사나 뉴스를 통해 알 수 있어요.

우리나라가 생수를 수입한 나라

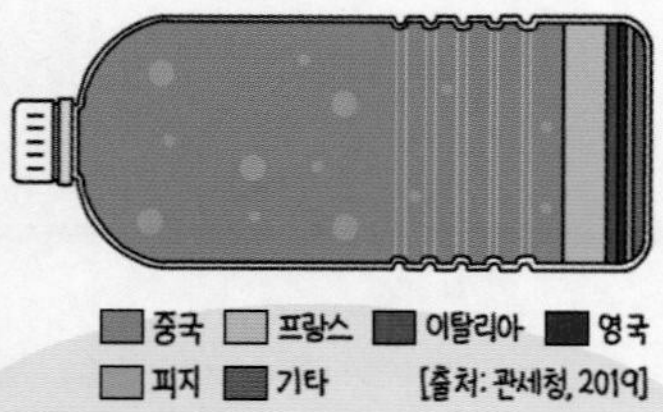

통계* 자료를 통해 알 수 있어요.

낱말사전

★시장 상인과 소비자가 자유롭게 거래를 형성하는 곳

★홍보 널리 알림.

★원산지 물건이 생산된 곳

★통계 어떤 현상을 종합적으로 한눈에 알아보기 쉽게 일정한 체계에 따라 숫자로 나타낸 것

문제로 개념 탄탄

➔ 바른답·알찬풀이 20쪽

개념 터치 추가 문제

01 우리 주변의 상품이 어디에서 왔는지 확인하는 방법을 바르게 연결하세요.

(1)

(2)

㉠ 상품 홍보 광고지에서 찾아보기

㉡ 원산지 표시판 보기

확인 해요

02 신문 기사나 통계 자료를 통해 다른 지역에서 온 상품의 정보를 얻을 수 있습니다.

(○, ×)

03 상품이 어디에서 왔는지 확인하는 방법으로 알맞지 않은 것을 보기에서 골라 기호를 쓰세요.

보기
- ㉠ 상품 판매량 알아보기
- ㉡ 가게에 안내된 원산지 표시판 보기
- ㉢ 상품 포장지에 표시된 정보 확인하기
- ㉣ 상품 판매 누리집의 상품 소개 찾아보기

( )

04 다른 지역에서 우리 지역으로 다양한 상품이 들어오는 까닭은 무엇입니까? ( )

① 우리 지역에서 생산되지 않기 때문에
② 우리 지역에서 너무 많이 생산되기 때문에
③ 우리 지역의 인구가 다른 지역보다 적기 때문에
④ 다른 지역에서 생산되는 물건의 가격이 비싸기 때문에
⑤ 다른 지역에서 생산되는 물건의 정보가 부족하기 때문에

2 단원

공부한 날 월 일

공부한 내용은?
- 자신있게 설명할 수 있어요.
- 설명하기 조금 힘들어요.
- 어려워서 설명할 수 없어요.

2 경제적 교류는 왜 필요할까요

개념 터치 마인드맵

이것만은 꼭

경제적 교류가 필요한 까닭

⬇

지역이나 국가마다 자연환경, 생산 기술, 자원, 인구 등이 다르기 때문임.

■

경제적 교류의 이로운 점

⬇

- 경제적 이익을 얻음.
- 더 편리한 생활을 함.
- 지역 간에 더욱 가깝게 지냄.

개념 1 경제적 교류

❶ 주변에서 다른 지역으로부터 온 다양한 상품을 볼 수 있는 까닭: 지역 간에 경제적 교류가 이루어지기 때문입니다.

❷ 경제적 교류의 뜻: 개인이나 지역이 경제적 이익을 얻기 위해 서로 상품이나 자원, 기술, 정보 등을 주고받는 것입니다.

❸ 경제적 교류가 필요한 까닭

- 지역이나 국가마다 자연환경, 생산 기술, 자원, 인구 등이 다르기 때문입니다.
- 우리 지역에서 생산할 수 없거나 부족한 물건은 다른 지역에서 사 오고, 반대로 우리 지역에서 많이 생산되는 물건은 다른 지역에 팔기도 합니다.

개념 2 경제적 교류의 이로운 점 탐구해요

❶ 경제적 이익을 얻을 수 있습니다.

❷ 기술 협력과 문화 교류를 통해 더 편리한 생활을 할 수 있습니다.

❸ 지역 간에 여러 가지 소식과 정보를 주고받으며 더욱 가깝게 지낼 수 있습니다.

〈지역 간 경제적 교류를 통해 얻을 수 있는 이익〉

다른 지역의 특산물을 싸게 살 수 있어요.

우리 지역의 우수한 제품을 널리 알릴 수 있어요.

관광객이 늘어나 우리 지역의 ★수익이 늘어나요.

주변 지역과 기술 교류를 하여 새로운 상품을 만들 수 있어요.

낱말사전

★수익 이익을 거두어들임.

문제로 개념 탄탄

➜ 바른답·알찬풀이 20쪽

개념 터치 추가 문제

2 단원

공부한 날 월 일

01 우리 주변에서 다른 지역으로부터 온 다양한 상품을 볼 수 있는 까닭을 바르게 말한 친구의 이름을 쓰세요.

( )

확인해요

02 개인이나 지역이 경제적 이익을 얻기 위해 상품이나 자원, 기술, 정보 등을 서로 주고받는 것을 경제적 (교류, 거래)라고 합니다.

확인해요

03 경제적 교류가 필요한 까닭은 지역마다 자연환경, 생산 기술, 자원, 인구 등이 다르기 때문입니다. (○, ×)

04 다음에서 설명하는 지역이 경제적 교류를 해야 하는 지역은 어디입니까? ( )

우리 지역은 자연환경이 아름답지만 첨단 기술을 이용한 상품이 부족해요.

① 자원이 많은 지역
② 관광 자원이 풍부한 지역
③ 문화 활동이 활발한 지역
④ 첨단 기술이 발달한 지역
⑤ 다양한 언어를 사용하는 지역

05 지역 간 경제적 교류를 통해 얻을 수 있는 이로운 점으로 알맞지 않은 것은 어느 것입니까? ( )

① 지역 간 경제적 차이가 심해진다.
② 다른 지역의 특산물을 싸게 살 수 있다.
③ 우리 지역의 우수한 제품을 널리 알릴 수 있다.
④ 관광객이 늘어나 우리 지역의 수익이 늘어난다.
⑤ 주변 지역과 기술 교류를 하여 새로운 상품을 만들 수 있다.

공부한 내용은?

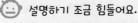

- 자신있게 설명할 수 있어요.
- 설명하기 조금 힘들어요.
- 어려워서 설명할 수 없어요.

3 다양한 경제적 교류를 알아볼까요

개념 터치 마인드맵

이것만은 꼭

경제적 교류가 이루어지는 물품
↓
생산물, 자원, 기술, 문화 등
■
경제적 교류를 하는 대상
↓
개인, 기업, 지역, 국가 등
■
경제적 교류의 방법
↓
대형 시장, 인터넷, 홈 쇼핑 등

탐구해요

신문 기사 속 다양한 경제적 교류의 모습을 찾아 정리해 보세요.

예시 답안

무엇을 교류하고 있나요?
여러 농어촌 지역의 특산물을 교류하고 있음.
교류에 누가 참여하고 있나요?
서울특별시와 전국 농어촌 지역 군수 협의회, 서울 시민 등
어떤 방법으로 교류하고 있나요?
지역 상생 박람회를 함.

낱말사전

★부품 기계 등의 어떤 부분에 쓰는 물품

★상생 둘 이상이 서로 북돋우며 다 같이 잘 살아감.

★대중 매체 많은 사람에게 대량으로 정보 등을 전달하는 매체

★제약 조건을 붙여 내용을 제한함.

개념 1 경제적 교류가 이루어지는 물품

❶ 지역 환경에 따라 다른 생산물을 교류합니다.

- 도시의 자동차, 기계 부품과 어촌의 생선, 조개, 김 등을 교류합니다.
- 농촌의 쌀과 산촌의 배추를 교류합니다.
- 각 지역의 특산물을 교류합니다.

❷ 국가 간에는 석유와 같은 자원을 교류합니다.

❸ 오늘날에는 기술이나 문화, 운동 경기 등을 통한 교류도 활발히 이루어집니다.

- 다른 나라의 공연을 우리나라에서도 볼 수 있습니다.
- 우리나라 가수들이 다른 나라에서 공연합니다.

개념 2 경제적 교류를 하는 대상

❶ 경제적 교류의 대상: 개인, 기업, 지역, 국가 등이 있습니다.

❷ 다양한 경제적 교류의 모습

- 개인과 기업: 개인의 아이디어를 활용해 기업이 제품을 개발하거나 홍보합니다.
- 지역과 지역: 지역 간 자매결연을 하여 생산물, 관광 자원 등을 교류합니다.
- 지역과 국가: 지역의 중소기업과 다른 국가의 투자자를 연결해 주는 투자 협력 행사를 엽니다.
- 국가와 국가: 국가 간에 기술 협력을 하거나 필요한 자원 등을 사고팝니다.

옛날	교통과 통신의 발달 →	오늘날
주로 지역, 국가 간의 경제적 교류가 대부분이었음.		경제적 교류가 더 많아지고 교류의 대상이 더 다양해짐.

개념 3 경제적 교류의 방법

❶ 전통 시장, 할인 매장과 같은 대형 시장에서 직접 교류하기

- 옛날에는 주로 전통 시장에서 직접 만나 교류했습니다.
- 상품을 직접 보고 살 수 있어 믿을 수 있습니다.
- 전통 시장이나 할인 매장과 같은 대형 시장을 찾아가는 데 시간이 듭니다.

❷ 인터넷, 홈 쇼핑과 같은 대중 매체를 이용하여 교류하기

- 장소나 시간의 제약을 받지 않습니다.
- 상품의 정보를 쉽게 얻을 수 있고 쉽게 알릴 수도 있습니다.
- 직접 가지 않아도 물건을 쉽고 편리하게 사고팔 수 있습니다.
- 파는 곳까지 직접 가는 데 드는 시간과 비용을 줄일 수 있습니다.
- 직접 물건을 확인하고 살 수 없습니다.

문제로

개념 탄탄

➔ 바른답·알찬풀이 20쪽

개념 터치 추가 문제

01 문화 활동을 통한 경제적 교류의 모습에 ○표 하세요.

(1)

우리 지역에서는 자동차와 기계 부품을 주로 생산하여 다른 지역과 교류해요.
우리 지역에서는 생선과 조개, 김 등을 주로 생산하여 다른 지역과 교류해요.

( )

(2)

OOO 미국 뮤지컬 내한 공연
미국의 유명한 뮤지컬 공연이 우리나라에서 열린대.
그럼 우리나라에서도 그 뮤지컬을 볼 수 있는 거야?

( )

02 다음 글에 나타난 경제적 교류를 하는 대상을 보기에서 골라 기호를 쓰세요.

전라남도 고흥군과 서울특별시 노원구는 자매결연을 하여 생산물과 관광 자원을 교류하고 있습니다.

보기
㉠ 개인과 기업
㉡ 지역과 지역
㉢ 지역과 국가
㉣ 국가와 국가

( )

확인 해요

03 경제적 교류가 이전보다 다양한 장소에서 여러 가지 모습으로 나타나고 있는 까닭은 ( )와/과 ( )의 발달 때문입니다.

04 대중 매체를 이용하여 경제적 교류를 할 때의 좋은 점을 모두 고르세요. ( )

① 원하는 물건을 모두 살 수 있다.
② 상품을 직접 확인하고 살 수 있다.
③ 장소나 시간의 제약을 받지 않는다.
④ 돈이 없어도 원하는 물건을 살 수 있다.
⑤ 직접 가지 않아도 물건을 편리하게 사고팔 수 있다.

2 단원

공부한 날 월 일

공부한 내용은?
자신있게 설명할 수 있어요.
설명하기 조금 힘들어요.
어려워서 설명할 수 없어요.

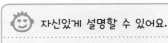

4 우리 지역의 경제적 교류를 조사해 볼까요

개념 터치 마인드맵

이것만은 꼭

지역의 경제적 교류 모습을 조사하는 방법

⬇

- 지역 신문이나 소식지 찾아보기
- 지역 뉴스 보기
- 지역 누리집에서 검색하기
- 지역의 홍보 자료 찾아보기

개념 1 경제적 교류 증가가 경제활동에 주는 영향

❶ 지역 주민들의 경제활동이 활발해집니다.

- 많은 상품을 팔아서 더 많은 이익을 얻습니다.
- 지역에 일자리가 많아집니다.
- 자신이 사고 싶은 것을 더 많이 소비하게 됩니다.
- 경제적 교류로 얻은 이익을 더 많은 경제적 교류를 만드는 데 사용합니다.

❷ 지역 경제 성장에 도움이 됩니다.

- 생산과 소비 활동이 더욱 많아집니다.
- 사람들이 더 많은 이익을 얻고 편리한 생활을 할 수 있습니다.

개념 2 지역의 경제적 교류

❶ 지역의 경제적 교류 모습을 조사하는 방법

▲ 지역 신문이나 소식지 찾아보기

▲ 지역 뉴스 보기

▲ 지역 누리집에서 검색하기

▲ 지역의 홍보 자료 찾아보기

그 밖에도 직접 시장이나 할인 매장 등을 찾아가 살펴보거나, 주변 사람들에게 물어볼 수 있어.

❷ 지역의 경제적 교류를 늘리는 방법

- 우리 지역을 방문한 관광객을 만나 아쉬운 점을 물어봅니다.
- 지역의 상인이나 주민들에게 우리 지역의 경제적 교류를 보완★하거나 더욱 발전시킬 방법을 여쭈어봅니다.
- 관광객을 위한 지역 관광 지도를 만듭니다.
- 지역의 기념품을 만들어 팝니다.
- 지역에 관한 다양한 홍보 자료를 만듭니다.

❸ 여러 지역이 경제적 교류를 늘리기 위해 노력하는 까닭

- 지역의 경제활동이 더 활발해지기 때문입니다.
- 지역의 경제가 더 성장하게 되기 때문입니다.
- 여러 사람의 이익이 늘어나기 때문입니다.

활동해요

우리 지역의 자랑거리를 찾아보세요.

예시 답안

먹을거리	닭강정
볼거리	근처 바다의 해지는 광경
놀거리	해변 공원의 레일 바이크
그 밖의 자랑거리	근처 공원과 차이나타운

낱말사전

★보완 모자라거나 부족한 것을 보충하여 완전하게 함.

문제로 개념 탄탄

➔ 바른답·알찬풀이 21쪽

개념 터치 추가 문제

01 지역의 경제적 교류 증가가 경제활동에 주는 영향으로 알맞지 <u>않은</u> 것은 어느 것입니까? (　　　)

① 지역 경제가 더 성장한다.
② 지역에 일자리가 많아진다.
③ 우리 지역을 찾는 관광객이 적어진다.
④ 지역 주민들이 더 많이 소비하게 된다.
⑤ 많은 상품을 팔아서 더 많은 이익을 얻는다.

02 지역의 경제적 교류 모습을 조사하는 방법과 이에 관한 설명을 바르게 연결하세요.

(1)

(2)

(3)

㉠ 지역 뉴스를 봅니다.

㉡ 지역 누리집에서 검색하여 찾습니다.

㉢ 지역 신문을 찾아봅니다.

03 지역의 경제적 교류를 늘리기 위해 시장이나 가게에 안내된 원산지 표시판을 살펴봅니다. (○, ×)

04 여러 지역이 경제적 교류를 늘리기 위해 노력하는 까닭은 지역의 경제활동이 더 활발해지고 지역 경제가 더 성장하게 되기 때문입니다. (○, ×)

2 단원

공부한 날 　월 　일

공부한 내용은?
- 자신있게 설명할 수 있어요.
- 설명하기 조금 힘들어요.
- 어려워서 설명할 수 없어요.

그림으로 보는 용어

꼭 알아야 할 용어들을 모아모아
그림과 함께 공부해 보세요.

우리 주변의 상품

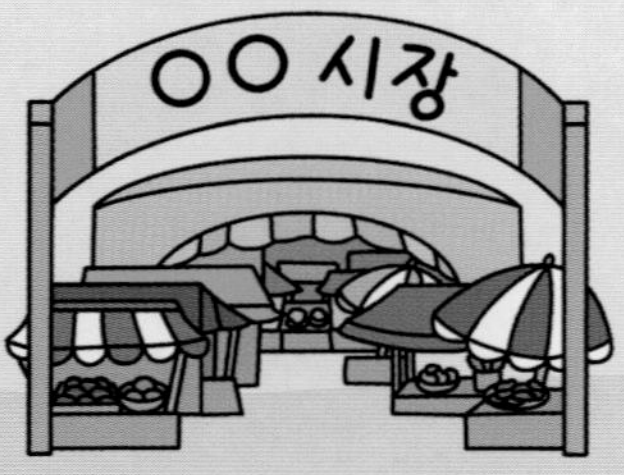

시장

상인과 소비자가 자유롭게 거래를 형성하는 곳입니다. 시장에서는 다른 지역에서 온 상품을 많이 볼 수 있습니다.

광고지

광고하는 글이나 그림 등이 실린 종이입니다. 상품을 홍보하는 광고지에서 상품 정보를 확인할 수 있습니다.

원산지

물건이 생산된 곳을 말합니다. 시장이나 가게 등에는 원산지를 안내하는 표시판이 있습니다.

경제적 교류가 필요한 까닭

경제적 교류

개인이나 지역이 경제적 이익을 얻기 위해 서로 상품이나 자원, 기술, 정보 등을 주고받는 것입니다.

관광 자원

자연, 문화유산, 문화 시설 등 관광객을 끌어모을 수 있는 관광의 대상이 되는 것들입니다.

특산물

어떤 지역에서 생산되는 특별한 물건입니다. 지역 환경에 따라 생산되는 특산물이 다릅니다.

우리 지역의 경제적 교류

할인 매장

가격을 할인하여 제품을 파는 곳입니다. 할인 매장에서는 상품을 직접 보고 살 수 있습니다.

대중 매체

신문, 잡지, 텔레비전, 인터넷 등과 같이 많은 사람에게 대량으로 정보 등을 전달하는 매체입니다.

상생

둘 이상이 서로 북돋우며 다 같이 잘 살아가는 것입니다. 지역 간 경제적 교류를 하면 상생할 수 있습니다.

QUIZ 퀴즈

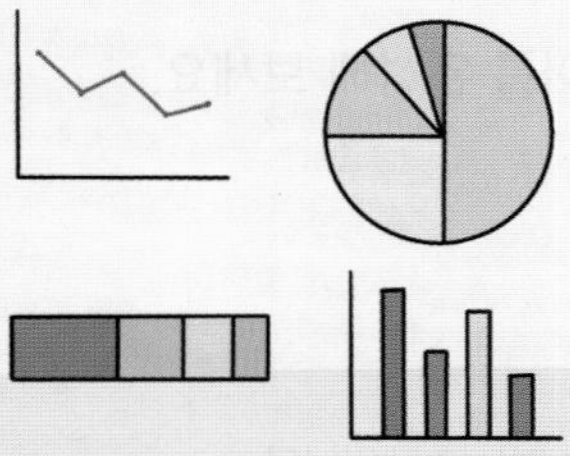

통계

어떤 현상을 종합적으로
한눈에 알아보기 쉽게
일정한 체계에 따라 숫자로
나타낸 것입니다.

지역이나 국가마다 자연환경, 생산 기술, 자원, 인구 등이 다르기 때문에 경제적 교류가 필요해.

홍보

널리 알리는 것입니다.
우리 지역의 경제적 교류 모습을
조사할 때 지역의 홍보 자료를
찾아봅니다.

● 질문을 읽고 자음을 보면서 관련 있는 용어를 써 보세요.

❶ 물건이 생산된 곳을 뜻하는 말은?

ㅇ ㅅ ㅈ

✎ ____________

❷ 어떤 현상을 종합적으로 한눈에 알아보기 쉽게 일정한 체계에 따라 숫자로 나타낸 것을 뜻하는 말은?

ㅌ ㄱ

✎ ____________

❸ 개인이나 지역이 경제적 이익을 얻기 위해 서로 상품이나 자원, 기술, 정보 등을 주고받는 것을 뜻하는 말은?

ㄱ ㅈ ㅈ 교류

✎ ____________

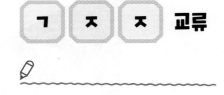

❹ 신문, 잡지, 텔레비전, 인터넷 등과 같이 많은 사람에게 대량으로 정보 등을 전달하는 매체를 뜻하는 말은?

ㄷ ㅈ ㅁ ㅊ

✎ ____________

❺ 둘 이상이 서로 북돋우며 다 같이 잘 살아가는 것을 뜻하는 말은?

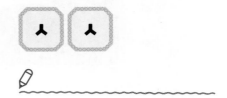

ㅅ ㅅ

✎ ____________

답안 길잡이 ❶ 원산지 ❷ 통계 ❸ 경제적 ❹ 대중 매체 ❺ 상생

2 단원

공부한 날

월

일

교과서 쏙쏙

뚝딱뚝딱 정리하기

활동 꿀팁

첫째, 단원에서 배운 내용을 떠올리며 완성해 보자.

둘째, 완성하지 못한 것은 앞으로 돌아가 내용을 찾아보자.

1 다음 가로 열쇠와 세로 열쇠를 이용해 십자말풀이를 완성해 보세요.

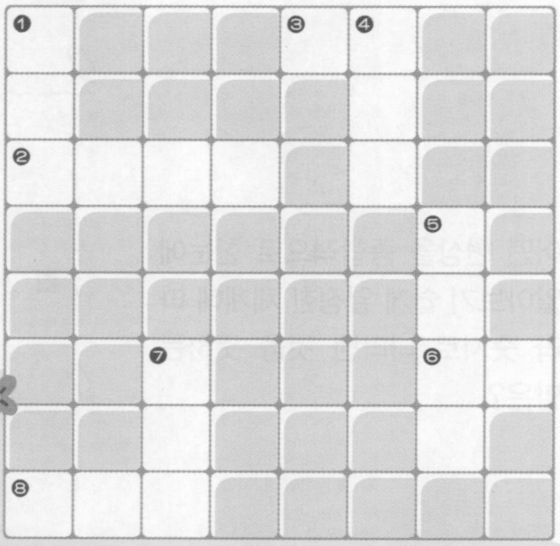

가로 열쇠

❷ 지역의 특색을 살려 여는 축제입니다. 84쪽

❸ 경제적 교류의 대상에는 □□, 기업, 지역, 국가 등이 있습니다. 87쪽

❻ 개인이나 지역이 경제적 이익을 얻기 위해 서로 상품, 자원, □□, 정보 등을 주고받는 것을 경제적 교류라고 합니다. 83쪽

❽ 상품을 홍보하는 □□□에서 상품 정보를 확인할 수 있습니다. 81쪽

세로 열쇠

❶ 상품이 생산된 지역을 말합니다. 81쪽

❹ 오늘날에는 □□□이나 홈 쇼핑을 이용해 집에서도 쉽게 물건을 살 수 있습니다. 88쪽

❺ 우리 주변의 상품이 어디에서 왔는지는 상품 정보를 통해 직접 확인하거나 □□ □□, 뉴스, 통계 자료를 통해 알 수 있습니다. 81쪽

❼ 우리 지역의 경제적 교류 모습은 지역 신문이나 □□□, 지역 뉴스 등에서 찾을 수 있습니다. 91쪽

답안 길잡이

[가로 열쇠] ❷ 지역 축제 ❸ 개인 ❻ 기술 ❽ 광고지
[세로 열쇠] ❶ 원산지 ❹ 인터넷 ❺ 신문 기사 ❼ 소식지

2 빈칸을 연필로 칠하면서 공부한 내용을 정리해 보세요.

우리 주변의 상품이 어디에서 왔는지 확인하는 방법

- 상품 정보를 통해 확인
  - 상품의 포장지에 표시된 정보
  - 상품을 홍보하는 ❶ ________
  - 시장이나 가게에 안내된 ❷ ________ 표시판
  - 상품 판매 누리집의 상품 소개 자료
- 신문 기사나 뉴스, 통계 자료를 통해 확인

경제적 교류

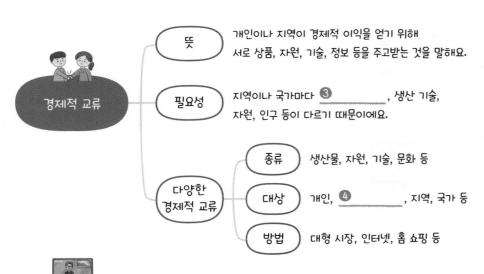

- 뜻: 개인이나 지역이 경제적 이익을 얻기 위해 서로 상품, 자원, 기술, 정보 등을 주고받는 것을 말해요.
- 필요성: 지역이나 국가마다 ❸ ________, 생산 기술, 자원, 인구 등이 다르기 때문이에요.
- 다양한 경제적 교류
  - 종류: 생산물, 자원, 기술, 문화 등
  - 대상: 개인, ❹ ________, 지역, 국가 등
  - 방법: 대형 시장, 인터넷, 홈 쇼핑 등

우리 지역의 경제적 교류 조사하기

지역의 경제적 교류가 늘어나면 지역 주민들의 경제활동이 활발해지고 지역 경제에도 도움이 돼요.

1	2	3	4
❺ ________ 또는 소식지에서 찾기	지역 뉴스에서 찾기	지역 누리집에서 검색하여 찾기	지역 홍보 자료에서 찾기

지역 주민들의 경제활동이 활발해지면 가정과 기업의 소득이 늘어나.

답안 길잡이 ❶ 광고지 ❷ 원산지 ❸ 자연환경 ❹ 기업 ❺ 지역 신문

문제로 실력 쑥쑥

정답 확인

01 다른 지역에서 온 다양한 상품을 많이 볼 수 있는 장소로 알맞지 않은 곳은 어디입니까? (　　)

① 시장 ② 백화점
③ 운동장 ④ 편의점
⑤ 할인 매장

중요

02 주변의 상품이 어디에서 왔는지 확인하는 방법으로 알맞지 않은 것은 어느 것입니까? (　　)

①

▲ 상품 포장지 확인하기

②

▲ 상품 홍보 광고지 찾아보기

③

▲ 원산지 표시판 보기

④

▲ 누리집의 상품 소개 찾아보기

⑤

▲ 영화 보기

서술형

03 우리 주변에서 다른 지역에서 온 다양한 상품을 볼 수 있는 까닭을 쓰세요.

핵심 단어 지역, 경제적 교류

....

....

04 다음 (　　) 안에 들어갈 알맞은 말을 쓰세요.

> (　　) 교류란 개인이나 지역이 경제적 이익을 얻기 위해 서로 상품이나 자원, 기술, 정보 등을 주고받는 것을 말합니다.

(　　　　　　　　)

05 경제적 교류에 해당하지 않는 것은 어느 것입니까? (　　)

① 친구에게 책을 빌려 읽는다.
② 도시에 사는 사람들이 촌락으로 가족 여행을 간다.
③ 다른 나라에서 우리나라에서 만든 자동차를 사 간다.
④ 농촌에서 생산된 쌀로 도시에 사는 사람들이 밥을 먹는다.
⑤ 도시의 공장에서 만든 휴대 전화를 다른 지역 사람들이 사서 사용한다.

중요

06 지역 간 경제적 교류를 통해 어떤 이익을 얻을 수 있는지 보기에서 모두 골라 기호를 쓰세요.

보기
> ㉠ 관광객이 늘어나 지역의 수익이 늘어납니다.
> ㉡ 지역의 제품을 다른 지역에 널리 알릴 수 있습니다.
> ㉢ 지역 간의 격차가 심해져 화합하지 못할 수 있습니다.
> ㉣ 주변 지역과 문화 교류를 통해 더 편리한 생활을 할 수 있습니다.

(　　　　　　　　)

바른답·알찬풀이 21쪽

중요

07 경제적 교류가 이루어지는 데 영향을 미치는 것으로 알맞지 않은 것은 어느 것입니까? ( )

① 인구 ② 자원
③ 직업 ④ 자연환경
⑤ 생산 기술

08 다음 ( ) 안에 공통으로 들어갈 알맞은 말을 쓰세요.

> ( )은/는 지역에서 생산되는 특별한 물건입니다. 직거래 장터에서 지역의 ( )을/를 소개하거나 지역을 홍보하면 경제적 이익을 얻을 수 있습니다.

( )

서술형

09 그림과 관련 있는 경제적 교류의 이로운 점을 쓰세요.

○○명품 특산물
우리 지역의 우수한 인삼을 다른 지역에 널리 알려서 더 많은 사람이 찾고 있어요.

핵심 단어 지역, 제품, 홍보

중요

10 경제적 교류에 대한 설명으로 알맞은 것은 어느 것입니까? ( )

① 경제적 교류는 물건을 통해서만 이루어진다.
② 운동 경기는 경제적 교류의 대상이 될 수 없다.
③ 문화를 통한 경제적 교류는 이루어지지 않는다.
④ 경제적 교류를 통해 지역끼리 더 가깝게 지낼 수 있다.
⑤ 경제적 교류가 지역 경제 성장으로 이어지기는 어렵다.

11 다음 글에서 지역 간 경제적 교류가 이루어지는 물품은 무엇입니까? ( )

> 오늘날에는 다른 나라의 뮤지컬 배우가 우리나라에 와서 공연합니다.

① 기술 ② 문화
③ 생산물 ④ 특산물
⑤ 운동 경기

12 다음 글에 나타난 경제적 교류를 하는 대상을 보기 에서 골라 기호를 쓰세요.

> 서울특별시는 '서울시 중국 투자 협력의 날' 행사를 열어 중국의 투자자와 서울의 기업을 연결해 주고 있습니다.

보기

㉠ 개인과 기업 ㉡ 지역과 지역
㉢ 지역과 국가 ㉣ 국가와 국가

( )

2 단원

공부한 날 월 일

서술형

13 오늘날 경제적 교류가 더 많아지고 교류의 대상이 더 다양해진 까닭을 쓰세요.

핵심 단어 교통, 통신

....

....

14 다음 글을 읽고 경제적 교류의 모습을 틀리게 말한 친구의 이름을 쓰세요.

> 전국 농어촌 지역 군수 협의회와 서울특별시가 도시와 농촌 간 교류 활성화를 위해 손을 잡았다. 두 기관은 올해 처음 서울에서 '지역 상생 박람회'를 개최하고, 전국 52개 지역의 특산물 직거래 장터와 체험관 등을 운영했다. 행사 기간에는 돼지고기를 시중 가격의 절반 이상 저렴하게 판매하는 행사가 열렸고, 직거래 장터에서 증평 인삼, 남해 멸치 등 지역 대표 농수산물을 저렴하게 판매해 방문객들의 좋은 반응을 얻었다.

> 아진: 여러 농어촌 지역의 특산물을 교류하고 있어요.
> 진서: 지역 간 문화 활동을 통한 경제적 교류가 이루어지고 있어요.
> 박하: 지역 상생 박람회를 통해 교류가 이루어지고 있어요.

( )

15 다음 ( ) 안에 들어갈 말로 알맞지 않은 것을 두 가지 고르세요. (,)

> ( )에서는 신선하고 질 좋은 상품을 직접 보고 살 수 있습니다.

① 인터넷 ② 홈 쇼핑
③ 전통 시장 ④ 할인 매장
⑤ 직거래 장터

서술형

16 대중 매체를 이용하여 경제적 교류를 할 때의 좋은 점을 쓰세요.

핵심 단어 장소, 시간, 제약

....

....

17 우리 지역의 경제적 교류를 늘리는 방법으로 알맞은 것을 보기에서 두 가지 고르세요.

> 보기
> ㉠ 지역에 관한 홍보 자료를 만듭니다.
> ㉡ 상품 포장지에 원산지 표시를 합니다.
> ㉢ 관광객을 위한 지역 관광 지도를 만듭니다.
> ㉣ 다른 지역을 방문한 관광객을 만나 아쉬운 점을 물어봅니다.

(,)

➔ 바른답·알찬풀이 22쪽

특별한 서술/논술

• 다음 글을 읽고, 물음에 답하세요.

지역 축제나 박람회 등을 통해 경제적 교류가 많아지면 지역의 생산과 소비 활동이 많아지게 됩니다. 생산 활동이 증가하면 많은 상품을 팔아서 더 많은 이익을 얻을 수 있고, 지역에는 일자리가 많아집니다. 더 많은 이익이 생기면 더 많이 소비하게 되고 경제적 교류로 얻은 이익을 더 많은 경제적 교류를 만드는 데 사용하게 됩니다. 또한 지역 경제가 더 성장하게 됩니다.

2 단원

공부한 날 월 일

01 다음 (　　) 안에 공통으로 들어갈 알맞은 말을 윗글에서 찾아 쓰세요.

(　　　　)은/는 개인이나 지역이 경제적 이익을 얻기 위해 서로 상품이나 자원, 기술, 정보 등을 주고받는 것을 말합니다. 위 그림에서는 관광 자원을 이용한 (　　　　)이/가 이루어지고 있습니다.

(　　　　　　　　)

힌트! 사람들이 오고 가거나 물건, 문화 등을 서로 주고받는 것을 교류라고 해.

02 밑줄 친 부분에 들어갈 알맞은 말을 쓰세요.

① 지역의 생산 활동이 증가하면 ______________________

____

② 지역 주민들에게 더 많은 이익이 생기면 ______________________

____

힌트! 지역 축제를 통해 일어나는 경제적인 효과를 파악하면서 자료를 꼼꼼히 읽어 보자.

03 02번 내용을 참고하여 경제적 교류가 많아지면 지역 경제에 어떤 영향을 주는지 두 가지 쓰세요.

____

____

힌트! 경제적 교류 증가가 지역 경제에 미치는 영향을 서술해 보자.

핵심 단어
생산, 소비, 이익, 경제, 성장

교과서 쏙쏙

딩동댕 단원 마무리

[1~2] 다음 낱말 카드를 보고 물음에 답하세요.

| 희소성 | 시장 | 생산 | 소비 |

1 사람들이 필요로 하는 것에 비해서 쓸 수 있는 돈이나 자원이 한정된 것을 (　　　　　　)(이)라고 합니다.

2 다음 그림에서 공통으로 설명하는 것은 무엇인지 찾아 써 보세요.

(　　　　　　)

물고기를 잡아요.

건물을 지어요.

가수가 공연을 해요.

3 경제적 교류로 생겨나는 좋은 영향을 옳게 말한 친구의 이름을 모두 써 보세요.

(　　　　　　)

우리 지역에서 구하기 힘든 물건을 구할 수 있어요.
수빈
지역 간의 교류를 통해 다른 지역과 더욱 친해질 수 있어요.
동화
우리 지역의 문화재를 팔아 경제적 이익을 얻을 수 있어요.
윤성

경제적 이익을 얻기 위해 지역의 문화재를 팔면 안 돼.

답안 길잡이 **1** 희소성 **2** 생산 **3** 수빈, 동화

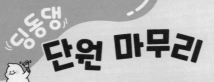

4 우리 주변의 상품이 어디에서 왔는지 확인하는 방법이 아닌 것을 찾아 기호를 써 보세요. (　　　　　)

㉮ 상품의 포장지를 확인해요.
㉯ 행정 복지 센터에 전화를 걸어서 문의해요.
㉰ 가게에 안내된 원산지 표시판을 확인해요.
㉱ 상품을 판매하는 누리집의 상품 소개를 확인해요.

5 지역 간에 경제적 교류가 필요한 까닭은 무엇인지 써 보세요.

6 현명한 소비 생활을 위해서 내가 실천할 수 있는 목록을 한 가지 작성하고, 나의 실천 다짐을 써 보세요.

- 현명한 소비 생활을 위한 나의 실천 목록
- 나의 실천 다짐

현명한 소비 생활을 실천할 수 있는 방법을 찾아 실천 의지를 다져 보자.

2 단원

공부한 날 월 일

답안 길잡이

4 ㉯ 5 지역마다 자연환경이나 기술 등이 다르기 때문입니다. 6 용돈 기입장 쓰기, 물건의 정보를 확인하고 구매하기 등 / 앞으로 용돈을 사용한 내용을 정리하여 계획성 있게 용돈을 사용하겠습니다.

창의·융합 놀이터 우리 집 만들기

우리에게 있는 재료는 단 세 가지입니다. 다른 모둠과 교류하며 우리 집을 더욱 멋지게 만들어 볼까요?

활동꿀팁

첫째, 교류를 통해 다양한 재료의 특징을 살려 만드는 것이 중요해.

둘째, 모둠원들이 서로 교류하며 다른 모둠을 도와줄 수도 있어.

재료
주요 재료: 색깔 골판지, 색깔 점토, 색깔 막대
추가 재료: 가위, 풀, 투명 테이프, 실 등
1 모둠별로 우리 집을 만들기 위한 주요 재료를 선택합니다. (주요 재료는 두 가지만 고를 수 있습니다.)
2 우리 집을 만들기 위한 추가 재료를 준비합니다. (추가 재료는 한 가지만 고를 수 있습니다.)
3 다른 모둠과 교류하여 우리 모둠에 없는 재료를 두 가지 이상 가질 수 있습니다.
4 우리 모둠이 선택한 재료와 다른 모둠에서 얻은 재료로 우리 모둠만의 집을 만듭니다.
활동을 마친 뒤, 다른 모둠과의 교류가 우리 집 만들기에 어떤 영향을 주었는지 이야기해 보세요.

답안 길잡이

우리 모둠이 필요한 것과 다른 모둠이 필요한 것이 서로 맞지 않으면 교류하기 어려웠습니다. 교류할수록 집 만들기 재료가 다양해졌습니다.

한눈에 단원 정리

1 경제활동과 현명한 선택

❶ 경제활동과 선택의 문제

- 경제활동: 사람들이 생활하는 데 필요한 여러 가지 것들을 만들고 사용하는 것과 관련된 모든 활동입니다.
- 경제활동에서 선택의 문제가 생기는 까닭: 돈이나 자원이 한정되어 있기 때문입니다. → 희소성 때문에 선택의 문제를 겪게 됩니다.

❷ 현명한 선택

- 뜻: 후회하지 않고 만족하는 선택, 돈이나 시간을 낭비하지 않는 선택을 하는 것입니다.
- 현명한 선택을 해야 하는 까닭: 만족감과 즐거움을 얻을 수 있고, 돈과 자원을 절약할 수 있습니다.

❸ 생산과 소비

생산	생활에 필요한 물건을 만들거나 사람들의 생활을 편리하고 즐겁게 해 주는 활동
소비	생산한 것을 쓰거나 이용하는 활동

❹ 현명한 소비 생활 방법

계획성 있게 소비하기
- 미리 소비 계획을 세워 꼭 필요한 곳에 돈을 씀.
- 용돈 기입장이나 가계부를 씀.
- 용돈의 일부를 저축함.

정보 활용하기
- 인터넷이나 광고를 활용함.
- 상점을 방문하여 물건 상태를 직접 확인함.
- 주변 사람에게 사용한 경험을 물어봄.

2 교류하며 발전하는 우리 지역

❶ 우리 주변의 상품이 어디에서 왔는지 확인하는 방법

- 상품 포장지, 광고지, 원산지 표시판, 누리집 등에서 상품 정보를 통해 확인합니다.
- 신문 기사나 뉴스, 통계 자료를 통해 정보를 얻습니다.

❷ 경제적 교류

- 뜻: 개인이나 지역이 경제적 이익을 얻기 위해 서로 상품, 자원, 기술, 정보 등을 주고받는 것입니다.
- 경제적 교류가 필요한 까닭: 지역이나 국가마다 자연환경, 생산 기술, 자원, 인구 등이 다르기 때문입니다.
- 지역의 경제적 교류 모습을 조사하는 방법

▲ 지역 신문 찾아보기

▲ 지역 뉴스 보기

▲ 지역 누리집에서 검색하기

▲ 지역의 홍보 자료 찾아보기

1회 단원 평가

01 다음은 무엇에 대한 설명인지 세 글자로 쓰세요.

- 사람들이 쓸 수 있는 돈이나 자원이 한정되어 있어서 원하는 것을 모두 가질 수 없는 상태입니다.
- 경제활동에서 우리가 선택의 문제를 겪게 되는 원인입니다.

( )

02 경제활동을 할 때 겪는 선택의 문제로 알맞지 않은 것은 어느 것입니까? ( )

① 어떤 모양의 공책을 살지 고민한다.
② 용돈으로 라면을 먹을지 김밥을 먹을지 고민한다.
③ 모양이 예쁜 필통을 살지 튼튼한 필통을 살지 고민한다.
④ 친구와 함께 숙제를 할지 집에서 혼자 게임을 할지 고민한다.
⑤ 마음에 드는 새 구두를 살지 운동회 때 신을 운동화를 살지 고민한다.

03 그림과 같은 후회를 하지 않으려면 어떻게 해야 하는지 쓰세요.

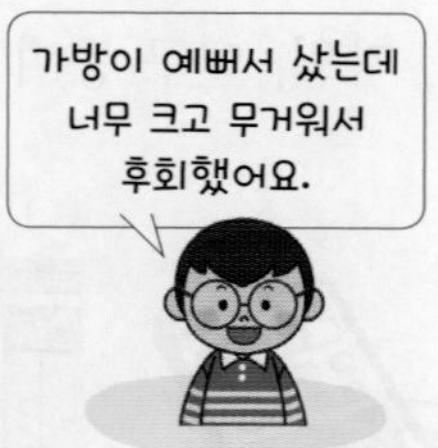
가방이 예뻐서 샀는데
너무 크고 무거워서
후회했어요.

....

....

04 물건을 선택할 때 가장 먼저 생각해 보아야 하는 기준은 어느 것입니까? ( )

① 가격이 적당한가
② 오래 쓸 수 있는가
③ 다른 친구 것보다 비싼가
④ 나에게 꼭 필요한 물건인가
⑤ 모양과 색깔이 마음에 드는가

05 다음 ( ) 안에 들어갈 알맞은 말에 ○표 하세요.

물건을 선택할 때 같은 조건이라면 가격이 더 (비싼, 저렴한) 것을 고르는 것이 현명한 선택입니다.

06 현명한 선택을 해야 하는 까닭을 틀리게 말한 친구의 이름을 쓰세요.

선호: 돈과 자원을 절약할 수 있어요.
희서: 비싸고 좋은 물건을 모두 가질 수 있어요.
윤주: 자신에게 가장 알맞은 것을 고르게 되어 만족감을 얻을 수 있어요.

( )

07 시장에서 직접 볼 수 있는 경제활동 모습으로 알맞지 않은 것은 어느 것입니까? ( )

① 물건을 사는 사람
② 물건을 파는 사람
③ 음식을 만드는 사람
④ 물건을 손님에게 배달해 주는 사람
⑤ 생활에 필요한 것을 자연에서 얻는 사람

➜ 바른답·알찬풀이 23쪽

08 생산 활동을 보기 에서 골라 기호를 쓰세요.

보기
㉠ 빵 가게에서 빵을 삽니다.
㉡ 빵 가게에서 빵을 만듭니다.
㉢ 옷 가게에서 바지를 삽니다.
㉣ 꽃 가게에서 꽃다발을 삽니다.

(　　　　　　　　)

09 생산 활동의 종류가 <u>다른</u> 것은 어느 것입니까? (　　)

① 가수가 공연을 한다.
② 의사가 환자를 진료한다.
③ 공장에서 선풍기를 만든다.
④ 슈퍼마켓에서 물건을 판다.
⑤ 배달원이 짜장면을 배달한다.

10 그림과 같은 종류의 생산 활동을 보기 에서 골라 기호를 쓰세요.

▲ 농사짓기

보기
㉠ 산에서 버섯을 땁니다.
㉡ 건설 회사에서 아파트를 짓습니다.
㉢ 프로 야구 선수가 야구 경기를 합니다.

(　　　　　　　　)

11 생산과 소비 활동의 관계를 <u>두 가지</u> 쓰세요.

12 하나의 물건이 우리에게 오기까지의 과정을 순서대로 기호를 쓰세요.

㉠ 물건을 팔고 사기
㉡ 재료를 재배하거나 구하기
㉢ 재료를 가공하거나 물건 만들기

(　　→　　→　　)

13 다음 (　　) 안에 공통으로 들어갈 알맞은 말을 쓰세요.

가정에서는 생산 활동을 통해 얻은 (　　)(으)로 여러 가지 소비 활동을 하고 살림을 꾸려 갑니다. (　　)은/는 경제활동을 통해 얻은 대가입니다.

(　　　　　　　　)

14 용돈 기입장을 쓰면 좋은 점을 <u>두 가지</u> 고르세요. (　　,　　)

① 올바른 식습관을 기를 수 있다.
② 용돈을 올려 달라고 말할 수 있다.
③ 용돈을 어디에 썼는지 한눈에 알 수 있다.
④ 계획에 맞게 돈을 쓰는 습관을 기를 수 있다.
⑤ 숙제를 밀리지 않고 계획적으로 잘할 수 있다.

2 단원
공부한 날 월 일

15 우리 주변의 상품이 어디에서 왔는지 확인하는 방법이 아닌 것은 어느 것입니까? (   )

① 상품 포장지 정보 확인하기
② 가게의 원산지 표시판 보기
③ 행복 복지 센터에 문의하기
④ 누리집의 상품 소개 찾아보기
⑤ 상품을 홍보하는 광고지 찾아보기

16 다른 지역과 경제적 교류가 필요한 까닭으로 알맞은 것은 어느 것입니까? (   )

① 지역이나 국가마다 인구가 비슷하기 때문이다.
② 지역이나 국가마다 상품 광고가 다르기 때문이다.
③ 지역이나 국가마다 자연환경이 비슷하기 때문이다.
④ 지역이나 국가마다 생산 기술에 차이가 나기 때문이다.
⑤ 지역이나 국가마다 가지고 있는 자원이 비슷하기 때문이다.

17 밑줄 친 ㉠의 이로운 점을 두 가지 쓰세요.

> 개인이나 지역이 경제적 이익을 얻기 위해 서로 상품이나 자원, 기술, 정보 등을 주고받는 것을 ___㉠___(이)라고 합니다.

....

....

18 다음 글을 통해 알 수 있는 점으로 알맞지 않은 것을 보기에서 골라 기호를 쓰세요.

> 대구광역시와 광주광역시가 '달빛동맹'을 맺고 서로 도와가며 교류하기로 하였습니다. 이 두 지역은 산업이나 행정 분야의 교류뿐만 아니라, 스포츠나 문화 등 더욱 다양한 분야로 교류를 확대하고 있습니다. 달빛동맹은 두 지역의 경제적 성장을 돕고 지역 간 화합에도 큰 역할을 합니다.

> 보기
> ㉠ 경제적 교류로 경제적 성장을 도울 수 있습니다.
> ㉡ 스포츠 교류를 통해 지역끼리 더 친해질 수 있습니다.
> ㉢ 경제적 교류를 하면 한 지역만 경제적 이익을 얻을 수 있습니다.

(   )

19 다음에서 경제적 교류를 한 대상을 쓰세요.

> 기업에서는 개인의 아이디어를 활용해 제품을 개발하거나 홍보하고 있습니다.

(   )

20 대중 매체를 이용한 경제적 교류 방법에 대한 설명으로 알맞은 것은 어느 것입니까? (   )

① 옛날에 주로 이용한 교류 방법이다.
② 장소나 시간의 제약을 받지 않는다.
③ 상품의 품질을 직접 확인할 수 있다.
④ 상품을 직접 보고 살 수 있어 믿을 수 있다.
⑤ 파는 곳까지 직접 가는 데 시간과 비용이 많이 든다.

2회 단원 평가

정답 확인

01 사람들이 다음과 같은 상황을 겪는 까닭을 쓰세요.

여행 갈 때 비행기를 타면 빠르지만 비싸고, 배를 타면 시간이 오래 걸려. 어떤 교통수단을 이용할까?
흰색 옷이 더 예쁘긴 한데, 초록색 옷이 더 싸. 어떤 옷을 사지?

....

....

02 은지가 밑줄 친 ㉠과 같이 선택한 기준으로 알맞은 것은 어느 것입니까? (　　)

> 은지: 물놀이 가서 쓸 물총이 필요해.
> 진우: 파란색 물총보다 초록색 물총이 500원 더 싸.
> 은지: ㉠ 그럼 초록색 물총으로 사야겠다.

① 가격　② 모양
③ 색깔　④ 품질
⑤ 사용 기간

03 현명한 선택을 하기 위해 고려해야 할 기준으로 알맞지 않은 것은 어느 것입니까? (　　)

① 오래 쓸 수 있는 것인가
② 나에게 꼭 필요한 것인가
③ 자주 사용할 수 있는 것인가
④ 모양과 색깔이 마음에 드는가
⑤ 다른 사람에게 자랑할 수 있는가

04 현명한 선택을 해야 하는 까닭을 두 가지 고르세요. (　　,　　)

① 만족감을 얻을 수 있다.
② 돈과 자원을 절약할 수 있다.
③ 다른 사람의 칭찬을 받을 수 있다.
④ 누구나 부러워하는 선택을 할 수 있다.
⑤ 가장 비싸고 좋은 물건을 선택할 수 있다.

05 ㉠, ㉡에 들어갈 알맞은 말을 쓰세요.

> 생활에 필요한 물건을 만들거나 사람들의 생활을 편리하고 즐겁게 해 주는 활동을 (㉠)(이)라고 하고, 그것을 쓰거나 이용하는 활동을 (㉡)(이)라고 합니다.

㉠: (　　　　　)　㉡: (　　　　　)

06 생산 활동의 종류가 다른 것은 어느 것입니까? (　　)

① 건물을 짓는다.
② 산에서 버섯을 딴다.
③ 갯벌에서 조개를 캔다.
④ 들에서 농사를 짓는다.
⑤ 과수원에서 사과를 재배한다.

07 그림과 같은 종류의 생산 활동을 보기에서 골라 기호를 쓰세요.

▲ 물건 배달하기

> 보기
> ㉠ 가구 만들기
> ㉡ 버스 운전하기
> ㉢ 젖소 우유 짜기

(　　　　　)

2 단원

공부한 날　월　일

08 다음 중 소비 활동을 한 친구의 이름을 쓰세요.

> 서윤: 바다에서 물고기를 잡았어요.
> 주하: 남은 용돈으로 떡볶이와 튀김을 사 먹었어요.
> 하정: 집에서 방 청소를 하는 대신 동생과 놀아 주었어요.

(　　　　　　　　　　　　　)

09 시장에서 볼 수 있는 소비 활동은 어느 것입니까? (　　)

① 손님에게 팔 빵을 만든다.
② 손님이 맡긴 옷을 고친다.
③ 생선 가게에서 생선을 판다.
④ 손님이 산 이불을 배달한다.
⑤ 반찬 가게에서 만든 반찬을 산다.

10 다음 (　　　) 안에 공통으로 들어갈 알맞은 말을 쓰세요.

> • (　　　)하지 않으면 소비할 수 없고 소비하지 않으면 (　　　)할 필요가 없습니다.
> • 다양한 (　　　) 활동을 통해 다양한 소비 활동을 할 수 있습니다.

(　　　　　　　　　　　　　)

11 하나의 물건이 우리에게 오기까지의 과정에서 일어나는 활동을 두 가지만 쓰세요.

....

....

12 현명한 소비 생활을 하는 방법으로 알맞지 않은 것은 어느 것입니까? (　　)

① 낭비를 줄인다.
② 용돈 일부를 저축한다.
③ 용돈 기입장이나 가계부를 쓴다.
④ 미리 소비 계획을 세워 돈을 쓴다.
⑤ 좋아하는 연예인이 광고하는 물건만 산다.

13 현명한 소비 생활을 위해 정보를 활용하는 방법으로 알맞지 않은 것은 어느 것입니까? (　　)

① 상품을 사서 직접 사용해 본다.
② 상품을 사용해 본 주변 사람에게 물어본다.
③ 상품을 판매하는 사람에게 필요한 정보를 물어본다.
④ 상점을 방문하여 물건의 상태를 눈으로 직접 확인한다.
⑤ 인터넷이나 광고를 활용하여 물건의 종류와 가격을 비교해 본다.

14 그림과 같이 주변의 상품이 어디에서 왔는지 확인하는 방법은 어느 것입니까? (　　)

① QR 코드 확인하기
② 통계 자료 분석하기
③ 지역 소식지 찾아보기
④ 상품 홍보 광고지 찾아보기
⑤ 상품 포장지에 표시된 정보 확인하기

➔ 바른답·알찬풀이 25쪽

15 우리 주변의 상품이 어디에서 왔는지 확인하는 방법을 세 가지 쓰세요.

....

....

[16~17] 다음을 보고, 물음에 답하세요.

생방송
뉴스
미국산 쇠고기 수입 역대 최고

16 위의 자료는 무엇을 통해 상품 정보를 얻는 모습입니까? (　　)

① 신문 기사
② 상품 포장지
③ 원산지 표시판
④ 텔레비전 뉴스
⑤ 상품 홍보 광고지

17 위 자료를 보고 알 수 있는 것으로 알맞은 것은 어느 것입니까? (　　)

① 쇠고기의 원산지 정보를 알 수 있다.
② 미국산 쇠고기의 가격을 알 수 있다.
③ 미국산 쇠고기의 품질을 알 수 있다.
④ 우리나라 쇠고기 판매량을 알 수 있다.
⑤ 우리나라 사람들이 미국산 쇠고기를 사 먹는 까닭을 알 수 있다.

18 경제적 교류의 이로운 점으로 알맞지 않은 것은 어느 것입니까? (　　)

① 지역 간에 화합할 수 있다.
② 경제적 이익을 얻을 수 있다.
③ 교류를 통해 더 편리한 생활을 할 수 있다.
④ 기술 교류를 하여 새로운 상품을 만들 수 있다.
⑤ 우리 지역에서 생산하는 물건만 이용할 수 있다.

19 다음 (　　) 안에 들어갈 알맞은 말을 두 가지 고르세요. (　　,　　)

> 옛날에는 주로 지역 간이나 국가 간의 경제적 교류가 대부분이었습니다. 하지만 오늘날에는 (　　)의 발달로 개인이나 기업도 경제적 교류에 활발히 참여하고 있습니다.

① 교통　② 문화　③ 통신
④ 대형 시장　⑤ 전통 시장

20 다음과 같은 경제적 교류 방법에 대한 설명으로 알맞은 것은 어느 것입니까? (　　)

> 전통 시장에서 물건을 사고팝니다.

① 물건을 쉽고 편리하게 살 수 있다.
② 장소나 시간의 제약을 받지 않는다.
③ 다양한 상품을 직접 보고 살 수 있다.
④ 상품의 정보를 쉽게 얻을 수 있고 쉽게 알릴 수도 있다.
⑤ 파는 곳까지 직접 가는 데 드는 시간과 비용을 아낄 수 있다.

2 단원

공부한 날　월　일

3

사회 변화와 문화 다양성

1

사회 변화로 나타난 일상생활의 모습

사회가 변화하며 우리 사회와 사람들의 생활 모습은 어떻게 달라졌을까요?

2

다양한 문화에 대한 이해와 존중

우리 사회의 다양한 문화를 이해하고 존중하려면 어떻게 해야 할까요?

단원에 대한 학습 계획을 세우고, 공부한 내용을 얼마나 이해했는지 스스로 평가해 보세요.

1 사회 변화로 나타난 일상생활의 모습

	공부할 내용	쪽수	스스로 평가
1일차	❶ 우리 사회의 모습은 어떻게 달라졌을까요	110~111쪽	☆☆☆
2일차	❷ 저출산 · 고령화는 우리 사회에 어떤 영향을 주고 있을까요	112~113쪽	☆☆☆
3일차	❸ 정보화로 달라진 생활 모습을 알아볼까요	114~115쪽	☆☆☆
4일차	❹ 세계화로 우리 생활 모습은 어떻게 달라지고 있을까요	116~117쪽	☆☆☆
5일차	문제로 실력 쑥쑥	122~125쪽	☆☆☆

2 다양한 문화에 대한 이해와 존중

	공부할 내용	쪽수	스스로 평가
6일차	❶ 우리 사회의 다양한 문화를 살펴볼까요	128~129쪽	☆☆☆
7일차	❷ 일상생활에서 나타나는 편견과 차별을 살펴볼까요	130~131쪽	☆☆☆
8일차	❸ 편견과 차별의 문제를 해결하려면 어떻게 해야 할까요	132~133쪽	☆☆☆
9일차	문제로 실력 쑥쑥	138~141쪽	☆☆☆

10일차	단원 평가 1회	146~148쪽	☆☆☆
11일차	단원 평가 2회	149~151쪽	☆☆☆

☆☆☆ 자신있게 설명할 수 있어요. ☆☆ 설명하기 조금 힘들어요. ☆ 어려워서 설명할 수 없어요.

교과서 쏙쏙

1 사회 변화로 나타난 일상생활의 모습

이 단원을 공부하면?

- 사회 변화로 나타난 일상생활의 달라진 모습을 살펴볼 수 있어요.
- 사회 변화로 달라진 우리 사회의 특징을 탐구할 수 있어요.

편지를 보고 있는 할머니와 손녀가 대화를 나누고 있는 모습이에요.
오늘날에는 주로 휴대 전화나 문자 메시지로 소식을 주고받지만,
예전에는 손으로 쓴 편지로 서로 소식을 주고받았어요.

생각이 활짝 할머니와 할아버지의 예전 생활 모습이 오늘날의 우리에게 낯설게 여겨지는 까닭은 무엇일까요?

내 생각은

답안 길잡이

사회가 변화하면서 사람들의 생활 모습도 달라졌기 때문입니다. 예전에는 손으로 쓴 편지로 서로 소식을 주고받았지만, 오늘날에는 통신 기술이 발달하면서 휴대 전화나 문자 메시지로 소식을 주고받거나 전자 우편을 많이 이용합니다. 이렇게 사회 변화로 사람들의 생활 모습이 달라지면서 자신이 겪어보지 못한 것에 대해서는 낯설게 여겨지는 것입니다.

3 단원

공부한 날 월 일

1 우리 사회의 모습은 어떻게 달라졌을까요

개념 터치 마인드맵

이것만은 꼭

우리 사회의 변화

- 태어나는 아기의 수가 줄고 있음.
- 노인이 많아지고 있음.
- 인터넷, 스마트폰 등이 발달함.
- 세계 여러 나라와 활발히 교류함.

달라진 생활 모습

- 자녀나 학생의 수가 줄어듦.
- 일하는 노인이나 노인을 위한 시설이 늘어남.
- 인터넷으로 물건을 구매하고 온라인 수업을 함.
- 다른 나라의 물건이나 음식을 사거나 쉽게 볼 수 있음.

개념 1 학교와 그 주변의 달라진 모습 탐구해요

학교에서 친구들과 함께 공부하며 선생님의 수업을 듣는 것은 옛날과 오늘날 모두 똑같아.

구분	옛날	오늘날
등교 시간	학생이 많아 오전반과 오후반을 나누어 등교했음.	등교하는 학생 수가 예전보다 많이 줄었음.
수업 시간	칠판만 사용했음.	컴퓨터나 스마트 기기도 사용함.
점심시간	다른 나라의 음식을 먹기가 어려웠음.	다른 나라의 음식을 쉽게 먹을 수 있음.
방과 후	동네 골목길마다 모여서 노는 아이들이 많았음.	모여서 놀기보다 각자 학원에 가거나 문자 메시지로 연락을 함.

개념 2 사회 변화에 따라 달라진 생활 모습 탐구해요

출생아 수의 감소

- 자녀가 한 명인 가족이 많아졌어요.
- 교실에 학생 수가 줄고, 문을 닫는 학교가 늘어나고 있어요.

노인 인구의 증가

- 일하는 노인이 늘어났어요.
- 노인정, 요양원, 노인 전문 병원 등 노인을 위한 시설이 많아졌어요.

인터넷, 스마트폰 등의 발달

- 인터넷으로 물건을 구입하거나 자료를 찾을 수 있어요.
- 컴퓨터나 스마트 기기로 온라인 수업을 하거나 교통 정보를 확인해요.

다른 나라와 활발한 교류

- 해외여행을 다니는 사람들이 많아졌어요.
- 다른 나라의 물건이나 음식을 사거나 주변에서 쉽게 볼 수 있어요.

낱말사전

- ★오전반 오전에 수업하는 학급
- ★오후반 오후에 수업하는 학급
- ★스마트 기기 스마트폰과 같이 인터넷 접속이 쉽고, 음성이나 화상 통신을 할 수 있는 전자 기기
- ★노인정 노인들이 모여서 쉬거나 놀 수 있도록 지어 놓은 방이나 집
- ★요양원 요양을 할 수 있도록 필요한 시설을 갖추어 놓은 곳
- ★공중전화 여러 사람이 사용할 수 있도록 길거리나 일정한 장소에 설치한 전화
- ★환갑 예순한 살(61세)을 이르는 말

별별 이야기 이제는 보기 힘든 풍경들

❶ 골목길마다 아이들이 모여서 놀았습니다.
❷ 해외여행을 가는 사람이 무척 적었습니다.
❸ 사람들이 공중전화를 사용하려고 줄을 서서 차례를 기다렸습니다.
❹ 환갑을 맞이한 어른을 위해 동네 사람들이 마을 잔치를 열었습니다.

➔ 바른답·알찬풀이 28쪽

개념 터치 추가 문제

01 오늘날에는 학생 수가 많아 오전반과 오후반을 나누어 등교하는 학교가 늘어나고 있습니다. (○ , ×)

02 (가), (나)에서 옛날의 점심시간 모습이면 '옛날', 오늘날의 점심시간 모습이면 '오늘날'이라고 쓰세요.

(가)

(나)

( ) ( )

03 오늘날 우리 사회의 달라진 모습으로 알맞은 것은 어느 것입니까? ( )

① 노인의 수가 줄어들고 있다.
② 다른 나라와의 교류가 줄어들고 있다.
③ 태어나는 아기의 수가 늘어나고 있다.
④ 인터넷이나 스마트폰 등을 많이 사용하고 있다.
⑤ 수업 시간에 칠판만 사용하는 교실이 늘어나고 있다.

04 오늘날에는 노인정, 요양원, 노인 전문 병원 등 ( )을/를 위한 시설이 많아졌습니다.

05 오늘날에 보기 힘든 모습을 보기 에서 모두 골라 기호를 쓰세요.

보기
㉠ 골목길마다 모여서 노는 아이들이 많습니다. ㉡ 공중전화를 사용하려고 줄을 서서 기다립니다. ㉢ 다른 나라에서 생산된 물건을 시장에서 쉽게 삽니다.

( )

3 단원

공부한 날
월
일

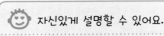

공부한 내용은?
- 자신있게 설명할 수 있어요.
- 설명하기 조금 힘들어요.
- 어려워서 설명할 수 없어요.

2 저출산·고령화는 우리 사회에 어떤 영향을 주고 있을까요

개념 터치 마인드맵

이것만은 꼭

저출산·고령화 현상의 뜻

↓

태어나는 아이의 수가 줄어들고, 노인 인구의 비율이 높아지는 현상

저출산·고령화로 달라진 사회 모습

↓

- 학생 수, 가족 구성원 수, 일할 사람이 줄어듦.
- 일하는 노인, 노인을 위한 시설·복지 제도, 노인을 대상으로 하는 산업이 늘어남.

저출산·고령화 사회의 대처 방법

↓

- 아이를 잘 키우고 돌볼 수 있는 환경을 마련함.
- 노인의 경제 활동과 여가 활동 등을 지원함.
- 서로 다른 세대 간에 소통하고 배려함.

걱정 없이 아이를 키우는 사회, 노인이 즐겁고 행복한 사회를 만들기 위해 노력해야 해.

낱말사전

★노인 인구 65세 이상인 사람의 수

★출생아 세상에 태어나는 아이

★세대 같은 시대에 살면서 나이가 비슷한 사람들

★소통 막히지 아니하고 잘 통함.

개념 1 저출산·고령화 현상의 뜻

❶ 저출산 현상: 태어나는 아이의 수가 줄어드는 현상을 말합니다.

❷ 고령화 현상: 전체 인구에서 노인★ 인구의 비율이 높아지는 현상을 말합니다.

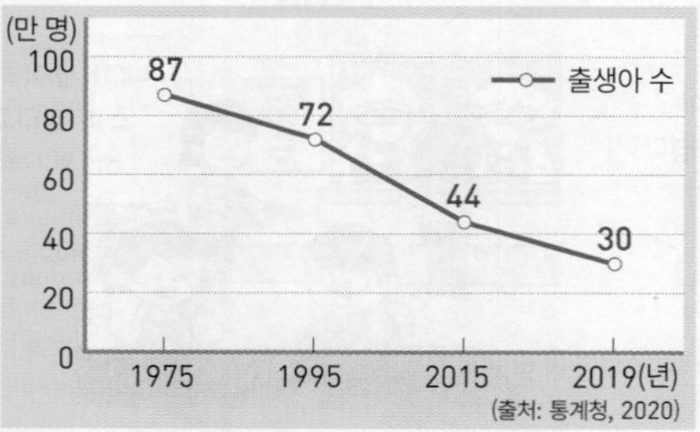

▲ 출생아★ 수의 변화

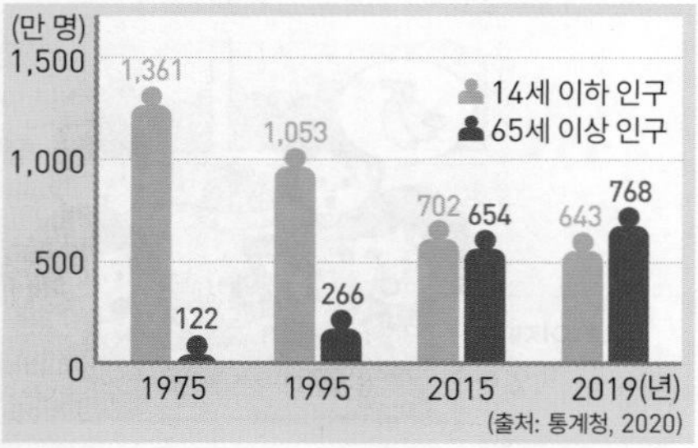

▲ 어린이와 노인 인구의 변화

개념 2 저출산·고령화로 달라진 우리 사회의 모습

저출산으로 달라진 사회 모습	• 학교의 학생 수가 줄고 문을 닫는 학교도 생겨남. • 가족 구성원의 수가 줄어들고, 혼자 사는 사람도 많아짐. • 저출산이 계속되면서 일할 사람이 줄어들어 경제에도 영향을 끼침.
고령화로 달라진 사회 모습	• 일하는 노인이 많아지고, 노인을 위한 시설이 늘어남. • 노인의 생활을 돕는 복지 제도와 노인을 대상으로 하는 산업이 많아지고 있음.

개념 3 저출산·고령화 사회에 대처하는 방법 활동해요

저출산 사회 대처 방법

- 아이를 키우는 가정을 경제적으로 지원해요.
- 아이를 돌보아 주는 시설이나 기관을 늘려요.
- 직장인이 아이를 키우기 위한 휴가를 쓸 수 있도록 해요.

고령화 사회 대처 방법

- 노인이 일자리를 쉽게 찾을 수 있도록 도와요.
- 노인의 여가 활동을 지원하는 제도를 운영해요.
- 노인의 건강을 돌보고, 돌봄이 필요한 노인을 지원해요.

서로 다른 세대★가 소통★하고 배려하며 살아갑니다.

문제로 개념 탄탄

→ 바른답·알찬풀이 28쪽

개념 터치 추가 문제

01 옛날에는 아이를 낳지 않아서 문제가 되었지만, 오늘날에는 아이를 너무 많이 낳아서 문제가 되고 있습니다. (○, ×)

02 (가), (나)를 통해 공통으로 알 수 있는 우리 사회의 현상은 무엇인지 쓰세요.

(가)

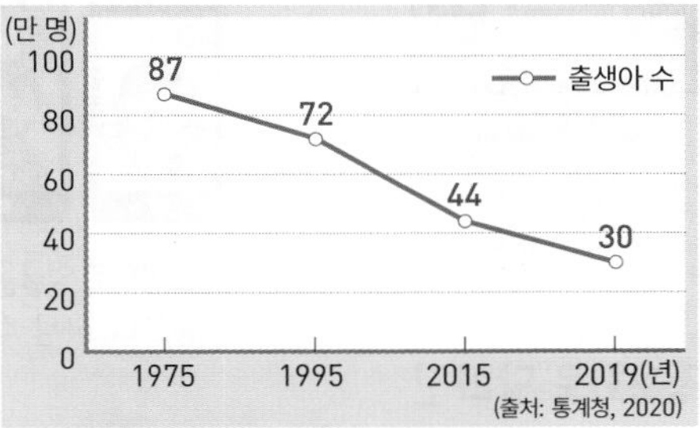

▲ 출생아 수의 변화

(나)

▲ 2016년 인구 포스터

( )

03 전체 인구에서 노인 인구의 비율이 높아지는 현상을 ( ) 현상이라고 합니다.

04 저출산·고령화에 따라 줄어든 것을 보기에서 모두 골라 기호를 쓰세요.

보기
㉠ 학생 수　㉡ 일할 사람
㉢ 노인 복지 제도　㉣ 가족 구성원의 수

( )

05 저출산 사회에 대처하는 방법으로 알맞지 않은 것은 어느 것입니까? ( )

① 아이를 돌보아 주는 기관을 늘린다.
② 노인의 여가 활동을 제도적으로 지원한다.
③ 아이를 키우는 가정을 경제적으로 지원한다.
④ 아이가 아플 때에는 병원비를 나라에서 내준다.
⑤ 직장인이 아이를 키우기 위한 휴가를 쓸 수 있도록 한다.

3 단원

공부한 날 월 일

공부한 내용은?
- 자신있게 설명할 수 있어요.
- 설명하기 조금 힘들어요.
- 어려워서 설명할 수 없어요.

3 정보화로 달라진 생활 모습을 알아볼까요

개념 터치 마인드맵

이것만은 꼭

정보화의 뜻과 영향

⬇

- 뜻: 정보를 중심으로 사회가 운영되고 발전하는 것
- 영향: 생활이 더욱 편리하고 다양하게 변화함.

■

정보화 사회의 문제점과 해결 방법

⬇

- 사이버 폭력 → 악성 댓글 달지 않기, 바르고 고운 말 쓰기
- 개인 정보 유출 → 비밀번호를 주기적으로 바꾸기
- 인터넷·스마트폰 중독 → 인터넷과 스마트폰의 사용 시간을 정해 지키기
- 저작권 침해 → 음악, 영화, 프로그램 등을 불법으로 내려받지 않기

개념 1 정보화의 뜻과 영향

❶ 정보화의 뜻: 정보가 중요한 자원이 되어 정보를 중심으로 사회가 운영되고 발전하는 것을 말합니다.

❷ 정보화의 영향: 지식과 정보를 더 쉽고 빠르게 활용할 수 있게 되면서 생활이 더욱 편리하고 다양하게 변화하고 있습니다.

정보화로 달라진 생활 모습
인터넷으로 모둠 과제에 들어갈 내용을 검색해요.
학교 누리집에서 학교 소식을 전해 들어요.
화면으로 얼굴을 보며 화상 통화나 화상 수업을 해요.
컴퓨터나 휴대 전화로 물건을 구매하거나 은행 업무를 봐요.
교통 정보나 기상 정보를 실시간으로 알아요.
휴대 전화로 집 밖에서도 가전제품을 켜고 꺼요.
ON OFF

개념 2 정보화 사회의 문제점과 해결 방법 활동해요

문제점		해결 방법
사이버 폭력	인터넷에서 악성 댓글이 달리거나 거짓 소문이 퍼짐.	인터넷에서 악성 댓글을 달지 않으며, 바르고 고운 말을 씀.
개인 정보 유출	개인 정보가 빠져나가 모르는 사람들에게 연락이 옴.	개인 정보가 빠져나가지 않도록 비밀번호를 주기적으로 바꿈.
인터넷·스마트폰 중독	인터넷이나 게임에 빠져 할 일을 제때 하지 못함.	인터넷과 스마트폰의 사용 시간을 정해서 스스로 지킴.
저작권 침해	음악, 영화, 프로그램 등을 불법으로 내려받음.	음악, 영화, 프로그램 등을 불법으로 내려받지 않음.

낱말사전

- ★실시간 실제 흐르는 시간과 같은 시간
- ★정보화 사회 다양한 정보의 생산과 전달을 중심으로 움직이는 사회
- ★개인 정보 이름, 주민 등록 번호, 전화번호, 주소 등 한 개인을 알아볼 수 있는 정보
- ★유출 중요한 내용이나 물건 등이 외부로 새어 나감.
- ★주기적 일정한 간격을 두고 되풀이하여 행하는 것
- ★저작권 음악, 영화, 프로그램 등을 만든 사람이 자기가 지은 것에 대해 가지는 권리

별별 이야기 정보화 기기 활용 습관 점검

❶ 정보화 기기를 꼭 필요한 만큼, 알맞게 사용하고 있는지 점검해 봅니다.

❷ 자신을 점검한 후 잘못된 자신의 정보화 기기 습관을 바로잡아 봅니다.

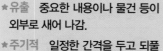

바른답·알찬풀이 29쪽

개념 터치 추가 문제

확인해요

01 정보화는 ( )이/가 중요한 자원이 되어 ( )을/를 중심으로 사회가 운영되고 발전하는 것을 말합니다.

02 오늘날에는 정보화에 따라 지식과 정보를 더 쉽고 빠르게 활용할 수 있게 되면서 생활이 더욱 편리하고 다양하게 변화하고 있습니다. (○ , ×)

03 정보화로 달라진 생활 모습으로 알맞은 것은 어느 것입니까? ( )

① 물건을 사기 위해 가게에 간다.
② 학교 소식을 듣기 위해 학교에 간다.
③ 은행 업무를 보기 위해 은행에 간다.
④ 모둠 과제를 하기 위해 도서관에 간다.
⑤ 집 밖에서 휴대 전화로 가전제품을 켜고 끈다.

04 (가), (나)에 나타난 정보화 사회의 문제점은 무엇인지 쓰세요.

(가)

( )

(나)

( )

05 정보화 사회의 문제점을 해결하기 위한 방법으로 알맞은 것을 **보기**에서 골라 기호를 쓰세요.

보기
㉠ 돈을 내고 내려받은 자료를 인터넷에 올립니다.
㉡ 개인 정보를 공개된 인터넷 게시판에 올립니다.
㉢ 인터넷과 스마트폰의 사용 시간을 정해 스스로 지킵니다.

( )

3 단원

공부한 날 월 일

공부한 내용은?
- 자신있게 설명할 수 있어요.
- 설명하기 조금 힘들어요.
- 어려워서 설명할 수 없어요.

4 세계화로 우리 생활 모습은 어떻게 달라지고 있을까요

개념 터치 마인드맵

이것만은 꼭

세계화의 뜻

↓

교통과 통신이 발달하면서 세계 여러 나라가 교류하고 가까워지는 것

■

세계화의 영향

↓

- 긍정적 영향: 세계 여러 나라의 물건이나 문화를 쉽게 접할 수 있음.
- 부정적 영향: 우리의 전통문화가 점점 사라지고, 서로의 문화를 이해하지 못해 문제가 생김.

개념 1 세계화로 달라진 우리의 모습

❶ 세계화의 뜻: 교통과 통신이 발달하면서 세계 여러 나라가 교류하고 가까워지는 것을 말합니다.

❷ 세계화로 달라진 생활 모습 활동해요

물건과 자원의 교류	• 우리나라의 기업이 만든 물건이 다른 나라에서 많이 팔리고 있음. • 광물, 농산물, 수산물 등 다른 나라의 자원이 우리나라로 많이 들어옴.
인적 자원의 교류	• 우리나라에서 일하는 외국 사람들이 많아짐. • 세계 여러 나라에서 일하는 우리나라 사람들이 많아짐.
문화의 교류	• 외국의 책이나 음악을 우리나라에서 쉽게 접할 수 있음. • 우리나라의 음악이나 드라마 등을 좋아하는 외국 사람들이 많음.

개념 2 세계화의 영향

긍정적 영향

세계 여러 나라의 물건을 쉽게 살 수 있어요.

세계 여러 나라의 문화를 쉽게 접할 수 있어요.

세계화는 긍정적 영향뿐만 아니라 부정적 영향도 갖고 있음을 알아야 해.

부정적 영향

구경하는 사람이 별로 없네.

전통문화에 대한 관심이 적어져 우리의 전통문화가 점점 사라져요.

손으로 먹네. 더러워.

서로의 문화를 이해하지 못해 문제가 생겨요.

낱말사전

★자원 인간의 생활 및 생산 활동에 이용되는 원료

★인적 자원 사람이 지닌 기술이나 노동력

★전통문화 한 나라의 고유한 문화

개념 3 세계화 속에서 우리가 갖추어야 할 자세 활동해요

❶ 우리의 전통문화를 살리고 발전시켜 나가는 데 관심을 가집니다.

❷ 서로 다른 점을 인정하고 존중하며, 서로의 문화를 이해하려고 노력합니다.

❸ 다른 나라 문화를 무조건 따라서 하지 않으며, 나쁜 점은 버리고 좋은 점은 본받습니다.

문제로

개념 탄탄

→ 바른답·알찬풀이 29쪽

개념 터치 추가 문제

확인 해요

01 (　　　　)은/는 교통과 통신이 발달하면서 세계 여러 나라가 교류하고 가까워지는 것을 말합니다.

02 (가), (나)와 같은 모습이 나타나는 까닭을 세 글자로 쓰세요.

(가)

(나)

(　　　　　　　　　)

03 세계화에 따라 세계 여러 나라의 문화를 접할 수 있게 되면서 우리의 전통문화에 관한 관심도 많아지고 있습니다. (○, ×)

04 세계화의 긍정적 영향을 보기 에서 모두 골라 기호를 쓰세요.

보기

㉠ 교통 정보를 손쉽게 알 수 있습니다.
㉡ 세계 여러 나라의 물건을 쉽게 구할 수 있습니다.
㉢ 세계 여러 나라의 문화를 쉽게 경험할 수 있습니다.

(　　　　　　　　　)

05 세계화에 잘 대처하기 위해서 우리가 갖추어야 할 자세로 알맞은 것을 두 가지 고르세요. (　　,　　)

① 서로 다른 점을 이해하고 존중한다.
② 다른 나라 문화의 나쁜 점도 본받는다.
③ 다른 나라의 문화를 무조건 따라서 한다.
④ 우리의 전통과 다른 문화는 받아들이지 않는다.
⑤ 전통문화를 잘 지키고 발전시켜 나가려고 노력한다.

3 단원

공부한 날 월 일

공부한 내용은?

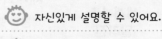

- 자신있게 설명할 수 있어요.
- 설명하기 조금 힘들어요.
- 어려워서 설명할 수 없어요.

그림으로 보는 용어

꼭 알아야 할 용어들을 모아모아
그림과 함께 공부해 보세요.

저출산 · 고령화로 달라진 사회 모습

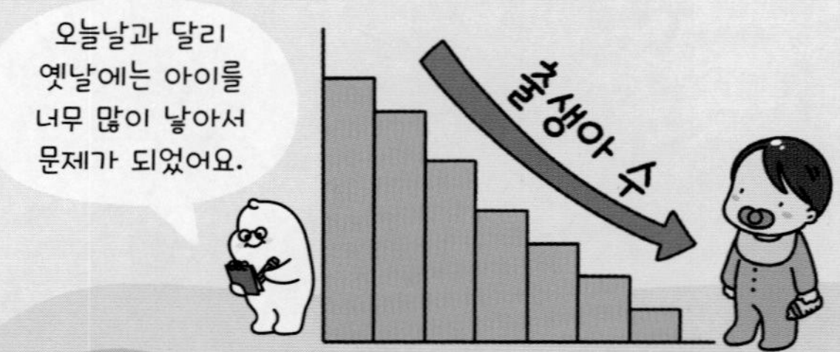

오늘날과 달리 옛날에는 아이를 너무 많이 낳아서 문제가 되었어요.
출생아 수

저출산

오늘날 사람들이 아이를 낳지 않아 출생아 수가 줄어드는 것입니다.

고령화

의료 기술이 발달하고 생활 수준이 높아져 노인 인구 비율이 크게 늘고 있는 것입니다.

복지 제도

노인을 비롯해 국민이 행복하게 살아갈 수 있도록 나라가 돕는 제도입니다.

정보화로 달라진 생활 모습

정보화

정보가 사회의 중심이 되어 가는 것으로, 정보가 중심이 되는 사회를 정보화 사회라고 합니다.

악성 댓글

어떤 사람을 나쁘게 말하기 위해 인터넷상에 올리는 짧은 글입니다.

개인 정보

이름, 얼굴, 재산, 주소, 전화번호 등과 같이 한 개인에 관한 모든 정보를 통틀어 이르는 말입니다.

세계화로 달라진 생활 모습

세계화

교통과 통신의 발달로 세계 여러 나라가 정치, 경제, 사회, 문화 등 다양한 분야에서 활발하게 교류하는 것입니다.

인적 자원

사람의 기술이나 노동력을 생산 활동을 위해 필요한 자원의 하나로 여겨 이르는 말입니다.

전통문화

한 나라에서 만들어져 전해 내려오는 고유한 문화로 농악놀이나 김치는 우리나라의 전통문화입니다.

QUIZ 퀴즈

● 자음을 보고 힌트를 읽으면서 관련 있는 용어를 써 보세요.

❶ ㅈ ㅊ ㅅ

▶ 출생아 수가 줄어듭니다.
▶ 놀이터에서 노는 아이가 적어졌습니다.

❷ ㄱ ㄹ ㅎ

▶ 노인 인구 비율이 높아집니다.
▶ 일터에서 일하는 노인이 많아졌습니다.

❸ ㅈ ㅂ ㅎ

▶ 정보가 사회의 중심이 됩니다.
▶ 정보를 쉽고 빠르게 활용합니다.

❹ ㅈ ㅈ ㄱ

▶ 저작물에 관한 권리입니다.
▶ 글, 그림, 음악 등을 만든 사람이 갖는 권리입니다.

❺ ㅅ ㄱ ㅎ

▶ 세계 여러 나라가 교류합니다.
▶ 세계 여러 나라가 가까워집니다.

답안 길잡이 ❶ 저출산 ❷ 고령화 ❸ 정보화 ❹ 저작권 ❺ 세계화

돌봄
다른 사람에게 의존해야 하는 환자나 노인, 어린이와 같이 보살핌이 필요한 사람을 돕는 것입니다.

저작물에는 글, 그림, 음악, 영상, 사진, 컴퓨터 프로그램 등 다양한 종류가 있어요.
법으로 보호받는 권리

저작권
사람의 생각과 느낌을 나타낸 저작물에 관해 그것을 만든 사람이 갖는 권리로 법적으로 보호받습니다.

다른 문화를 존중한다고 해서 그 문화를 무조건 따라야 하는 것은 아니에요.

존중
서로 다른 것을 인정하고 높이어 귀중하게 대하는 것으로, 우리는 세계화 속에서 다른 문화를 존중해야 합니다.

3 단원
공부한 날 월 일

교과서 쏙쏙

뚝딱뚝딱 정리하기

1 다음 내용이 맞으면 '○', 틀리면 '×'를 따라가며 미로를 탈출해 보세요.

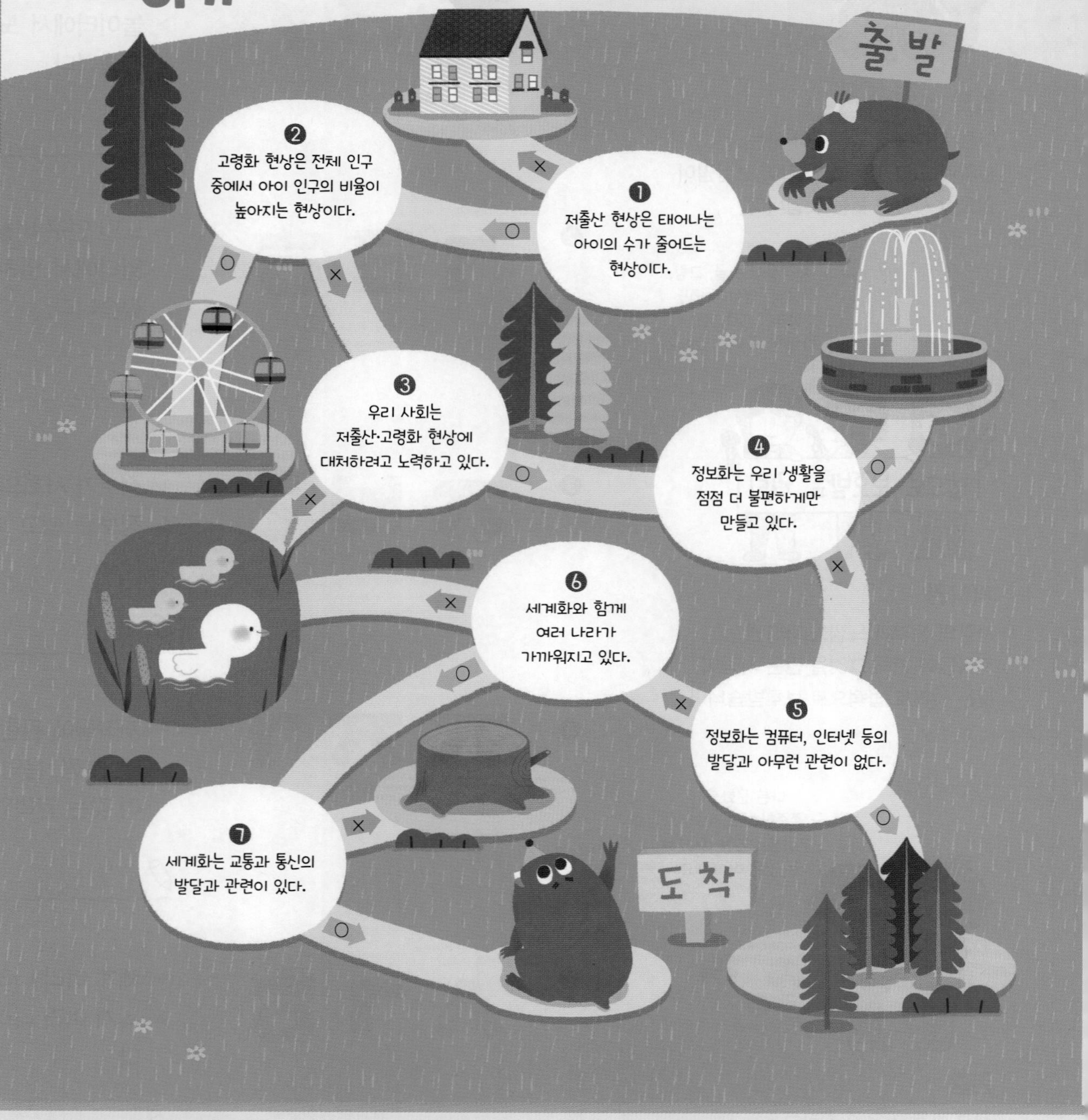

출발
❶ 저출산 현상은 태어나는 아이의 수가 줄어드는 현상이다.
❷ 고령화 현상은 전체 인구 중에서 아이 인구의 비율이 높아지는 현상이다.
❸ 우리 사회는 저출산·고령화 현상에 대처하려고 노력하고 있다.
❹ 정보화는 우리 생활을 점점 더 불편하게만 만들고 있다.
❺ 정보화는 컴퓨터, 인터넷 등의 발달과 아무런 관련이 없다.
❻ 세계화와 함께 여러 나라가 가까워지고 있다.
❼ 세계화는 교통과 통신의 발달과 관련이 있다.
도착

활동 꿀팁

오늘날 우리 사회의 다양한 변화 모습을 떠올려 보자.

답안 길잡이 ❶ ○ ❷ × ❸ ○ ❹ × ❺ × ❻ ○ ❼ ○

2 빈칸을 연필로 칠하면서 공부한 내용을 정리해 보세요.

저출산·고령화 현상

- 저출산 현상 ➡ 태어나는 아이의 수가 줄어드는 현상이에요.
- 고령화 현상 ➡ 전체 인구 중에서 ❶ ________ 인구의 비율이 높아지는 현상이에요.

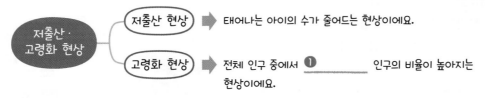

저출산·고령화 현상으로 달라지는 우리 사회의 모습

태어나는 아이의 수가 줄고 있어요.	가족 구성원 수가 줄고 혼자 사는 사람도 많아졌어요.	일하는 노인이 많아지고 노인을 위한 시설도 늘었어요.	노인을 위한 제도와 노인 대상 산업이 많아졌어요.

저출산·고령화 현상에 대처하기 위한 우리 사회의 노력

- 아이를 키우는 가정과 부모를 위한 다양한 지원을 하고 있어요.
- 노인의 건강을 돌보는 일과 여가 활동, 일자리 찾기 등을 지원하고 있어요.

❷ ________ ➡ 정보가 중요한 자원이 되어 정보를 중심으로 사회가 운영되고 발전하는 것을 말해요.

→ 사이버 폭력, 개인 정보 유출, 인터넷·스마트폰 중독, 저작권 침해 등의 새로운 문제가 발생하고 있어요.

세계화 ➡ 교통과 통신이 발달하면서 세계 여러 나라가 ❸ ________ 하고 가까워지는 것을 말해요.

세계화로 달라진 모습

- 세계의 다양한 물건과 자원을 생활 주변에서 쉽게 만날 수 있어요.
- 전 세계 곳곳에 나가서 일하는 사람들이 많아졌어요.
- 세계 여러 나라의 문화를 일상생활에서 쉽게 접할 수 있어요.
- 우리 전통문화에 대한 관심이 적어지고, 서로의 문화를 이해하지 못해 문제가 발생할 때도 있어요.

3 단원

공부한 날 월 일

저출산·고령화, 정보화, 세계화로 인해 사람들의 생활 모습이 예전에 비해 많이 달라졌어.

답안 길잡이 ❶ 노인 ❷ 정보화 ❸ 교류

정답 확인

01 옛날과 오늘날에 공통으로 나타나는 생활 모습으로 알맞은 것을 보기 에서 모두 골라 기호를 쓰세요.

보기

㉠ 학교에서 친구들과 함께 생활합니다.
㉡ 선생님께서 학생들을 가르쳐 주십니다.
㉢ 학교에서 수업 시간에 칠판만 사용합니다.
㉣ 점심시간에 다른 나라의 음식을 쉽게 먹을 수 있습니다.

(　　　　　)

02 옛날에 비해 오늘날에 줄어든 것은 무엇입니까? (　　)

① 학생 수가 적은 학교
② 해외여행을 가는 사람
③ 노인을 위한 전문 시설
④ 놀이터에서 노는 어린이
⑤ 다른 나라의 음식을 파는 가게

03 오늘날 많이 볼 수 있는 모습으로 알맞은 것은 어느 것입니까? (　　)

① 골목길마다 어린이들이 모여서 논다.
② 학생 수가 많아 오전반과 오후반을 나누어 등교한다.
③ 방과 후에 친구들과 문자 메시지로 연락을 주고받는다.
④ 여러 사람이 공중전화를 사용하려고 줄을 서서 기다린다.
⑤ 동네에서 환갑을 맞이한 어른이 계시면 동네 사람들이 마을 잔치를 연다.

중요

04 다음 내용과 같은 상황에서 만들어진 인구 포스터를 보기 에서 두 가지 골라 기호를 쓰세요.

> 태어나는 아이의 수가 줄어들어 우리 사회의 앞날을 걱정하는 사람들이 많아졌습니다.

보기

㉠

㉡

㉢

㉣
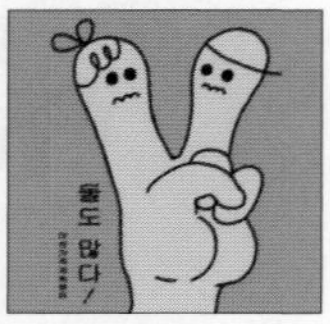

(　　　　,　　　　)

중요

05 다음 그래프를 보고 알 수 있는 현상으로 알맞은 것은 어느 것입니까? (　　)

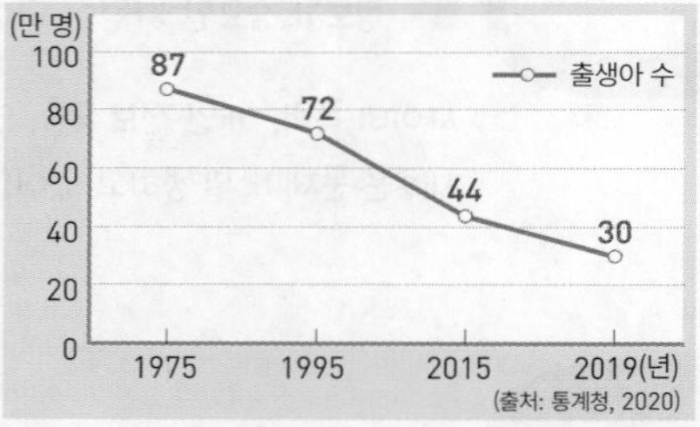

▲ 출생아 수의 변화

① 고령화
② 지구촌
③ 세계화
④ 정보화
⑤ 저출산

서술형

06 다음과 같은 현상이 나타나는 까닭을 두 가지 쓰세요.

> 오늘날에는 전체 인구에서 65세 이상 노인 인구의 비율이 높아지고 있습니다.

핵심 단어 의료 기술, 생활 수준

➔ 바른답·알찬풀이 30쪽

07 고령화에 따라 달라진 사회 모습으로 알맞지 않은 것은 어느 것입니까? ( )

① 일하는 노인이 많아졌다.
② 노인의 수가 많이 줄어들었다.
③ 노인을 위한 시설이 늘어났다.
④ 노인의 생활을 돕는 복지 제도가 늘어났다.
⑤ 노인을 대상으로 하는 여러 가지 산업이 발달하였다.

중요
08 다음 그래프에 나타난 현상에 대처하는 방법을 바르게 말한 친구의 이름을 모두 찾아 쓰세요.

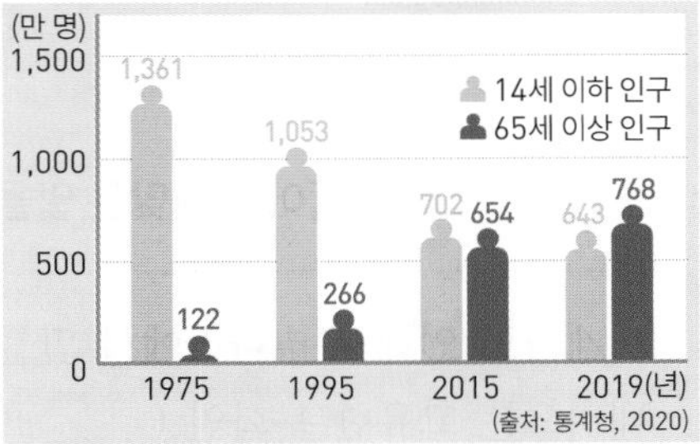

▲ 어린이와 노인 인구의 변화

미래: 같은 세대끼리만 소통해야 해요.
수정: 아이를 돌보아 주는 기관을 줄여야 해요.
영서: 노인이 일자리를 쉽게 찾을 수 있도록 도와야 해요.
주호: 직장인이 아이를 키우기 위한 휴가를 쓸 수 있도록 해야 해요.

( )

09 그림과 같은 모습이 나타나게 된 까닭을 세 글자로 쓰세요.

길도우미를 보니 저쪽 길이 덜 막히나 봐. 저쪽으로 가야겠어.

관리비를 내는 날이네. 스마트폰으로 바로 보내야지.

( )

중요
10 정보화에 따라 나타난 오늘날 우리 사회의 모습으로 알맞지 않은 것은 어느 것입니까? ( )

① 교실에서만 선생님과 공부할 수 있다.
② 가게에 가지 않고도 물건을 살 수 있다.
③ 학교 소식을 학교 누리집에서 알 수 있다.
④ 휴대 전화로 집 밖에서 가전제품을 켜고 끌 수 있다.
⑤ 인터넷으로 모둠 과제에 들어갈 내용을 검색할 수 있다.

11 사이버 폭력을 점검하기 위한 질문으로 알맞은 것은 어느 것입니까? ( )

① 인터넷에서 나쁜 댓글을 달아 본 적이 있나요?
② 개인 정보를 공개된 게시판에 올린 적이 있나요?
③ 다른 사람의 자료를 허락 없이 사용한 적이 있나요?
④ 인터넷이나 휴대 전화를 사용하지 못할 때 화가 나나요?
⑤ 돈을 내고 내려받은 자료를 인터넷에 올린 적이 있나요?

서술형
12 다음과 같은 정보화 사회의 문제점을 해결하기 위한 방법을 쓰세요.

숙제해야 하는데……. 10분만 더 하자.

인터넷이나 게임에 빠져 할 일을 제때 하지 못합니다.

핵심 단어 인터넷, 스마트폰, 사용 시간

3 단원
공부한 날 월 일

문제로
실력 쑥쑥

13 밑줄 친 '저작물'에 해당하지 않는 것은 어느 것입니까? (　　　)

> 정보화 사회에서는 인터넷에서 저작물을 불법으로 내려받아 만든 사람의 저작권을 침해하는 문제가 나타나기도 합니다.

① 음악　② 영화　③ 사진
④ 과일　⑤ 프로그램

14 다음 (　　　) 안에 공통으로 들어갈 알맞은 말을 쓰세요.

> • 교통과 통신이 발달하면서 세계 여러 나라가 교류하고 가까워지는 것을 (　　　)(이)라고 합니다.
> • (　　　)(으)로 지구가 한 마을처럼 되어 간다는 뜻에서 오늘날 세계를 가리켜 '지구촌'이라고 합니다.

(　　　　　　　　)

중요
15 세계화로 인해 달라진 생활 모습을 바르게 말한 친구는 누구입니까? (　　　)

① 진주: 우리나라 사람은 우리나라에서만 일을 해.
② 미래: 우리나라에서 일하는 외국 사람이 줄어들었어.
③ 영선: 다른 나라의 자원은 우리나라로 들어오지 않아.
④ 수정: 외국의 음악을 우리나라에서 접하기가 어려워졌어.
⑤ 선호: 우리나라 기업이 만든 물건이 다른 나라에서 많이 팔리고 있어.

16 다음과 같은 생활 모습이 나타난 까닭으로 알맞은 것은 어느 것입니까? (　　　)

> • 세계 여러 나라의 물건을 쉽게 살 수 있습니다.
> • 세계 여러 나라의 문화를 쉽게 접할 수 있습니다.

① 고령화　② 세계화
③ 정보화　④ 저출산
⑤ 생산 활동

중요
17 다음 (　　　) 안에 들어갈 알맞은 말을 쓰세요.

> 세계화로 인해 우리나라에서 만들어져 전해 내려오는 고유한 문화인 (　　　)에 대한 관심이 줄어들었습니다.

(　　　　　　　　)

서술형
18 밑줄 친 '문제'를 해결하기 위해 우리가 갖추어야 할 자세를 두 가지 쓰세요.

> 세계화로 다양한 문화를 지닌 사람들이 함께 생활하게 되면서, 서로의 문화를 이해하지 못해 문제가 발생하기도 합니다.

핵심 단어　다른 점, 인정, 존중, 문화, 이해

....

....

➜ 바른답·알찬풀이 32쪽

특별한 서술/논술

• (가), (나)를 보고, 물음에 답하세요.

(가)

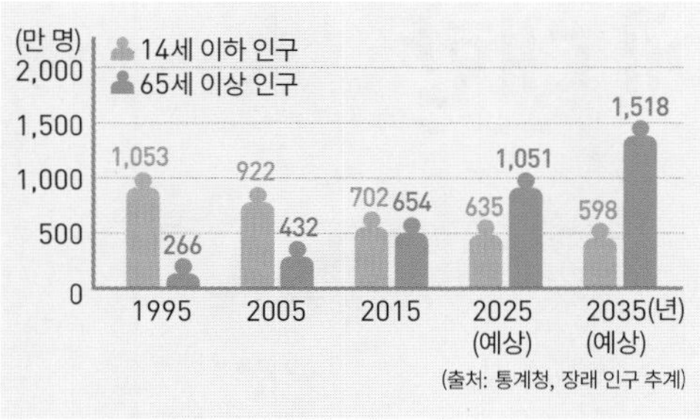

▲ 어린이와 노인 인구의 변화

(나)

예전에는 골목길마다 삼삼오오 모여서 노는 아이들이 많았습니다. 또한 환갑을 맞이한 어른을 위해 동네 사람들이 모여 마을 잔치를 열기도 했습니다. 하지만 오늘날에는 이런 모습을 보기 힘들어졌습니다.

01 다음은 (가), (나)를 통해 알 수 있는 현상을 설명한 글입니다. ㉠, ㉡에 들어갈 알맞은 말을 쓰세요.

> 14세 이하 인구가 점점 줄어들고 있는 것, 골목길에 모여 노는 아이들을 보기 힘들어졌다는 것을 통해 (　㉠　) 현상을 알 수 있습니다. 또한 65세 이상 인구가 점점 늘어나고 있는 것, 평균 수명이 늘어나면서 마을에서 환갑잔치를 여는 모습을 찾아보기 힘들어졌다는 것을 통해 (　㉡　) 현상을 알 수 있습니다.

㉠: (　　　　　　　　) ㉡: (　　　　　　　　)

힌트! (나)에서 골목길에 모여 노는 아이들을 보기 힘들어졌다는 것은 태어나는 아이들이 적어졌다는 뜻이고, 환갑잔치를 여는 모습을 보기 힘들어졌다는 것은 61세를 맞이하는 어른들이 많아졌다는 뜻이야.

02 다음은 **01**번의 ㉠에 들어갈 현상에 대처하는 방법을 찾기 위한 대화입니다. 밑줄 친 부분에 들어갈 알맞은 내용을 세 가지 쓰세요.

> 진주: 사람들이 아이를 낳지 않는 것은 아이를 키우기가 힘들어서 그래. 이 문제를 해결하려면 어떻게 해야 할까?
>
> 미래: ____________________

____

____

힌트! 아이를 키우는 가정을 도울 수 있는 방법을 찾으려면 먼저 아이를 키우는 데 무엇이 필요한지 생각해 봐야 해. 아이를 입히고 먹이려면 경제적 능력이 있어야 하고, 혼자 생활할 수 없는 아이를 돌볼 시간이나 대신 돌봐 줄 기관이 필요하겠지.

03 **01**번의 ㉡에 들어갈 현상에 대처하는 방법을 세 가지 쓰세요.

____

____

힌트! 노인에게 필요한 것을 생각해 봐.

핵심 단어
일자리, 여가 활동, 건강, 돌봄

3 단원

공부한 날 　월 　일

교과서 쏙쏙

2 다양한 문화에 대한 이해와 존중

이 단원을 공부하면?

- 다양한 문화가 나타나면서 생겨난 문제와 그 해결 방안을 탐구할 수 있어요.
- 다른 문화를 존중하는 태도를 기를 수 있어요.

세상에는 다양한 모습의 사람들이 함께 살아가고 있어요.
그리고 사람들의 다양한 모습만큼이나 생활 모습도 매우 다양해요.

생각이 활짝 모든 사람이 똑같은 세상이 된다면 지금보다 좋은 세상이 될까요?

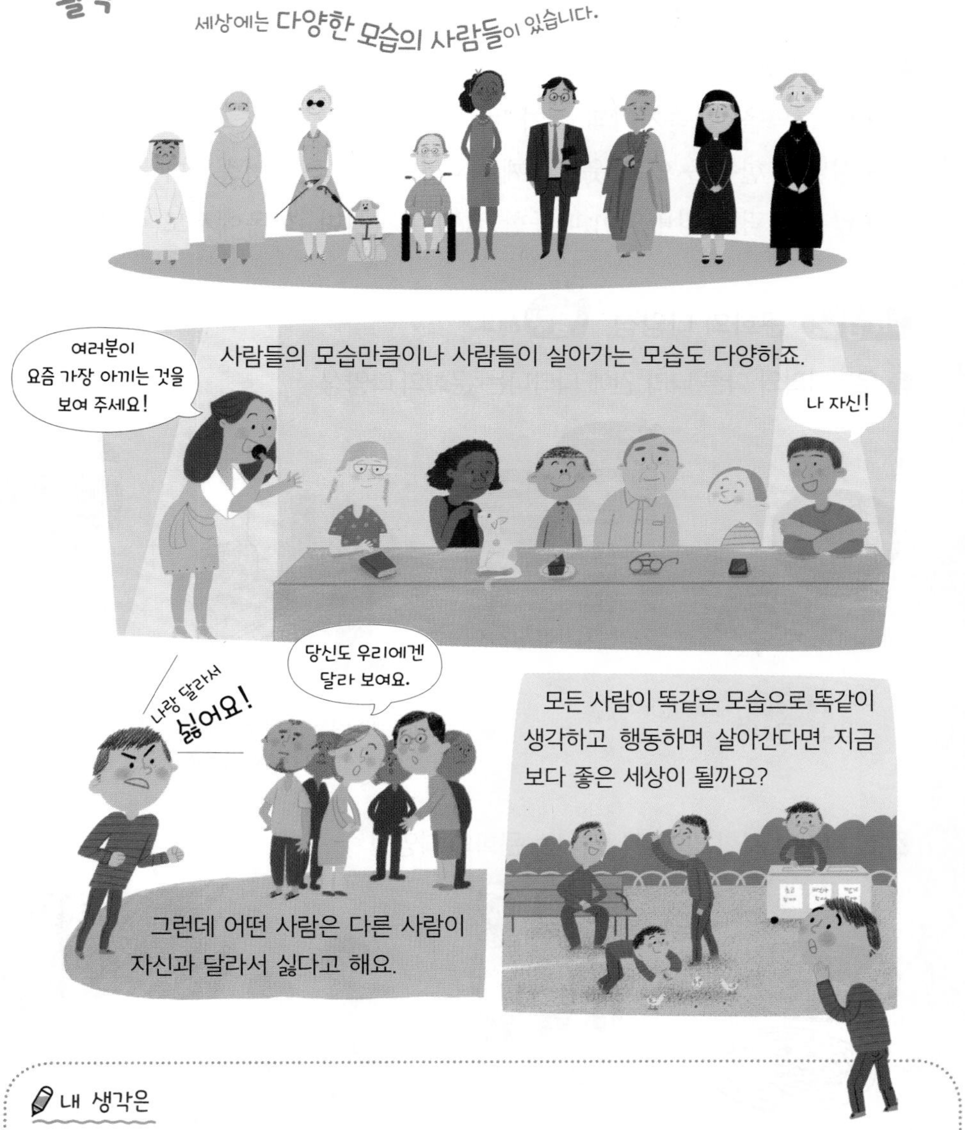
세상에는 다양한 모습의 사람들이 있습니다.
사람들의 모습만큼이나 사람들이 살아가는 모습도 다양하죠.
여러분이 요즘 가장 아끼는 것을 보여 주세요!
나 자신!
나랑 달라서 싫어요!
당신도 우리에겐 달라 보여요.
그런데 어떤 사람은 다른 사람이 자신과 달라서 싫다고 해요.
모든 사람이 똑같은 모습으로 똑같이 생각하고 행동하며 살아간다면 지금보다 좋은 세상이 될까요?

내 생각은

3 단원

공부한 날 월 일

답안 길잡이

사람들이 모두 똑같이 생기고, 똑같은 생각을 하고, 똑같은 음식을 먹고, 똑같은 옷을 입고, 똑같은 행동을 한다면 아무런 재미도 느끼지 못하고 발전도 없는 세상이 될 것 같습니다. 하지만 서로 다른 모습, 서로 다른 생각, 서로 다른 행동을 하는 사람들이 만나 서로 다르게 살아가면서 좋은 경험과 지혜를 나눈다면 세상은 지금보다 훨씬 좋아지고 행복해질 것 같습니다.

1 우리 사회의 다양한 문화를 살펴볼까요

개념 터치 마인드맵

이것만은 꼭

문화의 뜻
↓
사람들이 공통적으로 가지고 있는 생활 방식
■
문화의 다양성
↓
- 나라마다 문화가 다름.
- 한 나라나 사회 안에도 다양한 문화가 나타남.

개념 1 문화

❶ 문화의 뜻

- 사람들이 공통적으로 가지고 있는 생활 방식입니다.
- 사람들이 오랫동안 함께 생활하면서 만들어지고 전해져 내려온 것입니다.

❷ 우리나라의 문화

- 밥을 먹을 때 숟가락과 젓가락을 사용합니다.
- 설날에 한복을 입고 웃어른께 세배하며, 떡국을 먹습니다.
- 많은 사람이 방바닥이 따뜻한 집에서 지내며, 한옥에서도 살아갑니다.

개념 2 문화의 다양성 탐구해요

❶ 우리나라와 다른 나라 간에 나타나는 문화의 다양성

나라마다 가게 문을 닫는 시간이 달라요.
집안에서 신발을 신고 생활하는 나라도 있어요.
찬 바닥에서 온풍기를 틀며 생활하는 나라도 있어요.

❷ 한 나라나 사회 안에서 나타나는 문화의 다양성

즐겨 먹는 음식이 달라요.
옷차림이 달라요.
자주 즐기는 놀이가 달라요.
즐겨 듣는 음악이 달라요.

우리 지역은 양념을 많이 넣은 김치를 즐겨 먹어.

낱말사전

- ★방식 일정한 방법이나 형식
- ★한옥 나무와 흙을 사용해서 지은 우리나라의 전통적인 집으로 초가집, 기와집이 있음.
- ★온풍기 실내의 공기를 따뜻하게 하여 온도를 높이는 기구
- ★다문화 마을 여러 국가의 문화가 뒤섞여 있는 마을
- ★차이나타운 다른 나라에 사는 중국인들이 세운 중국식 거리

오늘날에는 세계화로 인해 우리 사회에서도 다양한 문화를 접할 수 있게 되었어.

별별 이야기 세계를 품고 있는 마을들

❶ 우리나라에는 외국인들이 자리를 잡고 모여 사는 마을이 많습니다.

❷ 서울 이태원 이슬람 거리, 경기도 안산시 다문화 마을, 인천 차이나타운 등은 우리나라에서 외국의 문화를 그대로 느낄 수 있는 마을입니다.

문제로 개념 탄탄

➜ 바른답·알찬풀이 33쪽

개념 터치 추가 문제

확인 해요

01 사람들이 공통적으로 가지고 있는 생활 방식을 (   )(이)라고 합니다.

02 다음과 같은 문화가 나타나는 우리나라의 명절은 무엇인지 쓰세요.

새해 복 많이 받으세요.

▲ 세배

한 살 더 먹는다는 의미로 떡국을 먹어요.

▲ 떡국

(   )

03 문화에 대한 설명으로 알맞은 것을 **보기**에서 골라 기호를 쓰세요.

보기

㉠ 한 나라나 사회 안에서는 모두 같은 모습으로 나타납니다.
㉡ 사람마다 오랫동안 되풀이하여 몸에 밴 각자의 행동 방식입니다.
㉢ 한 나라나 사회의 사람들이 오랫동안 함께 생활하면서 만들어지고 전해져 내려온 것입니다.

(   )

04 문화의 다양성으로 보기 어려운 것은 어느 것입니까? (   )

① 사람마다 생각하는 바가 다르다.
② 지역에 따라 즐겨 먹는 음식이 다르다.
③ 세대에 따라 즐겨 듣는 음악이 다르다.
④ 사회마다 특별한 날에 입는 옷차림이 다르다.
⑤ 나라마다 자연환경에 따라 살아가는 집의 모습이 다르다.

05 오늘날 우리나라에서는 옛날에 비해 다양한 문화를 접하기가 어렵습니다.

(○ , ×)

3 단원

공부한 날

월

일

공부한 내용은?

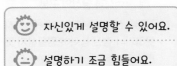

자신있게 설명할 수 있어요.
설명하기 조금 힘들어요.
어려워서 설명할 수 없어요.

2 일상생활에서 나타나는 편견과 차별을 살펴볼까요

개념 터치 마인드맵

이것만은 꼭

편견과 차별의 뜻

⬇

- 편견: 공정하지 못하고 한쪽으로 치우친 생각
- 차별: 어떤 기준으로 대상을 구분하고 다르게 대우하는 것

■

편견과 차별의 문제점

⬇

- 마음의 상처를 입음.
- 자신이 마땅히 누려야 할 권리를 누리지 못함.
- 불만과 갈등이 많아지고 다툼이 생김.
- 능력을 발휘하지 못하는 사람이 많아져 사회 발전이 늦어짐.

낱말사전

★출신 가정, 지역, 학교, 직업 등으로 정해지는 사람의 신분

★공정 어느 쪽으로도 치우치지 않고 올바른 것

★성별 여성과 남성의 구분

★장애 신체가 본래의 기능을 하지 못하거나 정신 능력이 원활하지 못한 상태

★권리 어떤 일을 하거나 무언가를 누릴 수 있는 힘이나 자격

개념 1 다양한 사람들이 함께하는 사회

❶ 우리 사회에 다양한 문화가 나타나면서 피부색, 언어, 종교, 출신 지역 등이 다른 사람과 함께하는 일이 더욱 많아졌습니다.

❷ 다양한 사람들과 함께할 때 생길 수 있는 문제

- 문화가 다른 사람에게 자신의 문화를 강요하기도 합니다.
- 겉모습이나 출신 지역만으로 다른 사람을 판단하는 등 나와 다른 사람들에 대해 한쪽으로 치우친 생각을 갖기도 합니다.

개념 2 편견과 차별 활동해요

❶ 편견과 차별의 뜻

- 편견: 공정하지 못하고 한쪽으로 치우친 생각으로 차별의 원인이 됩니다.
- 차별: 어떤 기준으로 대상을 구분하고 다르게 대우하는 것입니다.

❷ 편견과 차별의 모습: 성별, 나이, 장애, 외모, 언어, 종교, 피부색, 출신 지역 등에 관한 편견 때문에 차별이 나타납니다.

성별
여자는 비행기 조종사가 될 수 없어요.
나이
패션모델은 젊은 사람만 할 수 있어요.
장애
장애인은 농구를 할 수 없어요.
외모
못생겼다고 배우 시험에서 떨어졌어요.
언어
우리 말이 촌스럽다고 놀려요.
종교
하루에 다섯 번 예배 보는 이슬람교가 이상하대요.
피부색
흑인은 대한민국 군인이 될 수 없어요.
출신 지역
우리 국가가 못 산다고 우리를 무시해요.

❸ 편견과 차별의 문제점

- 마음의 상처를 입는 사람들이 생길 수 있습니다.
- 사람들이 마땅히 누려야 할 권리를 누리지 못하게 됩니다.
- 사람들 간에 불만과 갈등이 많아지고 다툼이 생길 수 있습니다.
- 능력을 발휘하지 못하는 사람들이 많아져 사회 발전이 늦어질 수 있습니다.

바른답·알찬풀이 33쪽

개념 터치 추가 문제

01 우리 사회에 다양한 문화가 나타나면서 피부색, 출신 지역 등이 다른 사람과 함께하는 일이 적어졌습니다. (○ , ×)

02 다양한 사람들이 함께할 때 생길 수 있는 문제로 알맞은 것을 보기에서 모두 골라 기호를 쓰세요.

보기
㉠ 자신과 다른 사람들을 그대로 인정합니다.
㉡ 문화가 다른 사람에게 자신의 문화를 강요합니다.
㉢ 겉모습이나 출신 지역만으로 다른 사람을 판단합니다.

( )

확인해요
03 ( )은/는 공정하지 못하고 한쪽으로 치우친 생각입니다.

확인해요
04 ( )은/는 어떤 기준으로 대상을 구분하고 다르게 대우하는 것입니다.

05 (가), (나)는 각각 무엇에 관한 차별인지 쓰세요.

(가)

( )

(나)

( )

06 편견과 차별이 문제가 되는 까닭으로 알맞은 것은 어느 것입니까? ( )

① 사회 발전이 빨라진다.
② 사람들이 다투지 않는다.
③ 사람들이 권리를 지나치게 누린다.
④ 능력을 발휘하는 사람들이 많아진다.
⑤ 마음의 상처를 입는 사람들이 생긴다.

3 단원

공부한 날 월 일

공부한 내용은?
자신있게 설명할 수 있어요.
설명하기 조금 힘들어요.
어려워서 설명할 수 없어요.

3 편견과 차별의 문제를 해결하려면 어떻게 해야 할까요

개념 터치 마인드맵

이것만은 꼭

편견과 차별의 문제를 해결하기 위한 자세
↓
이해, 공감, 배려
■
편견과 차별 없는 세상을 만들기 위한 노력
↓
- 문화를 배우고 체험하는 활동하기
- 법과 제도를 마련하고 홍보하기

탐구해요

친구들이 다 함께 결승선으로 들어온 까닭을 써 보세요.

예시 답안 속이 상할지 모르는 친구의 마음에 공감하여 배려해 주고 싶었기 때문입니다.

활동해요

편견과 차별이 없는 사회를 위한 표어를 만들어 보세요.

예시 답안
- 피부색/여러 가지 색깔이 모여 아름다운 세상을 만듭니다.
- 나이/당신은 과거에 아이였습니다. 그리고 당신은 미래의 노인입니다.
- 외모/가장 소중한 것은 당신의 마음으로만 보입니다.
- 장애/조금 다른 것일 뿐입니다. 틀린 것이 아닙니다.
- 성별/못하는 것, 안 되는 것, 남자라서도 아니고 여자라서도 아닙니다.

낱말사전

*공감 남의 생각, 감정, 의견 등에 대해 자기도 그렇다고 느끼는 것

*배려 남을 도와주거나 보살펴 주려고 마음을 쓰는 것

*홍보 어떤 일이나 내용을 많은 사람이 알 수 있도록 널리 알리는 것

*저항 어떤 힘에 굽히지 않고 버티는 것

개념 1 편견과 차별의 문제를 해결하기 위한 자세 (탐구해요)

❶ 다른 사람이 처한 상황을 이해하려고 노력합니다.

❷ 다른 사람의 마음에 *공감하고, 공감을 바탕으로 그 사람의 입장에서 *배려합니다.

개념 2 편견과 차별이 없는 세상을 만들기 위한 노력

❶ 문화를 배우고 체험하는 활동하기
- 서로 다른 나라의 음식을 함께 요리하고 체험해 보는 활동을 합니다.
- 우리나라의 한복을 소개하고 만드는 법을 함께 배워 보는 활동을 합니다.
- 나라별로 서로 다른 음식 문화를 살펴보면서 다양한 문화를 체험해 보는 활동을 합니다.

❷ 법과 제도를 마련하고 *홍보하기

서로 소통하기 쉽도록 알맞은 교육 기회를 제공해요.

차별 금지를 위한 다양한 홍보 활동을 벌여요.

다양한 문화를 지닌 사람들을 돕는 기관을 운영해요.

차별로 어려움을 겪는 사람들을 위한 상담을 지원해요.

별별 이야기 편견과 차별에 맞선 사람들

❶ 이태영: 무료 법률 상담을 하는 등 차별을 겪는 여성들을 위해 봉사했습니다.

❷ 닉 부이치치: 신체 장애를 갖고 태어났지만, 장애인은 '못할 것'이라고 생각한 일들을 해 내며 세상의 편견을 깼습니다.

❸ 로자 파크스: 흑인의 피부색을 차별하는 법에 *저항했습니다.

? 편견과 차별을 이겨 낸 사람들은 또 누가 있는지 이야기해 볼까요?

예시 답안
- 여성에 관한 편견과 차별을 이겨 내고 과학자로서 큰 업적을 쌓은 마리 퀴리가 있어요.
- 조선 시대에 노비라는 이유로 차별을 받았지만 뛰어난 실력으로 세계 최초의 강우량 측정 기구인 측우기 등을 개발한 장영실이 있어요.

문제로 개념 탄탄

➜ 바르단·알찬풀이 34쪽

개념 터치 추가 문제

01 우리 학급에 전학 온 외국인 친구를 대하는 올바른 자세로 알맞은 것을 보기에서 모두 골라 기호를 쓰세요.

보기
㉠ 어떤 친구인지 잘 모르므로 모른 척합니다.
㉡ 생김새나 피부색이 나와 다르다고 놀립니다.
㉢ 어려움을 겪는 일이 없는지 살피고 배려해 줍니다.
㉣ 우리 학급에서 생활하면서 알아야 할 것을 소개해 줍니다.

( )

02 편견과 차별의 문제를 해결하기 위해서는 다른 사람의 마음에 공감하고, 그 사람의 입장에서 배려해야 합니다. (○ , ×)

03 문화를 배우고 체험하는 활동을 통해 편견과 차별을 없애려는 노력으로 알맞은 것은 어느 것입니까? ( )

① 차별 금지를 위한 다양한 홍보 활동을 벌인다.
② 다양한 문화를 지닌 사람들을 돕는 기관을 운영한다.
③ 서로 소통하기 쉽도록 알맞은 교육 기회를 제공한다.
④ 우리나라의 한복을 소개하고 만드는 법을 함께 배워 본다.
⑤ 차별로 어려움을 겪는 사람들이 상담을 받을 수 있도록 지원한다.

04 (가), (나)의 표어는 각각 무엇에 관한 편견과 차별을 없애기 위한 것인지 쓰세요.

(가)	(나)
못하는 것, 안 되는 것, 남자라서도 아니고 여자라서도 아닙니다.	당신은 과거에 아이였습니다. 그리고 당신은 미래의 노인입니다.
( )	( )

05 로자 파크스는 흑인의 ( )을/를 차별하는 법에 저항했으며, 그녀를 보고 더 많은 사람이 용기를 내어 저항하기 시작했습니다.

3 단원

공부한 날 월 일

공부한 내용은?
- 자신있게 설명할 수 있어요.
- 설명하기 조금 힘들어요.
- 어려워서 설명할 수 없어요.

그림으로 보는 용어

꼭 알아야 할 용어들을 모아모아
그림과 함께 공부해 보세요.

문화의 다양성

문화

사회 구성원의 공통된 생활 방식으로 의식주, 풍습, 언어, 종교 등이 포함됩니다.

세배

설날에 새해를 맞아 복을 받기를 바라는 마음을 담아 웃어른께 몸을 굽혀 하는 인사입니다.

이슬람

이슬람교를 믿고 그에 따라 생활하는 사람들이 사는 지역을 가리킵니다.

편견과 차별의 문제

피부색

사람의 살갗이 지닌 색으로 피부색이 희면 백인종, 황갈색이면 황인종, 흑갈색이면 흑인종으로 사람을 구분합니다.

종교

신이나 절대적인 힘에 의지하여 삶의 의미를 찾고자 하는 문화의 한 형태로 불교, 이슬람교, 크리스트교가 대표적입니다.

공정

어느 한쪽에 치우침이 없이 공평하고 올바른 것으로, 공평하고 올바르지 않은 것을 '불공정'이라고 합니다.

편견과 차별을 해결하기 위한 노력

공감

다른 사람의 고통을 자신도 느끼듯 상대방의 감정 등을 함께 느끼고 이해하는 것입니다.

한복

우리나라의 고유한 옷으로 오늘날에는 격식을 차리는 자리나 명절 때 주로 입습니다.

음식 문화

먹는 음식에 관한 사람들의 공통된 방법이나 형식으로 각 나라마다 고유한 음식 문화가 있습니다.

다문화

한 나라나 사회 안에
여러 문화가 섞여 있는
것을 말합니다.

편견과 차별은 사람들이 마땅히 누려야 할 권리를 누리지 못하게 방해해요.
우리의 권리

권리

평등권, 행복 추구권 등과 같이
인간이라면 마땅히 누릴 수 있는
힘이나 자격입니다.

아, 그렇구나. 난 이해했어.

소통

막히지 아니하고 잘 통해 서로의 말을
잘 이해하는 것으로 문화가 다르면
소통하기가 어려울 수 있습니다.

QUIZ 퀴즈

● 질문을 읽고 자음을 보면서 관련 있는 용어를 써 보세요.

❶ 사회 구성원이 공통적으로 가지고 있는 생활 방식은?

ㅁ ㅎ

✎ ______________

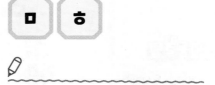

❷ 한 나라나 사회 안에 여러 문화가 섞여 있는 것은?

ㄷ ㅁ ㅎ

✎ ______________

❸ 어느 한쪽에 치우침이 없이 공평하고 올바른 것은?

ㄱ ㅈ

✎ ______________

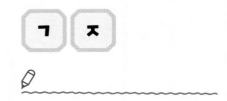

❹ 다른 사람의 감정을 함께 느끼고 이해하는 것은?

ㄱ ㄱ

✎ ______________

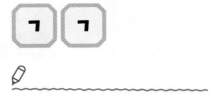

❺ 먹는 음식에 관한 사람들의 공통된 방법이나 형식은?

ㅇ ㅅ ㅁ ㅎ

✎ ______________

답안 길잡이 ❶ 문화 ❷ 다문화 ❸ 공정 ❹ 공감 ❺ 음식 문화

3 단원

공부한 날 월 일

교과서 쏙쏙

뚝딱뚝딱 정리하기

활동꿀팁

문화의 특징과 다양한 문화를 접하면서 생긴 문제점이 무엇인지 생각해 보자.

1 다음 활동 방법을 보고 주사위 놀이 활동을 해 보세요.

활동 방법

❶ 짝과 가위바위보로 순서를 정한 뒤 주사위에서 나온 숫자만큼 이동합니다.
❷ 질문이 있는 칸에 도착하면 문제의 정답을 맞혀야 이동하고, 오답이면 말을 원래 있던 자리로 되돌립니다.
❸ 도착 칸에 도착하면 활동이 끝납니다.

도착
❼ 편견은 공정하지 못하고 한쪽으로 치우친 생각이다. (○, ×)
왔던 자리로 돌아가세요!
❻ 차별을 당하는 사람은 항상 자신의 권리를 누리는 사람이다. (○, ×)
❺ 법이나 제도는 편견과 차별의 문제를 해결하는 데 도움이 되지 않는다. (○, ×)
앞으로 2칸
❹ 한 사회 안에는 공통된 문화만 존재한다. (○, ×)
아래로 3 칸
❷ 차별은 어떤 기준으로 대상을 구분하고 다르게 대우하는 것이다. (○, ×)
❸ 즐기는 문화가 사람마다 다르기도 하다. (○, ×)
온 만큼 한 번 더 이동하세요!
출발
❶ 문화는 사람들이 공통적으로 가지고 있는 생활 방식이다. (○, ×)

답안 길잡이 ❶ ○ ❷ ○ ❸ ○ ❹ × ❺ × ❻ × ❼ ○

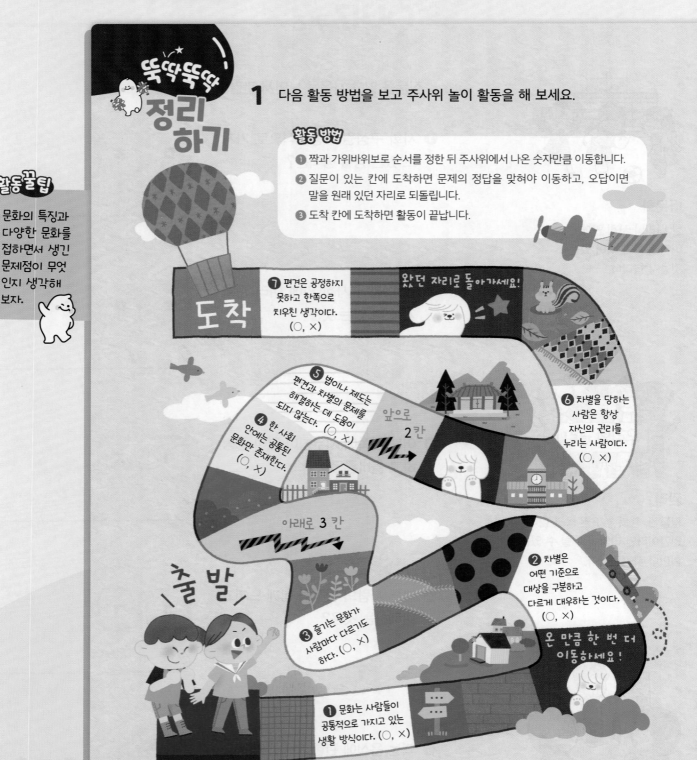

2 빈칸을 연필로 칠하면서 공부한 내용을 정리해 보세요.

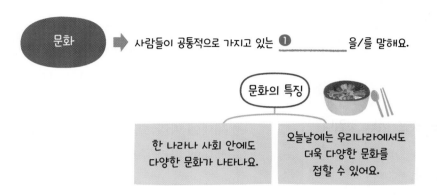

문화 ➡ 사람들이 공통적으로 가지고 있는 ❶ ________ 을/를 말해요.

문화의 특징

- 한 나라나 사회 안에도 다양한 문화가 나타나요.
- 오늘날에는 우리나라에서도 더욱 다양한 문화를 접할 수 있어요.

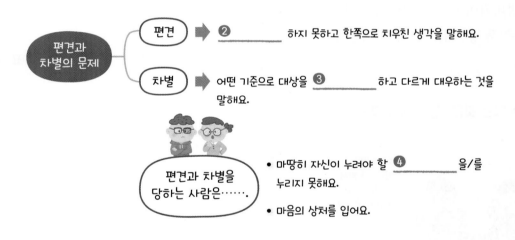

편견과 차별의 문제

- **편견** ➡ ❷ ________ 하지 못하고 한쪽으로 치우친 생각을 말해요.
- **차별** ➡ 어떤 기준으로 대상을 ❸ ________ 하고 다르게 대우하는 것을 말해요.

편견과 차별을 당하는 사람은…….

- 마땅히 자신이 누려야 할 ❹ ________ 을/를 누리지 못해요.
- 마음의 상처를 입어요.

편견과 차별 문제 해결을 위한 노력

- 다른 사람의 처지를 이해하고 공감하며 배려해야 해요.
- 우리 사회의 구성원들은 서로의 문화를 배우고 체험하는 여러 가지 활동을 벌이고 있어요.
- 다양한 문화의 사람들이 어울려 살기 위한 ❺ ________ 와/과 제도를 마련하고 여러 가지 홍보 활동도 하고 있어요.

편견과 차별의 문제를 해결하려면 이해, 공감, 배려의 자세가 중요해.

3 단원

공부한 날 월 일

답안길잡이 ❶ 생활 방식 ❷ 공정 ❸ 구분 ❹ 권리 ❺ 법

문제로
실력 쑥쑥

정답 확인

01 다음에서 설명하는 말이 무엇인지 쓰세요.

- 사람들이 공통으로 가지고 있는 생활 방식
- 한 나라나 사회의 사람들이 오랫동안 함께 생활하며 만들어지고 전해져 내려온 것

( )

02 우리나라의 문화로 알맞지 않은 것은 어느 것입니까? ( )

① 숟가락을 사용해 밥을 먹는다.
② 잠이 부족해서 졸릴 때 하품을 한다.
③ 설날에 한복을 입고 웃어른께 세배를 한다.
④ 많은 사람이 방바닥이 따뜻한 집에서 산다.
⑤ 된장이나 고추장을 넣은 음식을 많이 먹는다.

중요
03 그림을 보고 알 수 있는 것을 보기에서 모두 골라 기호를 쓰세요.

우리 지역은 양념을 많이 넣은 맵고 짠 김치를 즐겨 먹지요.
우리 지역은 양념을 조금 쳐서 재료의 맛을 살린 김치를 즐겨 먹어요.

보기
㉠ 한 사회에는 공통으로 나타나는 문화가 있습니다.
㉡ 한 사회 안에서는 한 가지 음식 문화만 나타납니다.
㉢ 사는 지역에 따라 즐겨 먹는 음식이 다를 수 있습니다.
㉣ 같은 나라에 사는 사람들은 모두 같은 음식을 먹습니다.

( )

04 다음 주장을 뒷받침하는 내용으로 알맞지 않은 것은 어느 것입니까? ( )

문화는 한 나라나 사회 안에서도 다양하게 나타날 수 있습니다.

① 사람들은 모두 옷을 입는다.
② 지역마다 즐겨 먹는 음식이 다르다.
③ 세대에 따라 즐기는 놀이가 다르다.
④ 세대에 따라 즐겨 듣는 음악이 다르다.
⑤ 세대에 따라 주로 하는 옷차림이 다르다.

05 다음 ( ) 안에 들어갈 알맞은 말에 ○표 하세요.

오늘날에는 (고령화, 세계화)에 따라 우리나라에서도 더욱 다양한 문화를 접할 수 있게 되었습니다.

서술형
06 다음 장소들의 공통점은 무엇인지 쓰세요.

▲ 서울 이태원 이슬람 거리

▲ 경기도 안산시 다문화 마을

핵심 단어 외국인들, 외국의 문화

07 다음과 같은 변화에 따라 생겨날 수 있는 문제로 알맞은 것을 보기에서 모두 골라 기호를 쓰세요.

한 사회 안에서 피부색, 언어, 종교, 출신 지역 등이 다른 사람과 함께하는 일이 더욱 많아졌습니다.

보기
㉠ 다양한 문화를 접하기가 어려워집니다.
㉡ 출신 지역으로 다른 사람을 판단합니다.
㉢ 문화가 다른 사람에게 자신의 문화를 강요합니다.
㉣ 나와 겉모습이 다른 사람들에 대해 한쪽으로 치우친 생각을 갖습니다.

( )

08 직업에 관해 올바른 생각을 가진 친구는 누구입니까? ( )

① 진희: 여자만 미용사가 될 수 있어요.
② 미래: 노인은 패션모델이 될 수 없어요.
③ 영서: 장애인도 농구 선수가 될 수 있어요.
④ 수정: 남자만 비행기 조종사가 될 수 있어요.
⑤ 주호: 피부색이 다르면 우리나라 요리사가 될 수 없어요.

중요
09 (가), (나)가 뜻하는 말을 각각 쓰세요.

(가) 한쪽으로 치우친 생각으로 차별의 원인이 됩니다.
(나) 어떤 기준으로 대상을 구분하고 다르게 대우하는 것입니다.

(가): ( ) (나): ( )

서술형
10 그림과 같은 차별이 생긴 까닭은 무엇인지 쓰세요.

핵심 단어 다른 사람, 공정, 편견

11 편견이 담기지 않은 주장은 어느 것입니까? ( )

① 경상도 출신이 성격이 좋다.
② 백인들은 모두 영어를 잘한다.
③ 무거운 물건은 남자가 들어야 한다.
④ 나이 많은 사람과는 대화가 잘 통하지 않는다.
⑤ 장애인이 모든 일에서 비장애인의 도움을 받아야 하는 것은 아니다.

중요
12 편견과 차별이 가져올 수 있는 문제로 알맞지 않은 것은 어느 것입니까? ( )

① 사람들이 자주 다투게 된다.
② 사회가 지나치게 빨리 발전한다.
③ 마음의 상처를 입는 사람들이 생긴다.
④ 능력을 발휘하지 못하는 사람들이 많아진다.
⑤ 자신의 권리를 누리지 못하는 사람들이 생긴다.

3 단원

공부한 날 월 일

문제로 실력 쑥쑥

13 우리 마을에 이사 온 외국인 친구를 대하는 올바른 자세로 알맞은 것은 어느 것입니까? (　　)

① 영어로 계속 말을 건다.
② 나와 다른 점을 놀린다.
③ 친구의 문화를 모두 따라 한다.
④ 도움을 청하지 않아도 무조건 도와준다.
⑤ 우리 마을에서 생활하며 알아야 할 것을 소개해 준다.

중요

14 편견과 차별의 문제를 해결하기 위한 마음가짐으로 알맞은 것을 보기에서 모두 골라 기호를 쓰세요.

보기
㉠ 다른 사람의 마음에 공감합니다.
㉡ 항상 다른 사람보다 나의 입장을 앞세웁니다.
㉢ 다른 사람이 처한 상황을 이해하려고 노력합니다.
㉣ 피부색이나 생김새를 보고 다른 사람을 판단합니다.

(　　)

서술형

15 다음 활동을 통해 우리 사회의 구성원들이 얻을 수 있는 좋은 점을 두 가지 쓰세요.

▲ 다른 나라의 음식 요리하기

▲ 송편 만드는 법 배우기

핵심 단어 이해, 편견

....

....

16 편견과 차별에서 벗어나 더불어 살아가는 사회를 만들기 위한 노력으로 알맞지 않은 것은 어느 것입니까? (　　)

① 차별 금지를 위한 홍보 활동하기
② 다양한 문화의 사람들을 돕는 기관 운영하기
③ 사용하는 언어나 출신 지역에 따라 다르게 대우하기
④ 서로 소통하기 쉽도록 알맞은 교육 기회를 제공하기
⑤ 차별로 어려움을 겪는 사람들을 위한 상담을 지원하기

17 다음 표어들이 이루고자 하는 사회의 모습으로 알맞은 것은 어느 것입니까? (　　)

조금 다른 것일 뿐입니다. 틀린 것이 아닙니다.	여러 가지 색깔이 모여 아름다운 세상을 만듭니다.

① 차별이 없는 사회
② 편견이 강한 사회
③ 차이를 인정하지 않는 사회
④ 사회 구성원 간에 공통점이 없는 사회
⑤ 같은 문화를 지닌 사람들만 살아가는 사회

18 다음 글에서 설명하는 사람은 누구입니까? (　　)

신체 장애를 갖고 태어났지만, 사람들이 장애인은 '못할 것'이라고 생각한 일들을 해 내며 세상의 편견을 깨고 있습니다.

① 이태영　② 세종대왕
③ 마리 퀴리　④ 닉 부이치치
⑤ 로자 파크스

➜ 바른답·알찬풀이 36쪽

특별한 서술/논술

• (가), (나), (다)를 읽고, 물음에 답하세요.

㈎ 피부색이 다른 은아는 학교에서 같은 반 친구들에게 외국 사람이라는 놀림을 받았습니다.
㈏ 창우는 청각 장애인인 영수가 손으로 대화하는 모습을 보면서 손으로는 자기 생각을 전하기가 어려울 것이라고 생각했습니다.
㈐ 주호는 미래가 여자라서 축구를 잘 못할 거라고 생각하고, 미래는 주호가 남자라서 교실 꾸미기를 잘 못할 거라고 생각합니다.

01 ㉠, ㉡에 들어갈 알맞은 말을 각각 쓰세요.

㈎에는 피부색에 관한 편견, ㈏에는 (㉠)에 관한 편견, ㈐에는 (㉡)에 관한 편견이 나타나 있습니다.

㉠: ( ) ㉡: ( )

힌트! (나)의 창우, (다)의 주호와 미래는 무엇에 관해 공정하지 못하고 한쪽으로 치우친 생각을 갖고 있는지 생각해 봐.

02 다음은 (가)를 읽고 정리한 것입니다. 밑줄 친 부분에 들어갈 편견과 차별의 관계를 쓰세요.

① 은아네 반 친구들은 피부색이 다르면 외국 사람이라는 편견을 갖고 있습니다.

② 은아네 반 친구들은 피부색을 기준으로 은아를 구분하고 다르게 대우하여 차별했습니다.

③ 이처럼 ______________________

힌트! 은아네 반 친구들은 피부색 때문에 은아를 차별했어. 이렇게 어떤 상태를 일으키게 하는 근본이 된 일이나 사건을 '원인'이라고 해.

03 편견과 차별에서 벗어나기 위해 (가)의 은아네 반 친구들, (나)의 창우, (다)의 주호와 미래가 공통으로 가져야 할 자세를 두 가지 쓰세요.

____

____

____

힌트! 편견과 차별에서 벗어나기 위해서는 먼저 다른 사람의 마음이나 입장을 고려해야 해.

핵심 단어
이해, 공감, 배려

3 단원

공부한 날 월 일

교과서 쏙쏙

딩동댕 단원 마무리

1 과거와 달라진 우리 사회의 모습을 옳게 설명한 친구의 이름을 모두 써 보세요. (　　　　　)

태어나는 아이의 수가 많아지고 있어.
선빈
인터넷으로 물건을 살 수 있어.
지훈
세계 여러 나라의 음식을 쉽게 먹을 수 있어.
다영
할아버지, 할머니의 수가 줄어들었어.
유건

2 그림을 보고 알 수 있는 정보화 사회의 문제를 골라 번호를 써 보세요. (　　　　　)

극장에서 상영하고 있는 영화를 공짜로 받을 수 있네.

❶ 사이버 폭력　　❷ 저작권 침해

❸ 개인 정보 유출　　❹ 인터넷·스마트폰 중독

3 편견과 차별의 문제를 해결하기 위한 자세로 볼 수 <u>없는</u> 것의 기호를 써 보세요. (　　　　　)

가
편 견
한쪽으로 치우친 생각을 하지 않으려고 노력해요.
나
이해
배려
나와 다른 사람을 이해하고 배려하려고 노력해요.
다
사람들을 여러 기준으로 나누어 구별하고 다르게 대우해요.

우리 사회에 다양한 사람들이 함께 살아가게 되면서 편견과 차별의 문제가 발생했어.

답안 길잡이　1 지훈, 다영　2 ②　3 ㉰

4 문화에 대해 잘못 설명한 친구의 이름을 써 보세요. (　　　　　　)

우리나라 사람들이 숟가락과 젓가락을 많이 쓰는 것도 문화의 하나이죠.
지웅
한 나라나 사회 안에서도 다양한 문화가 나타날 수 있어요.
은경
옛날부터 내려온 것이 아니라 새로운 것만이 문화이죠.
원희

5 세계화로 발생하는 문제점을 말하는 친구의 이름을 모두 쓰고, 이러한 문제점을 해결하기 위해 필요한 태도를 써 보세요.

고은: 세계 여러 나라의 물건을 쉽게 구할 수 있어.
시훈: 우리 전통문화에 대한 관심이 적어지고 있어.
유진: 서로의 문화를 이해하지 못해 문제가 생겨나기도 해.
지훈: 세계 여러 나라의 문화를 쉽게 접할 수 있게 되었어.

- 세계화의 문제점을 말하는 친구: ______________________
- 필요한 태도: ______________________

6 그래프에 나타난 현상이 무엇인지 쓰고, 이 현상에 대처하는 방법 한 가지를 써 보세요.

- 현상: ______________________
- 대처 방법: ______________________

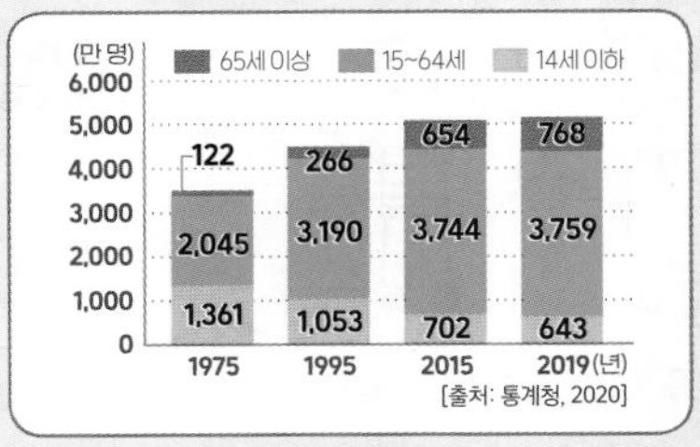

우리나라의 인구 변화

세계화에는 좋은 점도 있지만 문제점도 있다는 것을 알아야 해.

답안 길잡이

4 원희　5 세계화의 문제점을 말하는 친구: 시훈, 유진 / 필요한 태도: 우리 문화에 관심을 갖고 발전시키려는 노력이 필요합니다. 서로 다른 점을 인정하고 존중해야 합니다.　6 현상: 저출산·고령화 / 대처 방법: 아이를 키우는 가정을 지원하고, 노인의 건강을 돌보는 제도를 늘립니다.

3 단원

공부한 날　월　일

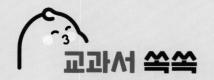

교과서 쏙쏙

창의·융합 놀이터

공익 광고 역할극하기

아름다운 사회를 만들어 가려면 어떻게 해야 할까요? 친구들과 모둠을 이루어 '아름다운 세상 만들기'를 주제로 공익 광고를 만든 다음, 역할극으로 발표해 보세요.

활동 꿀팁

첫째, 사회 변화에 따른 문제, 편견과 차별 문제가 잘 표현되도록 공익 광고를 만들어 보자.

둘째, 역할극을 할 때 필요한 준비물을 미리 챙겨 오자.

활동 방법

1. 모둠을 이루어 사회 변화(저출산·고령화, 정보화, 세계화)에 따른 문제나 편견과 차별 문제 중 한 가지를 선택합니다.
2. 활동 자료 8 을 채워 가면서 '아름다운 세상 만들기' 공익 광고를 만들고 역할극을 하기 위한 계획을 세웁니다.
3. 공익 광고의 내용을 모두 만들면 모둠원끼리 역할을 나누어 역할극으로 발표합니다.

예시 아름다운 사회 만들기 공익 광고

학력만 보면 볼 수 없습니다. → 나이를 따지면 볼 수 없습니다. → 장애를 문제 삼으면 볼 수 없습니다. → 성별을 따지면 볼 수 없습니다. → 능력을 보려면 벗어 던지세요. → 편견을 벗으면 인재가 보입니다.

답안 길잡이

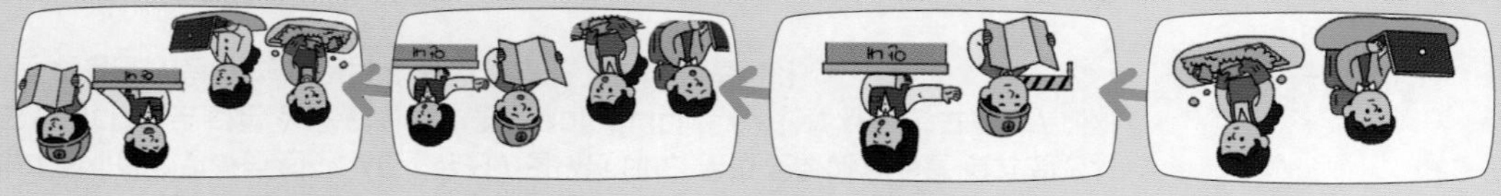

남자는 회사원, 여자는 전업주부 → 남자는 건설 직원, 여자는 안내 직원 → 편견을 가지면 사회가 힘듭니다. → 편견을 벗으면 사회가 행복합니다.

한눈에
단원 정리

1 사회 변화로 나타난 일상생활의 모습

❶ 저출산·고령화 현상

저출산 현상
- 뜻: 태어나는 아이의 수가 줄어드는 현상
- 달라진 사회 모습: 학생 수나 가족 구성원 수가 줄어들고, 일할 사람이 줄어듦.
- 대처 방법: 아이를 키우는 가정을 경제적으로 지원하고, 직장인에게 아이를 키우기 위한 휴가를 주며, 아이를 돌보아 주는 기관을 늘림.

고령화 현상
- 뜻: 전체 인구 중에서 노인 인구의 비율이 높아지는 현상
- 달라진 사회 모습: 일하는 노인이 많아지고, 노인을 위한 시설·제도·산업이 늘어남.
- 대처 방법: 노인이 일자리를 쉽게 찾도록 돕고, 여가 활동을 지원하는 제도를 운영하며, 돌봄이 필요한 노인을 지원함.

❷ **정보화** 정보가 중요한 자원이 되어 정보를 중심으로 사회가 운영되고 발전하는 것으로 사이버 폭력, 개인 정보 유출, 인터넷·스마트폰 중독, 저작권 침해 등의 문제가 나타날 수 있습니다.

❸ **세계화** 교통과 통신이 발달하면서 세계 여러 나라가 교류하고 가까워지는 것입니다.

긍정적 영향	↔	부정적 영향
세계 여러 나라의 물건을 쉽게 사거나 세계 여러 나라의 문화를 쉽게 접할 수 있음.		전통문화에 대한 관심이 적어져 우리의 전통문화가 점점 사라지고, 서로의 문화를 이해하지 못해 문제가 발생함.

3 단원

공부한 날 월 일

2 다양한 문화에 대한 이해와 존중

❶ **문화** 사람들이 공통적으로 가지고 있는 생활 방식을 말합니다.

나라마다 다양한 문화를 형성함.	한 나라나 사회 안에도 다양한 문화가 나타남.	세계화와 함께 우리나라에서도 다양한 문화를 접할 수 있게 됨.

❷ 편견과 차별

편견과 차별의 뜻	• 편견: 공정하지 못하고 한쪽으로 치우친 생각으로 차별의 원인이 됨. • 차별: 어떤 기준으로 대상을 구분하고 다르게 대우하는 것
편견과 차별의 문제점	• 사람들이 마땅히 누려야 할 권리를 누리지 못하게 함. • 능력을 발휘하지 못하는 사람들이 많아져 사회 발전이 늦어질 수 있음. • 불만과 갈등이 많아지고, 다툼이나 마음의 상처를 입는 사람들이 생길 수 있음.
편견과 차별의 문제 해결	• 필요한 자세: 다른 사람의 처지를 이해하고 공감하며 배려하기 • 다양한 노력: 서로의 문화를 배우고 체험하는 활동하기, 법과 제도를 마련하고 홍보하기

1회 단원 평가

정답 확인

01 옛날에 비해 오늘날 우리 사회의 달라진 모습으로 알맞지 않은 것은 어느 것입니까? (　　)

① 노인 인구가 크게 늘어나고 있다.
② 태어나는 아이의 수가 늘어나고 있다.
③ 외국 음식을 파는 가게들이 많이 생겨나고 있다.
④ 학교에서 컴퓨터를 활용하여 수업이 이루어지고 있다.
⑤ 다른 나라에서 생산된 물건을 시장에서 쉽게 살 수 있다.

02 그래프를 보고 알 수 있는 내용으로 알맞은 것은 어느 것입니까? (　　)

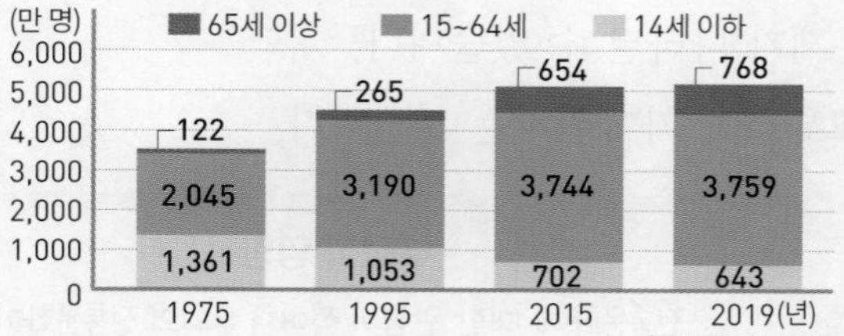

(출처: 통계청, 2020)

▲ 우리나라의 인구 변화

① 고령화 현상이 약해지고 있다.
② 14세 이하 인구가 늘어나고 있다.
③ 태어나는 아이의 수가 줄어들고 있다.
④ 사람들이 아이를 많이 낳아서 문제가 되고 있다.
⑤ 전체 인구에서 노인이 차지하는 비율이 낮아지고 있다.

03 다음과 같은 노력을 통해 해결하려는 문제는 무엇인지 쓰세요.

- 아이를 돌보아 주는 기관을 늘립니다.
- 직장인이 아이를 키우기 위한 휴가를 쓸 수 있도록 합니다.

(　　　　　)

04 오늘날 노인 인구가 크게 늘어나고 있는 까닭으로 알맞은 것을 보기에서 모두 골라 기호를 쓰세요.

보기
㉠ 생활 수준이 높아졌습니다.
㉡ 의료 기술이 발달하였습니다.
㉢ 일하는 노인이 많아졌습니다.
㉣ 아이를 키우는 비용이 늘어났습니다.

(　　　　　)

05 다음에서 설명하는 사회의 변화는 무엇인지 쓰세요.

정보가 중요한 자원이 되어 정보를 중심으로 사회가 운영되고 발전합니다.

(　　　　　)

06 정보화로 달라진 생활 모습을 바르게 말한 친구는 누구입니까? (　　)

① 창우: 가게에 가야만 물건을 살 수 있어요.
② 영서: 가전제품은 집안에서만 켤 수 있어요.
③ 미래: 교통 정보를 실시간으로 알기 어려워요.
④ 수정: 학교 누리집에서 학교 소식을 알 수 있어요.
⑤ 주호: 모둠 과제에 들어갈 내용을 찾으려면 도서관에 직접 가야 해요.

07 다음과 같은 방법으로 해결할 수 있는 정보화 사회의 문제점은 어느 것입니까? (　　)

인터넷이나 게임을 할 때 사용 시간을 정해서 지킵니다.

① 따돌림　② 사이버 폭력
③ 저작권 침해　④ 개인 정보 유출
⑤ 인터넷·스마트폰 중독

바른답·알찬풀이 37쪽

08 세계화가 나타난 까닭으로 알맞은 것을 보기에서 모두 골라 기호를 쓰세요.

보기
㉠ 교통이 발달하였습니다.
㉡ 통신이 발달하였습니다.
㉢ 노인 인구가 늘어났습니다.
㉣ 태어나는 아이의 수가 줄어들었습니다.

( )

09 다음 사진을 보고 알 수 있는 세계화로 인해 달라진 우리의 생활 모습을 쓰세요.

▲ 우리나라에서 행진하는 외국 민속 공연단

10 세계화 속에서 우리가 지녀야 할 태도로 알맞은 것은 어느 것입니까? ( )

① 다른 나라의 문화를 존중한다.
② 전통문화는 바꾸거나 고치지 않는다.
③ 다른 나라의 문화를 무조건 따라 한다.
④ 다른 나라 문화의 나쁜 점도 본받는다.
⑤ 우리의 전통문화에 관심을 갖지 않는다.

11 다음 ( ) 안에 들어갈 알맞은 말을 쓰세요.

( )은/는 사람들이 공통으로 가진 생활 방식으로 한 나라나 사회의 사람들이 오랫동안 함께 생활하면서 만들어진 것입니다.

( )

12 문화에 대한 설명으로 알맞지 않은 것은 어느 것입니까? ( )

① 나라마다 다양한 문화를 가지고 있다.
② 자연환경은 각 나라의 문화에 영향을 끼친다.
③ 문화는 옛날부터 내려온 것으로 새롭게 만들어질 수 없다.
④ 한 나라나 사회 안에서도 다양한 문화가 나타날 수 있다.
⑤ 우리나라 사람들이 방바닥이 따뜻한 집에서 사는 것도 문화이다.

13 다음 주장을 뒷받침하는 사례로 알맞은 것을 두 가지 고르세요. (,)

문화는 나라나 지역에 따라 다르게 나타나기도 합니다.

① 일본 사람들은 오래 산다.
② 북극 사람들은 옷을 입는다.
③ 에스키모인은 얼음집에서 산다.
④ 더운 지방 사람들은 고기를 먹는다.
⑤ 우리나라 사람들은 김치를 즐겨 먹는다.

14 다음 장소들의 공통점으로 알맞은 것은 어느 것입니까? ( )

- 인천 차이나타운
- 서울 이태원 이슬람 거리
- 경기도 안산시 다문화 마을

① 외국인만 산다.
② 우리나라에 속하지 않는다.
③ 다양한 문화를 엿볼 수 없다.
④ 외국의 문화를 느낄 수 있다.
⑤ 우리의 전통문화를 체험할 수 있다.

3 단원

공부한 날 월 일

15 밑줄 친 내용을 통해 알 수 있는 다문화 사회의 문제를 쓰세요.

> 우리 사회에 다양한 문화가 나타나면서 피부색이나 출신 지역 등이 다른 사람과 함께하는 일이 더욱 많아졌습니다. 이때 어떤 사람들은 피부색이나 출신 지역만으로 다른 사람을 판단하기도 합니다.

16 차별이 나타나는 까닭으로 알맞은 것은 어느 것입니까? (　　)

① 어느 한쪽으로 치우친 생각 때문이다.
② 어느 쪽으로도 치우치지 않은 공정한 생각 때문이다.
③ 다른 사람의 상황을 잘 헤아려 받아들이기 때문이다.
④ 다른 사람의 감정을 자기도 그렇다고 느끼기 때문이다.
⑤ 남을 도와주거나 보살펴 주려고 마음을 쓰기 때문이다.

17 사람들에게 편견을 갖지 않은 친구는 누구입니까? (　　)

① 창우: 외국 사람은 모두 영어를 잘해요.
② 미래: 무거운 물건은 남자가 들어야 해요.
③ 영서: 공부를 잘하는 친구가 한 말은 항상 옳아요.
④ 수정: 비장애인은 장애인을 항상 도와주어야 해요.
⑤ 주호: 나이가 많은 사람과도 대화가 잘 통할 수 있어요.

18 밑줄 친 '같은 반 아이들'에게서 찾아볼 수 있는 태도로 알맞은 것을 보기에서 모두 골라 기호를 쓰세요.

> 한 친구가 뼈의 일부가 자라지 않는 장애를 겪고 있어 빨리 달릴 수 없었습니다. 같은 반 아이들은 운동회에서 달리기를 하다가 나란히 멈추고 뒤에서 뛰어오는 그 친구를 기다렸다가, 모두 함께 손을 잡고 결승선을 통과하였습니다.

보기
㉠ 공감　㉡ 배려　㉢ 이해　㉣ 차별

(　　　　)

19 다음 (　　) 안에 들어갈 알맞은 말을 쓰세요.

▲ 김장 문화 체험하기

우리 사회의 구성원들은 서로의 문화를 배우고 체험하는 활동을 하면서 서로를 이해하고, 서로에 대해 가질 수 있는 공정하지 못한 생각인 (　　)에서 벗어날 수 있습니다.

(　　　　)

20 편견과 차별에 맞선 로자 파크스에 대한 설명으로 알맞은 것은 어느 것입니까? (　　)

① 신체 장애를 갖고 태어났다.
② 장애인에 관한 편견을 깨뜨렸다.
③ 피부색을 차별하는 법에 저항하였다.
④ 경찰서에서 자신의 잘못을 반성하였다.
⑤ 변호사가 되어 차별받는 여성을 위해 봉사하였다.

정답 확인

01 오늘날에 보기 힘든 모습을 **보기**에서 모두 골라 기호를 쓰세요.

> **보기**
> ㉠ 인터넷으로 자료를 찾아 학교 과제를 해결합니다.
> ㉡ 학교에서 점심시간에 다른 나라의 음식을 먹습니다.
> ㉢ 동네에서 환갑을 맞은 어른을 위해 마을 잔치를 엽니다.
> ㉣ 많은 사람이 공중전화를 사용하려고 줄을 서서 기다립니다.

(　　　　　　　　)

02 저출산으로 달라진 오늘날 우리 사회의 모습으로 알맞지 않은 것은 어느 것입니까? (　　)

① 일할 사람이 줄어든다.
② 혼자 사는 사람이 많아진다.
③ 가족 구성원의 수가 줄어든다.
④ 노인정, 요양원 등이 늘어난다.
⑤ 학생 수가 줄어드는 학교가 늘어난다.

03 다음 포스터를 보고 알 수 있는 우리 사회의 모습으로 알맞은 것은 어느 것입니까? (　　)

▲ 2009년 포스터

▲ 2016년 포스터

① 노인 인구가 늘어나고 있다.
② 교통과 통신이 발달하고 있다.
③ 정보화가 빠르게 이루어지고 있다.
④ 태어나는 아이의 수가 줄어들고 있다.
⑤ 세계 여러 나라가 교류하고 가까워지고 있다.

04 고령화에 대처하는 방법으로 알맞은 것을 두 가지 고르세요. (　　,　　)

① 돌봄이 필요한 노인을 지원한다.
② 노인의 여가 활동을 막아 사고를 방지한다.
③ 노인의 건강을 위해 강제로 운동을 시킨다.
④ 노인의 수가 크게 증가하지 않도록 조정한다.
⑤ 노인들이 일자리를 쉽게 찾을 수 있도록 돕는다.

05 정보화의 영향으로 알맞은 것은 어느 것입니까? (　　)

① 개인 정보가 잘 지켜지고 있다.
② 사람들의 생활이 더욱 편리해졌다.
③ 다른 사람과 정보를 주고받기 어려워졌다.
④ 얻을 수 있는 정보와 지식의 양이 줄었다.
⑤ 정보와 지식을 얻는 데 걸리는 시간이 늘어났다.

06 다음 (　　) 안에 들어갈 알맞은 말을 쓰세요.

> (　　) 사회에서는 악성 댓글이나 거짓 소문으로 고통받거나, 자신도 모르게 개인 정보가 빠져나가는 문제가 나타납니다.

(　　　　　　　　)

07 다음 사례에서 알 수 있는 정보화 사회의 문제는 무엇인지 쓰세요.

> • 돈을 내고 내려받은 음악을 다시 인터넷에 올렸습니다.
> • 영화를 공짜로 내려받고, 다른 사람이 만든 프로그램을 허락 없이 사용하였습니다.

3 단원

공부한 날 월 일

08 다음 (　　　) 안에 들어갈 알맞은 말을 쓰세요.

> 세계화로 인해 지구가 한 마을처럼 되어 간다는 뜻에서 오늘날 세계를 가리켜 (　　　) (이)라고 합니다.

(　　　　　　　　)

09 세계화로 인해 달라진 우리의 생활 모습으로 알맞지 않은 것은 어느 것입니까? (　　)

① 우리나라에서 일하는 외국 사람이 많다.
② 외국의 자원이 우리나라로 많이 들어온다.
③ 외국에 가야만 외국의 음악을 들을 수 있다.
④ 우리나라의 드라마를 좋아하는 외국 사람이 많다.
⑤ 세계 여러 나라에서 일하는 우리나라 사람이 많다.

10 다음 표는 세계화의 영향을 정리한 것입니다. ㉠, ㉡에 들어갈 알맞은 내용을 각각 쓰세요.

긍정적 영향	• 세계 여러 나라의 물건을 쉽게 살 수 있습니다. • ㉠
부정적 영향	• 사람들의 관심이 적어져 전통문화가 점점 사라집니다. • ㉡

11 다음 (　　　) 안에 들어갈 알맞은 말에 ○표 하세요.

> 한 사회의 사람들 사이에서도 음식, 옷차림, 놀이, 음악 등이 다르게 나타나는 것을 통해 문화의 (단일성, 다양성)을 알 수 있습니다.

12 문화에 대한 알맞은 설명을 보기에서 모두 골라 기호를 쓰세요.

> **보기**
> ㉠ 문화는 사람들이 공통적으로 가지고 있는 생활 방식입니다.
> ㉡ 문화는 한 사람이 오랫동안 되풀이해 온 행동 방식입니다.
> ㉢ 지역, 시대, 나이 등에 따라 다양한 문화의 모습을 볼 수 있습니다.
> ㉣ 나라나 사회가 다르다고 할지라도 나타나는 문화의 모습은 모두 똑같습니다.

(　　　　　　　　)

13 다음에서 설명하는 장소로 알맞지 않은 곳은 어디입니까? (　　)

> • 외국인들이 자리를 잡고 모여 삽니다.
> • 외국의 문화를 그대로 느낄 수 있습니다.

① 전주 한옥 마을
② 인천 차이나타운
③ 김해 서상동 외국인 거리
④ 서울 이태원 이슬람 거리
⑤ 경기도 안산시 다문화 마을

14 다양한 문화를 지닌 사람들이 함께하는 사회에서 나타날 수 있는 문제점으로 알맞지 않은 것은 어느 것입니까? (　　)

① 겉모습만으로 다른 사람을 판단한다.
② 출신 지역과 관련하여 편견을 갖는다.
③ 일할 사람이 줄어들어 경제에 영향을 끼친다.
④ 문화가 다른 사람에게 자신의 문화를 강요한다.
⑤ 나와 다른 사람에 대해 한쪽으로 치우친 생각을 갖는다.

15 직업에 관한 편견이라고 볼 수 있는 것을 보기에서 모두 골라 기호를 쓰세요.

보기
㉠ 장애인도 농구 선수가 될 수 있습니다.
㉡ 여자는 비행기 조종사가 될 수 없습니다.
㉢ 젊은 사람만 패션모델이 될 수 있습니다.
㉣ 대한민국 군인의 피부색은 다양할 수 있습니다.

(　　　　　　　　)

16 다음에서 공통으로 설명하는 말은 무엇인지 쓰세요.

- 차별이 나타나는 원인
- 공정하지 못하고 한쪽으로 치우친 생각

(　　　　　　　　)

17 그림과 같은 차별로 인해 생길 수 있는 문제점으로 알맞은 것은 어느 것입니까? (　　)

① 사회 발전이 늦어진다.
② 사람 간의 다툼이 줄어든다.
③ 모든 사람이 자신의 권리를 누린다.
④ 마음의 상처를 입는 사람이 줄어든다.
⑤ 능력을 발휘하지 못하는 사람들이 줄어든다.

18 다음 중 성별에 관한 편견이 포함된 말을 한 친구는 누구입니까? (　　)

창우: 여자도 무거운 물건을 들 수 있어.
미래: 외모가 뛰어난 친구가 공부도 잘해.
영서: 여자는 얌전하고, 남자는 씩씩해야 해.
수정: 예쁘게 꾸미는 일은 여자만 할 수 있어.

① 창우, 미래　② 창우, 영서
③ 미래, 영서　④ 미래, 수정
⑤ 영서, 수정

19 편견과 차별을 없애기 위한 노력으로 알맞지 않은 것은 어느 것입니까? (　　)

① 상대방의 입장에서 생각한다.
② 다른 문화를 이해하려고 노력한다.
③ 다른 문화도 우리 문화처럼 존중한다.
④ 사람을 출신 지역에 따라 다르게 대우한다.
⑤ 한쪽으로 치우친 생각을 하지 않도록 노력한다.

20 그림에서 설명하는 사람은 누구입니까? (　　)

① 김연아　② 이태영　③ 신사임당
④ 마리 퀴리　⑤ 로자 파크스

3 단원
공부한 날
월
일

Memo

미래엔

초등 도서 목록

초코

교과서 달달 쓰기 · 교과서 달달 풀기
1~2학년 국어 • 수학 교과 학습력을 향상시키고
초등 코어를 탄탄하게 세우는 기본 학습서
[4책] 국어 1~2학년 학기별
[4책] 수학 1~2학년 학기별

미래엔 교과서 길잡이, 초코
초등 공부의 핵심[CORE]를 탄탄하게 해 주는
슬림 & 심플한 교과 필수 학습서
[8책] 국어 3~6학년 학기별, [8책] 수학 3~6학년 학기별
[8책] 사회 3~6학년 학기별, [8책] 과학 3~6학년 학기별

전과목 단원평가
빠르게 단원 핵심을 정리하고, 수준별 문제로 실전력을 키우는
교과 평가 대비 학습서
[8책] 3~6학년 학기별

문제 해결의 길잡이

원리 8가지 문제 해결 전략으로 문장제와 서술형 문제 정복
[12책] 1~6학년 학기별

심화 문장제 유형 정복으로 초등 수학 최고 수준에 도전
[6책] 1~6학년 학년별

퍼즐런

초등 필수 어휘를 퍼즐로 재미있게 익히는 학습서
[3책] 사자성어, 속담, 맞춤법

하루한장 예비초등

한글완성
초등학교 입학 전 한글 읽기·쓰기 동시에 끝내기
[3책] 기본 자모음, 받침, 복잡한 자모음

예비초등
기본 학습 능력을 향상하며 초등학교 입학을 준비하기
[4책] 국어, 수학, 통합교과, 학교생활

하루한장 독해

독해 시작편
초등학교 입학 전 기본 문해력 익히기 30일 완성
[2책] 문장으로 시작하기, 짧은 글 독해하기

어휘
문해력의 기초를 다지는 초등 필수 어휘 학습서
[6책] 1~6학년 단계별

독해
국어 교과서와 연계하여 문해력의 기초를 다지는 독해 기본서
[6책] 1~6학년 단계별

독해+플러스
본격적인 독해 훈련으로 문해력을 향상시키는 독해 실전서
[6책] 1~6학년 단계별

비문학 독해 (사회편·과학편)
비문학 독해로 배경지식을 확장하고 문해력을 완성시키는
독해 심화서
[사회편 6책, 과학편 6책] 1~6학년 단계별

초등 코어

초코

바른답·알찬풀이

사회 4·2

Mirae N 에듀

바른답·알찬풀이

1 단원 촌락과 도시의 생활 모습

1 촌락과 도시의 특징

문제로 개념 탄탄 11쪽

01 ○ 02 (가) 어촌 (나) 산지촌
03 인문환경 04 교통 05 ③

01 여러 지역 중에서 사람들이 자연환경을 주로 이용해 살아가는 곳을 촌락이라고 합니다.

02 (가)는 바닷가에 있는 어촌의 모습이고, (나)는 산으로 둘러싸인 산지촌의 모습입니다.

03 촌락은 자연환경을 이용하기 편리한 곳에서 주로 발달하는 반면, 도시가 발달한 곳은 인문환경이 잘 갖추어져 있습니다.

04 도시는 교통이 발달하여 사람과 물건의 이동이 편리한 곳이나, 회사나 공장이 있어 일자리가 많은 곳에 발달합니다.

05 안동 하회 마을과 경주 양동 마을은 모두 세계 유산으로 인정받은 촌락입니다. 오늘날 사회·정치·경제활동의 중심이 되는 곳은 도시입니다.

문제로 개념 탄탄 13쪽

01 ㉢ 02 (나) ○ 03 ○
04 ② 05 지훈

01 어촌은 바다를 이용하여 살아가는 촌락으로, 배, 등대, 생선 보관 창고 등을 볼 수 있습니다.

왜 틀린 답일까?

㉠은 농촌, ㉡은 산지촌의 모습입니다.

02 (가)는 평평한 땅에 논과 밭이 펼쳐져 있고 비닐하우스가 있는 것으로 보아 농촌의 모습입니다. (나)는 산으로 둘러싸여 있고 산비탈의 밭이 있는 것으로 보아 산지촌의 모습입니다.

03 도시에서는 크고 작은 도로들이 연결되어 있고, 버스나 지하철 등 많은 사람이 이용하는 교통수단을 볼 수 있습니다.

04 도시에서는 높은 건물과 이동하는 사람을 많이 볼 수 있습니다. 또한 많은 건물과 다양한 교통수단을 볼 수 있습니다.

왜 틀린 답일까?

② 비닐하우스를 많이 볼 수 있는 곳은 촌락입니다.

05 지훈이가 다녀온 인천 송도는 높은 건물이 많고 야경이 아름다웠으므로 도시임을 알 수 있습니다. 반면 하나가 다녀온 김제의 호남평야는 넓은 들판이 끊임없이 펼쳐져 있었으므로 촌락(농촌)임을 알 수 있습니다.

문제로 개념 탄탄 15쪽

01 ○ 02 (1) ㉠ (2) ㉢ (3) ㉡
03 ㉠, ㉡ 04 × 05 ②

01 촌락 사람들은 주변의 자연환경을 알맞게 이용하며 살아갑니다. 그래서 주변의 자연환경에 따라 촌락 사람들이 주로 하는 일이 달라집니다.

02 (1)은 농촌, (2)는 산지촌, (3)은 어촌의 생활 모습입니다.

03 촌락과 도시의 생활 모습을 조사할 때에는 시청·군청 누리집 살펴보기, 지역 홍보 영상 시청하기, 지역 답사하기 등 다양한 방법을 이용하여 사람들이 주로 무슨 일을 하는지, 사람들이 일하는 장소는 주로 어디인지, 사람들이 이동할 때 무엇을 주로 이용하는지 등을 조사해야 합니다.

04 도시 사람들은 회사나 공장에 다니거나 시장에서 여러 가지 물건과 음식을 판매하는 등, 다양한 일을 하며 살아갑니다.

05 도시 사람들은 회사나 공장에 다니거나 시장에서 여러 가지 물건과 음식을 판매합니다. 공공 기관이나 문화 시설에서 사람들이 편리하게 생활할 수 있도록 도와주는 일을 하기도 합니다. 또한 백화점·대형 할인점 등에서 물건을 쉽게 살 수 있으며, 도서관·영화관 등의 문화 시설을 이용하여 여가 생활을 즐기기도 합니다.

왜 틀린 답일까?

② 산지촌에서 주로 볼 수 있는 생활 모습입니다.

문제로 개념 탄탄

17쪽

01 ○ 02 (가) ○ 03 공통점
04 ㉢ 05 서우

01 촌락에는 높지 않은 건물이 드문드문 있지만, 도시에는 높은 건물이 많습니다.

02 ㈎는 경상남도 거창군, ㈏는 대전광역시입니다. 이 중에서 자연환경을 이용하기 좋은 곳에 위치한 곳은 촌락인 경상남도 거창군입니다.

03 촌락과 도시에 사는 사람들이 주변 환경을 알맞게 이용하며 다양한 모습으로 살아가는 것은 촌락과 도시의 공통점입니다.

04 촌락에 사는 사람들은 넓은 들, 바다, 산 등 주변의 자연환경을 이용하여 농업·어업·임업을 주로 합니다. 하지만 도시 사람들은 주로 인문환경인 회사, 공장, 공공 기관 등에서 물건을 만들거나 사람들을 도와주는 등 다양한 일을 합니다.

왜 틀린 답일까?

㉠ 촌락에는 건물이나 시설물이 드문드문 있지만, 도시에는 건물이나 시설물이 많습니다.

㉡ 촌락은 땅을 논을 만들어 농사짓는 데 이용하지만, 도시는 땅을 많은 건물을 짓는 데 이용합니다.

05 촌락과 도시는 모두 사람들이 모여 사는 곳입니다. 하지만 사람들이 주로 하는 일이나 건물의 모습 등 촌락과 도시의 생활 모습은 서로 다릅니다.

문제로 개념 탄탄

19쪽

01 ○ 02 ②, ④
03 ㉠ 내려가 ㉡ 줄어들기도 04 귀촌
05 ㉠

01 촌락에서는 젊은 사람들이 일자리를 찾아 도시로 떠나면서 인구가 줄어들어 고령화 현상과 일손 부족 문제가 나타나고 있습니다.

02 그래프를 보면 시간이 흐를수록 촌락의 노인 인구는 계속 늘지만 어린이 인구는 줄고 있습니다.

03 값싼 외국 농수산물이 들어오면 농수산물의 가격이 내려갑니다. 그 결과 농수산물을 생산해 돈을 버는 촌락 사람들의 소득이 줄어들기도 합니다.

04 촌락에서는 인구를 늘리기 위해 귀촌하려는 사람을 적극적으로 지원합니다. 귀촌은 도시에서 살던 사람이 촌락으로 삶의 터전을 옮기는 것입니다.

05 촌락은 일손 부족 문제를 해결하기 위해 다양한 기계를 이용하고 있습니다.

왜 틀린 답일까?

㉡은 소득 감소 문제, ㉢은 생활에 필요한 시설 부족 문제를 해결하기 위한 노력입니다.

㉣ 값싼 외국 농수산물보다 더 낮은 가격으로 농수산물을 판매하면 촌락 사람들의 소득이 줄어드는 문제가 발생합니다.

문제로 개념 탄탄 21쪽

01 ○ 02 도시 03 ①
04 쓰레기 05 ㉡

01 도시에서는 좁은 공간에 많은 사람이 모여 살기 때문에 다양한 문제가 나타납니다. 예를 들어 살 집이 부족해서 생기는 주택 문제, 차가 너무 많아서 생기는 교통 문제, 주변 환경이 오염되는 환경 문제 등이 있습니다. 이 밖에도 도시에는 범죄 증가, 소음 공해 등의 문제도 있습니다.

02 자동차가 너무 많아 주차 공간이 부족하고 교통사고가 자주 발생하는 것은 도시에서 볼 수 있는 교통 문제입니다.

03 제시된 그림에 나타난 대중교통 이용하기나 승용차 요일제 참여하기 등은 도시에서 차가 너무 많아 발생하는 교통 문제를 해결하기 위한 노력입니다.

04 도시에서는 많은 사람이 모여 살기 때문에 쓰레기가 많이 발생하여 주변 환경이 오염되는 환경 문제가 나타납니다. 이를 해결하기 위해 사람들은 쓰레기 분리배출을 실천합니다. 쓰레기 분리배출은 재활용이 되지 않는 생활 쓰레기는 분리하여 버리고, 재활용되는 것은 플라스틱, 종이, 유리, 비닐 등으로 구분하여 버리는 것입니다.

05 살기 좋은 촌락과 도시는 촌락 문제나 도시 문제가 없고, 자연과 함께 살아갈 수 있는 곳입니다. 또한 안전하게 생활할 수 있고 편의 시설이 잘 갖추어진 곳입니다.

왜 틀린 답일까?

㉡ 인구가 빠르게 줄어들면 일손이 부족해지고 생활에 필요한 편의 시설을 이용하는 사람이 줄어 문을 닫게 되므로 살기 좋은 곳이 되기 어렵습니다.

문제로 실력 쑥쑥 26~28쪽

01 ① 02 ④ 03 예시 답안 유네스코가 인정한 세계 유산으로, 이곳에 사는 사람들은 오늘날까지도 전통적인 생활을 이어가고 있습니다.
04 (1) ㉠ (2) ㉢ (3) ㉡ 05 ②
06 ③ 07 ⑤ 08 ④
09 예시 답안 회사나 공장에 다니거나 시장에서 여러 가지 물건과 음식을 판매합니다. 공공 기관이나 문화 시설에서 사람들이 편리하게 생활할 수 있도록 도와주는 일을 하기도 합니다. 10 ②
11 ㉡ 12 고령화 13 ④
14 ㉡ 15 ⑤ 16 ①, ⑤
17 ㉢, ㉣ 18 예시 답안 안전하게 생활할 수 있고, 편의 시설이 잘 갖추어진 곳입니다.

01 사람들이 자연환경을 주로 이용해 살아가는 곳을 촌락이라고 합니다. 그래서 촌락은 자연환경을 이용하기 편리한 곳에 발달합니다. 도시는 많은 사람이 모여 살고 사회·정치·경제활동의 중심이 되는 곳으로, 인문환경이 잘 갖추어진 곳에 발달합니다.

02 촌락 중에서 농촌은 들이나 하천 주변의 평평한 곳에 주로 발달합니다.

왜 틀린 답일까?

① 어촌이 주로 발달하는 곳입니다.
②, ⑤ 도시가 주로 발달하는 곳입니다.
③ 산지촌이 주로 발달하는 곳입니다.

03 경상북도 안동의 하회 마을과 경주의 양동 마을은 유네스코가 인정한 세계 유산입니다. 두 촌락에는 오래전 만들어진 집과 길 등이 남아 있어, 자연과 어울려 살던 우리 조상들의 지혜를 엿볼 수 있습니다. 이곳에 사는 사람들은 오늘날까지도 초가집, 기와집, 다양한 쉼터 등을 보존하며 전통적인 생활을 이어가고 있습니다.

채점 기준 두 마을 모두 유네스코가 인정한 세계 유산으로 전통적인 생활을 이어가고 있다는 내용을 포함하여 썼으면 정답입니다.

04 농촌은 들이나 하천 주변의 평평한 곳에 발달하므로 논과 밭, 비닐하우스를 볼 수 있습니다. 어촌은 바닷가 주변에 발달하므로 배, 등대, 생선을 보관하는 창고 등을 볼 수 있습니다. 산지촌은 산속이나 숲 주변에 발달하므로 울창한 숲, 산비탈의 밭을 볼 수 있습니다.

05 ②는 바다에 배들이 있고 등대도 있으므로 어촌입니다.

왜 틀린 답일까?

① 평평한 땅에 논과 밭이 있으므로 농촌입니다.

③ 마을이 산으로 둘러싸여 있고 산비탈의 밭이 있으므로 산지촌입니다.

④, ⑤ 아파트 등 높은 건물이 많이 있고 크고 작은 도로가 연결되어 있으므로 도시입니다.

06 높은 건물과 이동하는 사람들, 회사나 공장, 공공 기관, 상점, 아파트, 그리고 버스나 지하철 등 많은 사람이 이용하는 다양한 교통수단을 볼 수 있는 곳은 도시입니다.

07 농촌에서는 논과 밭에서 곡식이나 채소를 기르는 농업을 주로 합니다.

왜 틀린 답일까?

①, ②, ③ 어촌에 사는 사람들이 주로 하는 일입니다.

④ 산지촌에 사는 사람들이 주로 하는 일입니다.

08 산지촌에서는 산에서 약초·버섯·목재를 얻는 임업을 주로 합니다. 또한 산비탈의 평평한 곳에 농사를 짓거나, 목장을 만들어 소나 양 등을 키우기도 합니다.

왜 틀린 답일까?

① 도시 사람들이 회사에서 일하는 모습입니다.

② 어촌에서 물고기를 잡는 모습입니다.

③ 어촌에서 김이나 미역을 기르는 모습입니다.

⑤ 농촌에서 비닐하우스를 설치해 꽃을 재배하는 모습입니다.

09 제시된 그림은 높은 건물과 넓은 도로가 있는 도시입니다. 도시에 사는 사람들은 다양한 일을 하며 살아갑니다. 회사나 공장에 다니거나 시장에서 여러 가지 물건과 음식을 판매합니다. 공공 기관이나 문화 시설에서 사람들이 편리하게 생활할 수 있도록 도와주는 일을 하기도 합니다.

채점 기준	
상	핵심 단어 세 가지를 모두 넣어 도시 사람들이 하는 일을 바르게 쓴 경우
중	핵심 단어를 한두 가지만 넣어 바르게 쓴 경우
하	답을 쓰지 않거나 전혀 관련이 없는 내용을 쓴 경우

10 경상남도 거창군은 평평한 땅에 넓은 들이 펼쳐져 있는 농촌이고, 대전광역시는 높고 낮은 건물이 많이 있는 도시입니다. 농촌은 땅을 논을 만들어 농사짓는 데 이용하고, 도시는 땅을 많은 건물을 짓는 데 이용합니다.

11 촌락과 도시는 모두 사람들이 모여 사는 곳입니다. 촌락과 도시의 생활 모습은 서로 다르지만, 사람들은 주변 환경을 알맞게 이용하며 다양한 모습으로 살아갑니다.

왜 틀린 답일까?

㉠ 촌락에는 건물이나 시설물이 드문드문 있지만, 도시에는 건물이나 시설물이 많습니다.

㉢ 촌락 사람들은 농업, 어업, 임업을 주로 하며 살아가지만, 도시 사람들은 주로 회사, 공장, 공공 기관 등에서 일을 합니다.

12 전체 인구 중에서 65세 이상 노인 인구가 차지하는 비율이 높아지는 현상을 고령화 현상이라고 합니다.

바른답 · 알찬풀이

13 값싼 외국 농수산물이 들어오면 농수산물 가격이 내려갑니다. 그 결과 농수산물을 생산하여 판매하는 촌락 사람들의 소득이 줄어들게 됩니다.

14 촌락은 소득 감소로 인한 문제를 해결하기 위해 좋은 품질의 농수산물을 생산하여 소득을 높이려고 노력하고 있습니다.

왜 틀린 답일까?

㉠ 인구 감소 문제를 해결하기 위한 노력입니다.

㉢ 일손 부족 문제를 해결하기 위한 노력입니다.

㉣ 문화 시설이나 편의 시설 부족 문제를 해결하기 위한 노력입니다.

15 도시에서는 많은 사람이 모여 살기 때문에 차가 너무 많고, 살 집이 부족합니다. 또한 사람들이 버리는 쓰레기가 많아 환경 오염이 심합니다.

왜 틀린 답일까?

⑤ 젊은 사람들이 떠나 인구가 감소하는 것은 도시가 아니라 촌락에서 발생하는 문제입니다.

16 그림의 왼쪽에는 주차 공간 부족, 오른쪽에는 교통 혼잡 문제가 나타나 있습니다. 이처럼 도시에는 차가 너무 많아 교통 문제가 발생합니다.

17 도시의 환경 문제를 해결하기 위해 사람들은 쓰레기 분리배출을 실천하고, 친환경 자동차를 이용합니다.

왜 틀린 답일까?

㉠ 교통 문제를 해결하기 위한 노력입니다.

㉡ 주택 부족 문제를 해결하기 위한 노력입니다.

18 살기 좋은 촌락과 도시는 촌락 문제나 도시 문제가 없고, 자연과 사람이 함께 살아갈 수 있는 곳입니다. 또한 안전하게 생활할 수 있고, 편의 시설이 잘 갖추어진 곳입니다.

> **채점 기준** 안전하게 생활할 수 있고 편의 시설이 잘 갖추어져 있다는 내용을 포함하여 썼으면 정답입니다.

특별한 서술/논술

29쪽

01 줄어드는, 늘어나고

02 ㉠ **예시 답안** 젊은 사람들이 일자리를 찾아 도시로 이동하면서

㉡ **예시 답안** 인구 감소에 따른 일손 부족 문제가 나타나고 있음

03 **예시 답안** 오늘날 촌락에서는 인구 감소에 따른 고령화 현상과 일손 부족 문제가 나타나고 있습니다. 그래서 촌락에서는 인구를 늘리기 위해 귀촌하려는 사람을 적극적으로 지원하고, 일손 부족 문제를 해결하기 위해 다양한 기계를 이용하고 있습니다.

제시된 자료 살펴보기

65세 이상 인구는 1990년 77만 명에서 2019년 134만 명으로 꾸준히 늘고 있습니다.

14세 이하 어린이 인구는 1990년 169만 명에서 2019년 38만 명으로 계속해서 줄고 있습니다.

〈촌락의 인구 변화〉

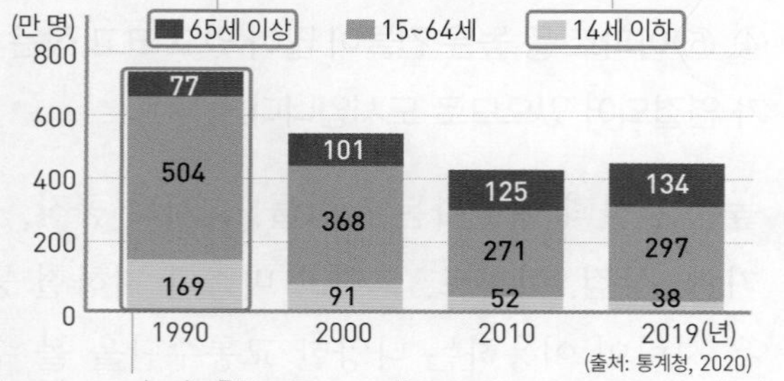

(출처: 통계청, 2020)

막대 그래프의 높이는 촌락의 전체 인구를 나타냅니다. 막대 그래프의 높이는 2019년에 약간 높아지기는 했지만 전체적으로는 과거에 비해 낮아진 모습을 보입니다. 이를 통해 촌락에서 인구 감소 문제가 나타났음을 알 수 있습니다.

01 그래프를 보면 촌락의 14세 이하 인구는 1990년 169만 명에서 2000년 91만 명, 2010년 52만 명, 2019년 38만 명으로 점점 줄어들고 있습니다. 반대로 65세 이상 인구는 1990년 77만 명에서 2010년 101만 명, 2010년 125만 명, 2019년 134만 명으로 계속 늘어나고 있습니다.

> **만점 꿀팁** 이 문제의 답은 그래프의 숫자를 보면 쉽게 알 수 있습니다. 그래프에서 14세 이하 인구에 해당하는 숫자는 오른쪽으로 가면서 점점 작아지는 반면, 65세 이상 인구에 해당하는 숫자는 오른쪽으로 갈수록 점점 커지고 있습니다.

02 그래프를 보면 노인과 어린이를 제외한 사람들의 숫자가 과거에 비해 많이 줄었습니다. 이는 젊은 사람들이 일자리를 찾아 도시로 이동했기 때문입니다. 그 결과 촌락에서는 인구 감소에 따른 일손 부족 문제가 나타나고 있습니다.

> **만점 꿀팁** 그래프를 보면 촌락의 15~64세 인구가 과거에 비해 줄었습니다. 따라서 젊은 사람들이 촌락으로 이동한 것이 아니라 촌락을 떠나 도시로 이동한 것입니다. 그 결과 촌락의 인구가 감소하여 일손이 부족해집니다.

03 그래프에서 알 수 있듯이 오늘날 젊은 사람들이 촌락을 떠나면서 촌락에서는 인구 감소에 따른 고령화 현상과 일손 부족 문제가 나타나고 있습니다. 이러한 문제를 해결하기 위해 촌락에서는 다양한 노력을 하고 있습니다. 예를 들어 인구를 늘리기 위해 귀촌하려는 사람을 적극적으로 지원하고, 일손 부족 문제를 해결하기 위해 다양한 기계를 이용하고 있습니다.

> **만점 꿀팁** 첫째, 촌락에는 다양한 문제가 나타나지만 그래프를 통해 알 수 있는 촌락의 문제를 쓰라고 하였으므로 인구 감소에 따른 고령화 현상과 일손 부족 문제를 써야 합니다. 촌락의 소득 감소나 시설 부족 문제와 같은 답을 쓰면 틀린 답이 됩니다. 둘째, 문제에 대한 해결 노력을 정확히 써야 합니다. 인구 감소에 따른 고령화 현상이나 일손 부족 문제와 상관없는 촌락 문제의 해결 노력을 쓰면 틀린 답이 됩니다.

> **채점 기준** 촌락의 인구 감소에 따른 고령화 현상이나 일손 부족 문제를 정확히 쓰고, 해결 노력에서 귀촌 지원과 다양한 기계 이용을 포함한 노력을 바르게 썼으면 정답입니다.

2 함께 발전하는 촌락과 도시

문제로 개념 탄탄 33쪽

01 교류 **02** 민기 **03** ○
04 ㉠ 촌락 ㉡ 도시 **05** ㉠

01 사람들이 오고 가거나 물건, 문화 등을 서로 주고받는 것을 교류라고 합니다.

02 딸기 농장은 촌락에서 볼 수 있으므로 민기는 촌락과 도시의 교류 모습을 바르게 말했습니다.

왜 틀린 답일까?
은영: 대학교는 촌락보다 도시에 더 많아 촌락 사람들은 대학교에서 공부하려고 도시에 갑니다.

03 사람들이 서로 교류하며 살아가는 까닭은 지역마다 생산되는 물건이나 문화 등이 다르기 때문입니다.

04 촌락 사람들은 공장에서 생산된 냉장고나 세탁기와 같이 필요한 물건을 사기 위해 도시에 가기도 합니다.

05 그림은 도시 사람들이 촌락에서 전통문화를 체험하는 모습입니다.

문제로 개념 탄탄 35쪽

01 ○ **02** (가) ○ (나) ○ (다) ×
03 지역 축제 **04** 직거래 장터
05 ㉠, ㉢

01 촌락 사람들은 논과 밭, 바다, 산을 이용하여 얻은 다양한 농수산물을 도시 사람들에게 제공합니다.

02 도시가 사람들에게 농촌에 제공하는 것은 의류, 전자 제품 등 공장에서 생산한 물건과 생활을 편리하게 해 주는 시설입니다.

왜 틀린 답일까?

(다) 고기, 우유는 촌락이 도시에 제공하는 것입니다.

03 지역의 자연환경과 특산물을 활용하여 여는 축제를 지역 축제라고 합니다. 지역 축제를 통해 도시 사람들은 다양한 경험을 즐길 수 있습니다. 지역 축제의 예로 금산 인삼 축제가 있습니다.

04 도시에서는 직거래 장터를 열어 촌락과 교류하고 있습니다. 직거래 장터는 물건을 생산한 사람이 직접 물건을 살 사람에게 판매하는 시장입니다. 도시 직거래 장터에서 촌락 사람들은 소득을 올릴 수 있고, 도시 사람들은 신선한 농수산물을 저렴하게 살 수 있습니다.

05 촌락 사람들은 농사짓는 방법 등을 인터넷에 영상으로 올리고, 도시 사람들은 공연이나 전시 등을 영상으로 올려 교류합니다.

왜 틀린 답일까?

㉡ 도시 사람들은 촌락에서 올린 영상을 보고 궁금한 점이 생기면 직접 촌락에 방문하지 않아도 댓글을 달아 궁금한 점을 물어볼 수 있습니다.

문제로 개념 탄탄

37쪽

01 의존	02 ○	03 ㉢
04 (나) ○	05 ④	

01 촌락과 도시는 서로 교류하여 도움을 주고받는 상호 의존 관계입니다.

02 촌락에 사는 아이들이 도시의 다양한 시설을 구경하고 필요한 물건을 사는 등 도시의 문화를 경험하는 것을 도시 문화 탐방이라고 합니다.

03 도시 문화 탐방을 통해 촌락 아이들은 다양한 경험을 할 수 있습니다. 또한 도시 사람들의 생활에 도움을 줍니다.

왜 틀린 답일까?

㉢ 도시 문화 탐방을 통해 촌락 사람들이 도시에서 물건을 사고 소비를 하면, 도시 사람들의 소득이 높아집니다.

04 (가)는 촌락 아이들이 도시 문화 탐방을 하는 모습이고, (나)는 도시 아이들이 농촌 유학을 통해 촌락의 자연 속에서 뛰노는 모습입니다. 따라서 농촌 유학을 통한 교류에 해당하는 것은 (나)입니다.

05 농촌 유학은 도시 아이들이 농촌으로 가서 한 학기나 일 년 정도 농촌의 학교에 다니는 것입니다.

왜 틀린 답일까?

④ 학급 수가 적은 촌락 사람들이 도시에 가서 공부하는 것은 촌락과 도시의 교류이지만, 농촌 유학은 아닙니다.

문제로 실력 쑥쑥

42~44쪽

01 교류　02 ㉢　03 ①

04 예시 답안 지역마다 생산되는 물건이나 문화 등이 다르기 때문입니다.　05 ③

06 지역 축제　07 (가) ㉠, ㉢　(나) ㉡, ㉣

08 ③　09 직거래 장터

10 예시 답안 도시 사람들은 신선한 농수산물을 저렴한 가격에 살 수 있습니다.　11 ㉠, ㉡

12 ③　13 ④　14 ㉡

15 농촌 유학　16 ①　17 ②

01 철민이는 게임기를 사러 도시의 백화점에, 수현이는 귤을 따러 촌락의 농장에 갔습니다. 이처럼 사람들이 오고 가거나 물건, 문화 등을 서로 주고받는 것을 교류라고 합니다.

02 사람들이 오고 가거나 물건, 문화 등을 서로 주고받는 것을 교류라고 합니다.

왜 틀린 답일까?

㉢ 자기 집 텃밭에서 채소를 기르는 것은 사람이 오고

가거나 물건, 문화 등을 주고받는 것이 아니므로 교류라고 할 수 없습니다.

03 제시된 그림은 촌락 사람들이 냉장고와 같은 공장에서 생산한 물건을 사기 위해 도시에 방문한 모습입니다. 도시에는 대형 상점이 많으므로 촌락 사람들은 도시에 가기도 합니다.

04 촌락과 도시는 지역마다 생산되는 물건이나 문화 등이 달라서 서로 교류하며 살아갑니다. 사람들은 필요한 물건을 사고팔거나 다른 문화를 경험하기도 하고, 공부하거나 일자리를 찾아 촌락이나 도시로 이동하기도 합니다.

채점 기준 핵심 단어를 모두 포함하여 바르게 썼으면 정답입니다.

05 촌락을 찾는 도시 사람들은 신선하고 다양한 농수산물을 얻거나 체험 활동을 즐길 수 있습니다. 또한 자연 휴양림, 삼림욕장, 야영장 등 깨끗한 자연환경에서 쉴 수 있습니다.

왜 틀린 답일까?

①, ②, ④, ⑤ 도시를 찾는 촌락 사람들이 얻을 수 있는 도움입니다.

06 금산 인삼 축제와 같이 각 지역의 자연환경과 특산물을 이용하여 여는 축제를 지역 축제라고 합니다. 지역 축제에 참여하는 도시 사람들은 다양한 경험을 즐길 수 있고, 촌락 사람들은 먹거리나 즐길 거리 판매 등을 통해 소득을 올릴 수 있습니다.

07 촌락과 도시는 다양한 방법으로 서로 교류하며 부족한 부분을 채워 줍니다. 촌락은 사람들에게 ㉠ 휴식 공간과 ㉢ 다양하고 신선한 농수산물을 제공하고, 도시는 사람들에게 ㉡ 공장에서 생산한 물건과 ㉣ 생활을 편리하게 해 주는 시설을 제공합니다.

08 도시의 기업이나 단체는 촌락을 찾아 일손 돕기나 무료 진료 등의 봉사 활동을 하기도 합니다.

09 물건을 생산한 사람이 직접 물건을 살 사람에게 판매하는 시장을 직거래 장터라고 합니다. 도시에서는 촌락 사람들이 재배한 농수산물을 직접 판매할 수 있는 직거래 장터를 열어 서로 교류합니다.

10 도시 직거래 장터가 열리면 도시 사람들은 신선한 농수산물을 저렴하게 살 수 있어서 좋습니다.

채점 기준 농수산물, 저렴이라는 두 가지 핵심 단어를 모두 넣어 바르게 썼으면 정답입니다.

11 촌락과 도시는 인터넷을 통해 교류하면서 서로 직접 가지 않아도 동영상 등을 통해 필요한 정보를 얻을 수 있고, 댓글로 궁금한 점을 바로 물어볼 수도 있습니다.

왜 틀린 답일까?

㉢ 깨끗한 자연환경에서 체험 활동을 즐길 수 있는 것은 도시 사람들이 직접 촌락에 방문할 때 얻을 수 있는 좋은 점입니다.

12 촌락과 도시는 서로 교류하며 상호 의존합니다.

왜 틀린 답일까?

③ 촌락 사람들이 농수산물을 생산하는 것은 촌락 안에서 이루어지므로 촌락과 도시가 교류하는 모습이 아닙니다.

13 제시된 그림은 촌락에 사는 아이들이 도시 문화 탐방을 통해 도시의 다양한 문화를 경험하는 모습입니다.

14 도시 문화 탐방을 하면 촌락 아이들은 도시의 시설들을 구경하고, 도시의 다양한 문화를 경험할 수 있습니다.

왜 틀린 답일까?

㉠ 직거래 장터를 통해 촌락 사람들이 얻을 수 있는 좋은 점입니다.

ⓒ 농촌 유학을 통해 도시 아이들이 얻을 수 있는 좋은 점입니다.

15 그림은 도시 아이들이 농촌의 학교로 가서 한 학기나 일 년 정도 깨끗한 자연에서 뛰어놀며 공부하는 농촌 유학 모습입니다.

16 농촌 유학을 하면 도시 사람들이 농촌에 많이 방문하므로 촌락 사람들의 소득이 높아집니다.

왜 틀린 답일까?

② 촌락의 부족한 일손 문제는 도시 기업의 촌락 일손 돕기 봉사 활동을 통해 도움을 받을 수 있습니다.
③ 도시 아이들이 촌락의 학교에 한 학기나 일 년 정도 다닙니다.
④ 도시 아이들이 농촌 유학을 통해 깨끗한 자연 속에서 공부할 수 있습니다.
⑤ 도시 아이들이 농촌 유학을 통해 촌락에서 다양한 경험을 할 수 있습니다.

17 촌락과 도시는 서로 교류하며 도움을 주고받는 상호 의존 관계를 바탕으로 함께 발전하고 있습니다.

특별한 서술/논술

45쪽

01 ① 특산물 ② 농수산물
02 ① 다양한 경험 ② 소득
03 예시 답안 촌락과 도시는 함께 발전하기 위해 서로 교류하며 도움을 주고받는 상호 의존 관계를 맺고 있습니다.

제시된 자료 살펴보기

울릉도의 특산물인 오징어를 이용한 지역 축제입니다.
울릉도 오징어 축제
촌락에서 직접 재배한 사과를 판매하는 직거래 장터입니다.
직거래 장터

01 지역 축제는 지역의 자연환경과 특산물을 활용하므로 지역마다 다른 축제가 열립니다. 직거래 장터에서 도시 사람들은 촌락 사람들이 재배한 농수산물을 삽니다.

> 만점 꿀팁 제시문을 잘 읽어 보면, 지역의 자연환경과 특산물을 활용한 지역 축제가 열린다는 부분과 촌락 사람들이 재배한 농수산물을 직거래 장터에서 직접 판매할 수 있다는 부분이 있습니다.

02 지역 축제를 통해 도시 사람들은 다양한 경험을 즐길 수 있고, 촌락 사람들은 소득을 올릴 수 있습니다. 직거래 장터를 통해 촌락 사람들은 소득을 올릴 수 있고, 도시 사람들은 신선한 농수산물을 저렴하게 살 수 있습니다.

> 만점 꿀팁 촌락과 도시 사람들이 다양한 교류를 통해 어떤 도움을 주고받을 수 있는지 제시문에서 찾아보면 됩니다.

03 직거래 장터나 지역 축제 등을 통해 알 수 있듯이, 촌락과 도시 간의 바람직한 관계는 서로 교류하며 도움을 주고받는 상호 의존 관계입니다. 촌락과 도시는 상호 의존 관계를 바탕으로 함께 발전하고 있습니다.

> 만점 꿀팁 02번 문제에서 알 수 있듯이 지역 축제나 직거래 장터와 같은 교류를 하면 촌락과 도시 사람들은 서로 도움을 얻을 수 있습니다. 따라서 촌락과 도시가 함께 발전하려면 서로 경쟁하기보다는 협력하고 상호 의존해야 합니다.

> 채점 기준 교류, 도움라는 두 가지 핵심 단어를 모두 넣어 촌락과 도시의 관계를 바르게 썼으면 정답입니다.

단원 평가 1회 50~52쪽

01 ㉠ 촌락 ㉡ 도시 02 ㉡
03 예시 답안 교통이 발달하여 사람과 물건의 이동이 편리한 곳입니다. / 회사나 공장이 있어 일자리가 많은 곳입니다. / 사람들이 필요하여 계획한 곳입니다.
04 ②, ④ 05 (가) 06 ⑤
07 ④ 08 ㉡, ㉢ 09 예시 답안 사람들이 모여 사는 곳입니다. / 사람들이 주변 환경을 알맞게 이용하여 다양한 모습으로 살아갑니다.
10 ② 11 ④ 12 ③
13 ③ 14 예시 답안 도시에 자동차가 너무 많아 주차 공간이나 도로가 부족하기 때문입니다.
15 ㉠, ㉡ 16 태호 17 ③, ④
18 예시 답안 지역의 자연환경과 특산물을 활용하여 여는 축제를 지역 축제라고 합니다. 지역 축제는 각 지역의 자연환경과 특산물이 다르기 때문에 다양하게 열립니다. 19 ② 20 ㉢

01 여러 지역 중에서 자연환경을 주로 이용해 살아가는 곳은 촌락, 많은 사람이 모여 살면서 사회·정치·경제활동의 중심이 되는 곳은 도시입니다.

02 촌락에서는 자연환경을 이용해 주로 음식이나 물건을 만드는 데 필요한 다양한 재료를 생산합니다.

왜 틀린 답일까?
㉠, ㉢ 도시에서 주로 하는 일입니다.

03 도시가 발달한 곳은 인문환경이 잘 갖추어져 있습니다. 도시는 교통이 발달하여 사람과 물건의 이동이 편리한 곳이나, 회사나 공장이 있어 일자리가 많은 곳에 발달합니다. 또한 사람들이 필요한 곳에 도시를 계획하여 만들기도 합니다.

채점 기준 교통이 발달한 곳, 회사나 공장이 많은 곳, 사람들이 필요로 하여 계획한 곳 중 두 가지를 바르게 썼으면 정답입니다.

04 도시에서는 공공 기관, 상점, 회사나 공장, 아파트 등 많은 건물을 볼 수 있습니다. 또한 버스나 지하철 등 많은 사람이 이용하는 다양한 교통수단을 볼 수 있습니다.

왜 틀린 답일까?
①은 산지촌, ③은 어촌, ⑤는 농촌에서 많이 볼 수 있는 모습입니다.

05 (가)는 평평한 땅에 넓은 논과 밭이 펼쳐진 농촌, (나)는 바닷가 주변에 위치한 어촌, (다)는 산으로 둘러싸인 산지촌입니다. 벼농사를 짓거나 축사에서 가축을 기르는 것은 농촌에서 주로 볼 수 있는 생활 모습입니다.

06 (가)는 농촌, (나)는 어촌, (다)는 산지촌으로 모두 촌락입니다. 농촌에서는 오늘날 기계를 이용하여 농사를 짓기도 합니다. 어촌에서는 바다에서 물고기를 잡거나 기릅니다. 산지촌 사람들은 산비탈의 평평한 곳에 농사를 짓기도 합니다.

왜 틀린 답일까?
⑤ 높은 건물들과 다양한 교통수단을 볼 수 있는 곳은 도시입니다.

07 도시 사람들은 회사나 공장에 다니거나 시장에서 여러 가지 물건과 음식을 판매합니다. 공공 기관이나 문화 시설에서 사람들이 편리하게 생활할 수 있도록 도와주는 일을 하기도 합니다. 또한 도시 사람들은 백화점·대형 할인점 등에서 물건을 쉽게 살 수 있습니다.

왜 틀린 답일까?
④ 촌락 사람들의 생활 모습입니다.

08 (가)의 경상남도 거창군은 평평하고 넓은 들이 펼쳐져 있는 농촌이고, (나)의 대전광역시는 높고 낮은 건물이 많이 있는 도시입니다. 농촌, 어촌, 산지촌과 같은 촌락은 자연환경을 이용하기 좋은 곳에 위치하고 있습니다.

09 촌락과 도시는 모두 사람들이 모여 사는 곳입니다. 촌락과 도시의 생활 모습은 서로 다르지만, 사람들은 주변 환경을 알맞게 이용하며 다양한 모습으로 살아갑니다.

> **채점 기준** 사람들이 모여 산다는 것과 주변의 자연환경을 알맞게 이용하며 살아간다는 내용을 포함하여 썼으면 정답입니다.

10 오늘날 촌락에서는 65세 이상 노인 인구 비율이 높아지는 고령화 현상이 나타나고 있습니다.

11 촌락은 문화 시설과 편의 시설이 부족하여 이용하는 데 어려움이 있습니다. 이러한 문제를 해결하기 위해 촌락에서는 마을 회관이나 폐교 등을 고쳐 문화 시설과 편의 시설로 이용하기도 합니다.

왜 틀린 답일까?

① 지역 축제는 촌락과 도시가 서로 교류하기 위한 노력입니다.
② 좋은 품질의 농수산물을 생산하는 것은 촌락의 소득을 높이기 위한 노력입니다.
③, ⑤ 귀촌하려는 사람을 지원하고 일할 때 다양한 기계를 이용하는 것은 촌락의 인구 감소와 일손 부족 문제를 해결하기 위한 노력입니다.

12 도시는 좁은 공간에 많은 사람이 모여 살기 때문에 인구에 비해 주택이 부족합니다.

13 제시된 그림에는 주차 공간 부족, 교통 혼잡과 같은 교통 문제가 나타나 있습니다.

14 도시에서 교통 문제가 발생하는 원인은 도시에 자동차가 너무 많아 자동차 수에 비해 주차 공간이나 도로가 부족하기 때문입니다.

> **채점 기준** 도시에 자동차가 너무 많기 때문이라는 내용을 포함하여 썼으면 정답입니다.

15 도시에서는 주택 문제, 교통 문제, 환경 문제 등 다양한 문제가 나타납니다. 쓰레기 분리배출을 실천하는 것은 환경 문제를 해결하기 위한 노력이고, 낡은 주택을 고쳐서 사용하는 것은 주택 문제를 해결하기 위한 노력입니다.

왜 틀린 답일까?

㉢, ㉣ 촌락의 인구 감소와 일손 부족 문제를 해결하기 위한 노력입니다.

16 교류는 물건의 이동뿐만 아니라 문화를 주고받거나 사람들이 오고 가는 것을 모두 포함합니다.

왜 틀린 답일까?

은수: 사람이 오고 가는 것도 교류입니다.
미연: 지역마다 생산되는 물건이나 문화 등이 달라서 교류가 일어납니다.

17 교류를 통해 도시는 촌락 사람들에게 다양한 편의 시설을 제공합니다. 도시를 찾는 촌락 사람들은 공공 기관, 병원, 영화관 등 도시의 다양한 시설을 이용할 수 있습니다.

왜 틀린 답일까?

①, ②, ⑤ 농산물, 수산물, 목재는 교류를 통해 촌락이 도시에 제공하는 것입니다.

18 ㈎와 같이 지역의 자연환경과 특산물을 활용한 축제를 지역 축제라고 합니다. 지역마다 다양한 지역 축제가 열리는 까닭은 각 지역이 서로 다른 자연환경과 특산물을 가지고 있기 때문입니다.

> **채점 기준** 각 지역의 자연환경과 특산물이 달라서 다양한 지역 축제가 열린다고 썼으면 정답입니다.

19 ㈎와 같은 지역 축제에 참여하는 도시 사람들은 다양한 경험을 즐길 수 있고, 촌락 사람들은 먹거리나 즐길 거리 등을 통해 소득을 올릴 수 있습니다. ㈏와 같은 직거래 장터를 통해 촌락 사람들은

농수산물을 직접 판매하여 소득을 올릴 수 있고, 도시 사람들은 신선한 농수산물을 저렴한 가격에 살 수 있습니다.

20 도시 문화 탐방을 통해 촌락 아이들이 물건을 사면서 도시 사람들 생활에 도움을 줄 수 있습니다.

왜 틀린 답일까?

㉠ 도시 문화 탐방을 통해 촌락 사람들이 아니라 도시 사람들의 소득을 높일 수 있습니다.
㉡ 농촌 유학을 통한 교류가 주는 좋은 점입니다.

단원 평가 2회

53~55쪽

01 농촌, 어촌, 산지촌 **02** ③
03 ㉡, ㉢ **04** ② **05** ㉠
06 예시 답안 산에서 약초·버섯·목재를 얻는 임업을 합니다. / 산비탈의 평평한 곳에 농사를 짓습니다. / 목장을 만들어 소·양 등을 키웁니다. **07** ④
08 ㉠ **09** ③, ⑤ **10** 예시 답안 자동차가 너무 많아서 생기는 교통 문제를 해결하기 위해서입니다. **11** ④ **12** 예시 답안 주택을 새로 짓습니다. / 낡은 주택을 고쳐서 사용합니다.
13 ㉡ **14** ① **15** ②
16 ③, ⑤ **17** 직거래 장터 **18** 예시 답안 지역 축제에 참여하는 도시 사람들은 다양한 경험을 즐길 수 있고, 촌락 사람들은 먹거리나 즐길 거리 등을 통해 소득을 올릴 수 있습니다. **19** ㉢
20 시우

01 사람들이 자연환경을 이용하며 살아가는 촌락에는 농촌, 어촌, 산지촌이 있습니다. 농촌은 들이나 하천 주변의 평평한 곳에 발달하고, 어촌은 바닷가 주변에 발달하며, 산지촌은 산속이나 울창한 숲 주변에 발달합니다.

02 도시는 인문환경이 잘 갖추어진 곳에 발달합니다. 도시는 주로 교통이 발달하여 사람과 물건의 이동이 편리한 곳, 회사나 공장이 있어 일자리가 많은 곳에 발달합니다. 또한 사람들이 필요한 곳에 계획하여 만들어지기도 합니다.

왜 틀린 답일까?

③ 자연환경을 이용하기 편리한 곳에서 주로 발달하는 것은 촌락입니다.

03 안동 하회 마을과 경주 양동 마을은 모두 유네스코가 인정한 세계 유산입니다. 두 촌락에는 오래전 만들어진 집과 길 등이 남아 있어, 자연과 어울려 살던 우리 조상들의 지혜를 엿볼 수 있습니다. 이곳에 사는 사람들은 오늘날까지도 전통적인 생활을 이어가고 있습니다.

왜 틀린 답일까?

㉠, ㉣ 안동 하회 마을과 경주 양동 마을은 모두 촌락입니다. 회사나 공장이 많고 교통이 발달하여 사람과 물건의 이동이 편리한 것은 도시의 특징입니다.

04 ㈎는 농촌, ㈏는 어촌, ㈑는 산지촌으로 모두 촌락입니다. ㈐는 촌락이 아닌 도시입니다.

05 ㈎와 같은 농촌에서는 평평한 땅에 있는 논과 밭, 비닐하우스 등을 주로 볼 수 있습니다.

왜 틀린 답일까?

㉡ 어촌에서는 배, 등대, 생선을 보관하는 창고 등을 주로 볼 수 있습니다.
㉢ 도시에서는 공공 기관, 상점, 회사나 공장, 아파트 등을 주로 볼 수 있습니다.
㉣ 산지촌에서는 울창한 숲, 산비탈의 밭 등을 주로 볼 수 있습니다.

06 산지촌에 사는 사람들은 산에서 약초·버섯·목재를 얻는 임업을 주로 합니다. 산비탈의 평평한 곳에 농사를 짓거나, 목장을 만들어 소·양 등을 키우기도 합니다.

채점 기준 산에서 약초·버섯·목재를 얻는다거나 목장을 만들어 소·양 등을 키운다는 내용을 포함하여 썼으면 정답입니다.

07 촌락 중 농촌에서는 논과 밭에서 곡식과 채소를 기르는 농업을 주로 하는 반면, 어촌에서는 바다에서 다양한 수산물을 얻는 어업을 주로 합니다. 임업을 주로 하는 곳은 농촌이 아니라 산지촌입니다.

08 촌락의 인구 변화 그래프를 보면 65세 이상 노인 인구는 계속 늘지만, 14세 이하 어린이 인구는 줄고 있습니다. 촌락의 2019년 전체 인구는 1990년과 비교해 많이 줄었습니다.

09 그래프를 보면 촌락에서는 노인 인구가 늘어나는 반면 젊은 사람들이 줄면서 고령화 현상과 일손 부족 문제가 나타나고 있음을 알 수 있습니다.

10 승용차 요일제를 실시하는 까닭은 도로의 자동차 수를 줄여 교통 혼잡을 줄이기 위해서입니다.

채점 기준 교통 문제를 해결하기 위해서라는 내용을 바르게 썼으면 정답입니다.

11 친환경 자동차는 대기 오염 물질이나 이산화탄소 배출이 적은 자동차입니다. 친환경 자동차를 이용하면 환경 오염을 줄일 수 있습니다.

12 도시에서는 좁은 공간에 많은 사람이 모여 살기 때문에 살 집이 부족해서 주택 문제가 생깁니다. 이를 해결하기 위해 사람들은 주택을 새로 짓거나, 낡은 주택을 고쳐서 사용합니다.

채점 기준 주택을 새로 짓는다는 내용과 낡은 주택을 고쳐 사용한다는 내용을 모두 썼으면 정답입니다.

13 살기 좋은 촌락과 도시는 촌락 문제나 도시 문제가 없는 곳, 자연과 인간이 함께 살아갈 수 있는 곳, 안전하게 생활할 수 있는 곳입니다.

왜 틀린 답일까?

㉡ 살기 좋은 촌락과 도시는 문화 시설과 편의 시설이 잘 갖추어진 곳입니다.

14 도시의 자동차 수를 더 늘리는 것은 자동차가 너무 많아서 발생하는 교통 문제와 환경 문제를 해결하는 데 도움이 안 되므로, 살기 좋은 도시를 만들기 위한 노력으로 알맞지 않습니다.

15 교류는 사람들이 오고 가거나 물건, 문화 등을 서로 주고받는 것입니다. 교류는 지역마다 생산되는 물건이나 문화 등이 다르기 때문에 생겨납니다. 따라서 ㉠은 교류, ㉡은 지역입니다.

왜 틀린 답일까?

④, ⑤ 직거래 장터는 물건을 생산한 사람이 직접 물건을 살 사람에게 판매하는 시장입니다. 직거래 장터는 촌락과 도시 사이에서 이루어지는 다양한 교류 중 하나이지만, 직거래 장터에서 문화를 서로 주고받는 것은 아닙니다.

16 도시는 사람들에게 공장에서 생산한 물건과 생활을 편리하게 해 주는 시설을 제공합니다. 도시를 찾는 촌락 사람들은 백화점·대형 할인점 등에서 물건을 사거나, 공공 기관·병원·영화관 등 다양한 시설을 이용할 수 있습니다.

왜 틀린 답일까?

①, ②, ④ 깨끗한 자연환경, 체험 활동, 신선하고 다양한 농수산물은 도시 사람들이 촌락과의 교류를 통해 얻을 수 있는 도움입니다.

17 직거래 장터는 물건을 생산한 사람이 물건을 살 사람에게 직접 판매하는 시장입니다. 도시에서 열리는 직거래 장터를 통해 촌락 사람들은 자신

이 생산한 농수산물을 직접 판매하여 소득을 올릴 수 있고, 도시 사람들은 신선한 농수산물을 저렴한 가격에 살 수 있습니다.

18 촌락에서는 자기 지역의 자연환경이나 특산물을 활용한 지역 축제를 엽니다. 촌락의 지역 축제에 참여하는 도시 사람들은 다양한 경험을 즐길 수 있고, 촌락 사람들은 먹거리나 즐길 거리 등을 통해 소득을 올릴 수 있습니다.

채점 기준	
상	지역 축제가 촌락 사람에게 좋은 점과 도시 사람에게 좋은 점을 모두 바르게 쓴 경우
중	지역 축제가 촌락 사람에게 주는 도움과 도시 사람에게 주는 도움 중에서 한 가지만 바르게 쓴 경우
하	답을 쓰지 않거나 전혀 관련이 없는 내용을 쓴 경우

19 촌락과 도시는 서로 교류하고 도움을 주고받는 상호 의존 관계를 바탕으로 함께 발전하고 있습니다.

왜 틀린 답일까?

㉠, ㉡ 촌락과 도시는 서로 경쟁하거나 상호 독립적인 관계가 아니라, 서로 도움을 주고받으며 함께 발전하는 관계입니다.

20 도시 아이들이 농촌으로 가서 한 학기나 일 년 정도 농촌의 학교에 다니는 것을 농촌 유학이라고 합니다. 농촌 유학을 하는 도시 아이들은 촌락의 깨끗한 자연 속에서 공부할 수 있고, 촌락 사람들은 도시 아이들이 방문하므로 소득을 올릴 수 있습니다.

2 단원 필요한 것의 생산과 교환

1 경제활동과 현명한 선택

문제로 개념 탄탄

61쪽

01 × **02** ㉡ **03** 희소성
04 (가) ○

01 사람들이 생활하는 데 필요한 여러 가지 것들을 만들고 사용하는 것과 관련된 모든 활동을 경제활동이라고 합니다.

02 경제활동이란 생활하는 데 필요한 여러 가지 것들을 만들고 사용하는 것과 관련된 모든 활동입니다.

왜 틀린 답일까?

㉡ 어떤 과목을 공부할지 선택하는 것은 경제활동과 관련 없습니다.

03 사람들이 원하는 것은 많으나 그것을 모두 가질 수 없는 상태를 희소성이라고 합니다. 이러한 희소성 때문에 경제활동을 할 때 선택의 문제를 겪게 됩니다.

04 희소성이란 사람들이 원하는 것은 많으나 그것을 모두 가질 수 없는 상태를 뜻합니다. (가) 무지개 빵을 원하는 사람은 많은데 파는 양이 부족해서 사지 못하는 사람이 생긴 상황으로 희소성이 높은 상황입니다.

왜 틀린 답일까?

(나) 무지개 빵을 파는 곳이 많아져 누구나 원하는 만큼 살 수 있게 되었기 때문에 희소성이 낮은 상황입니다.

문제로 개념 탄탄

63쪽

01 ○ **02** 진경 **03** ①, ②
04 ㉠, ㉡ **05** ×

01 우리는 경제활동을 하면서 다양한 선택을 하고 이러한 선택을 통해 만족감을 얻습니다.

02 현명한 선택을 하면 만족감과 즐거움을 얻을 수 있습니다.

03 현명한 선택이란 후회하지 않고 만족하는 선택, 돈이나 시간을 낭비하지 않는 선택을 하는 것입니다. 현명한 선택을 하면 만족감과 즐거움을 얻을 수 있고, 돈과 자원을 절약할 수 있습니다.

04 현명한 선택을 하려면 필요성, 가격, 모양, 품질 등의 여러 가지 선택 기준을 고려하여 선택해야 합니다.

왜 틀린 답일까?

㉢ 내가 사용할 물건을 선택하는 것이므로 유명 연예인이 사용하는 것과 같은 물건을 선택하여 주변 사람에게 자랑할 수 있는지보다 나에게 필요하고 알맞은지를 선택 기준으로 고려하는 것이 현명한 선택입니다.

05 물건을 살 때 필요성, 모양, 품질 등의 조건이 같다면 값이 더 저렴한 것을 고르는 것이 현명한 선택입니다.

문제로 개념 탄탄

65쪽

01 생산, 소비 **02** (가) ㉠ (나) ㉢
03 ④ **04** ④

01 다양한 생산 활동을 통해 다양한 소비 활동을 할 수 있고 편리한 생활을 하게 됩니다.

02 ㈎ 공장에서 선풍기를 만드는 모습으로 생활에 필요한 것을 만드는 활동입니다. ㈏ 농사짓는 모습으로 생활에 필요한 것을 자연에서 얻는 활동입니다.

03 생활에 필요한 물건을 만들거나 사람들의 생활을 편리하고 즐겁게 해 주는 활동을 생산이라고 합니다. ①, ②, ③, ⑤ 모두 생활에 필요한 것을 만드는 활동입니다.

왜 틀린 답일까?

④ 가수가 공연하는 것은 생활을 편리하고 즐겁게 해 주는 활동입니다.

04 소비란 생산한 것을 쓰거나 이용하는 활동입니다. ④ 공연을 보는 것은 소비 활동입니다.

왜 틀린 답일까?

①, ②, ③, ⑤ 모두 생산 활동입니다.

문제로 개념 탄탄

67쪽

01 ③ **02** ○ **03** ×
04 (3) ○

01 하나의 물건이 우리에게 오기까지는 재료를 재배하거나 구하는 활동, 공장에서 재료를 가공하거나 물건을 만드는 활동, 재료나 물건을 운반하는 활동, 물건을 팔고 사는 활동 등을 거칩니다.

왜 틀린 답일까?

③ 물건을 사용하는 것은 그 물건이 우리의 손에 들어온 뒤에 이루어지는 일입니다.

02 하나의 물건이 우리 손에 오기까지는 재료를 재배하거나 구하기, 재료를 가공하거나 포장하여 물건 만들기, 물건 운반하기 등 다양한 생산 활동을 거칩니다.

03 물건을 운반하는 것, 물건을 디자인하는 것 모두 생산 활동입니다.

04 공장에서 만들어진 김치는 트럭에 실어 할인 매장, 반찬 가게 등으로 운반합니다.

왜 틀린 답일까?

(3) 배추가 재배된 밭은 재료를 재배하거나 구하는 곳입니다.

문제로 개념 탄탄

69쪽

01 ×　02 낭비　03 계획, 정보
04 ⑤　05 정민

01 현명한 소비 생활이란 돈을 사용할 때 계획을 세워 돈을 낭비하지 않는 소비를 하는 것입니다.

02 소득은 한정되어 있어서 현명한 소비 생활을 하지 않으면 필요한 순간에 하고 싶은 일을 하지 못하거나 필요한 물건을 사지 못할 수도 있습니다.

03 계획성 있게 소비하고, 소비할 때 다양한 정보를 활용하면 현명한 소비 생활을 할 수 있습니다.

04 계획성 있게 소비하려면 사고 싶은 것을 다 산 뒤에 돈을 아껴 쓰는 것이 아니라 돈을 어떻게 소비할 것인지 미리 계획을 세워 꼭 필요한 곳에만 돈을 씁니다.

05 미리 소비 계획을 세워 꼭 필요한 곳에 소비하는 현명한 소비 생활을 하면 필요한 순간에 돈을 사용할 수 있습니다.

문제로 실력 쑥쑥

74~76쪽

01 희소성　02 ①　03 예시 답안 쓸 수 있는 돈이나 자원이 한정되어 있기 때문입니다.
04 ③　05 ①, ②　06 ④
07 사인펜　08 ㉠ 생산 ㉡ 소비
09 ③　10 ②　11 예시 답안 사람들의 생활을 편리하고 즐겁게 해 주는 활동입니다.
12 ①　13 지아　14 ③
15 ㉢　16 ④　17 ①
18 예시 답안 필요한 물건을 현명하게 살 수 있습니다. / 품질이 좋은 물건을 저렴하게 살 수 있습니다. / 물건을 직접 살펴보고 확인할 수 있습니다.

01 사람들이 원하는 것은 많으나 그것을 모두 가질 수 없는 상태를 희소성이라고 합니다. 경제활동을 하는 사람이라면 누구나 희소성 때문에 선택의 문제를 겪게 됩니다.

02 경제활동은 사람들이 생활하는 데 필요한 여러 가지 것들을 만들고 사용하는 것과 관련된 모든 활동입니다. ②, ③, ④, ⑤ 모두 사람들이 일상생활에서 선택해야 하는 경제활동입니다.

왜 틀린 답일까?

① 방 청소는 사람들이 생활하는 데 필요한 여러 가지 것들을 만들고 사용하는 것과 관련이 없으므로 경제활동이 아닙니다.

03 우리가 경제활동을 할 때 선택해야 하는 까닭은 돈과 자원이 한정되어 있기 때문입니다.

> 채점 기준 '돈이나 자원이 한정되어 있기 때문이다.'라는 내용을 바르게 썼으면 정답입니다.

04 ③ 모양만 예쁜 운동화 대신 발이 편한 운동화를 선택하고 이러한 선택을 통해 만족감을 얻은 모습입니다. 현명한 선택이란 후회하지 않고 만족하는 선택을 하는 것입니다.

왜 틀린 답일까?

①, ②, ④, ⑤ 자신의 선택을 후회하는 모습입니다.

05 현명한 선택이란 후회하지 않고 만족하는 선택, 돈이나 시간을 낭비하지 않는 선택을 하는 것입니다. 현명한 선택을 하면 만족감과 즐거움을 얻을 수 있고, 돈과 자원을 절약할 수 있습니다.

06 물건을 선택할 때는 여러 가지 선택 기준을 고려해서 현명하게 고르는 것이 좋습니다. 이때 같은 조건이라면 더 저렴한 것을 고르는 것이 현명한 선택입니다.

07 물건을 현명하게 선택하는 방법으로 물건의 선택 기준표를 만들어 비교해 볼 수 있습니다. 색연필

과 사인펜의 가격, 모양, 사용 횟수를 비교하여 사인펜이 더 높은 점수를 얻었기 때문에 사인펜을 선택하는 것이 현명한 선택입니다.

08 생활에 필요한 물건을 만들거나 사람들의 생활을 편리하고 즐겁게 해 주는 활동을 생산, 생산한 것을 쓰거나 이용하는 활동을 소비라고 합니다.

09 ③ 손님이 맡긴 구두를 고치는 것은 사람들의 생활을 편리하고 즐겁게 해 주는 생산 활동입니다.

왜 틀린 답일까?

①, ②, ④, ⑤ 생산한 것을 쓰거나 이용하는 소비 활동입니다.

10 ② 바다에서 물고기를 잡는 것은 생활에 필요한 물고기를 자연환경인 바다에서 얻는 생산 활동입니다.

왜 틀린 답일까?

①, ④ 사람들의 생활을 편리하고 즐겁게 해 주는 생산 활동입니다.
③, ⑤ 생활에 필요한 것을 만드는 생산 활동입니다.

11 물건을 배달하는 것, 가수가 공연하는 것은 사람들의 생활을 편리하고 즐겁게 해 주는 생산 활동입니다.

채점 기준 '사람들의 생활을 편리하고 즐겁게 해 주는 활동이다.'라는 내용을 바르게 썼으면 정답입니다.

12 생산한 것을 쓰거나 이용하는 활동을 소비라고 합니다. ②, ③, ④, ⑤ 모두 소비 활동입니다.

왜 틀린 답일까?

① 택시 운전을 하는 것은 사람들의 생활을 편리하고 즐겁게 해 주는 생산 활동입니다.

13 생산하지 않으면 소비할 수 없고, 소비하지 않으면 생산할 필요가 없습니다. 또한 소비 활동이 활발해지면 생산 활동도 활발해지고, 다양한 생산 활동이 생기면 소비 활동도 다양해집니다. 이렇게 생산과 소비 활동은 서로 영향을 주고받습니다.

14 하나의 물건이 우리에게 오기까지 다양한 생산과 소비 활동을 거치게 됩니다.

왜 틀린 답일까?

③ 고장 난 물건을 고치는 것은 물건을 산 뒤에 사용하면서 일어날 수 있는 일입니다.

15 놀이 카드가 우리에게 오는 과정에서 가장 먼저 거치는 활동은 ㉢ 종이 회사에서 놀이 카드의 재료가 되는 종이를 만드는 일입니다. 그런 다음 ㉡ 놀이 카드 회사에서 종이로 놀이 카드를 만들고, ㉣ 놀이 카드를 트럭에 실어 전국의 상점으로 옮기면, ㉠ 손님이 상점에 진열된 놀이 카드를 삽니다.

16 ④ 돈이나 자원이 한정되어 있는 상태에서 원하는 것을 모두 사는 것은 현명한 소비 생활이 아닙니다.

17 소비할 때 정보를 활용하는 방법에는 인터넷이나 광고를 활용하여 물건의 종류와 가격 비교해 보기, 상점을 방문하여 물건의 상태를 직접 확인하고 필요한 정보 물어보기, 상품을 사용해 본 주변 사람에게 사용한 경험 물어보기 등이 있습니다.

18 소비할 때 다양한 정보를 활용하면 필요한 물건을 현명하게 살 수 있고, 품질이 좋은 물건을 저렴하게 살 수 있습니다. 또한 물건을 직접 살펴보고 확인할 수 있습니다.

채점 기준	
상	소비할 때 정보를 활용하면 좋은 점을 두 가지 모두 바르게 쓴 경우
중	소비할 때 정보를 활용하면 좋은 점을 한 가지만 바르게 쓴 경우
하	답을 쓰지 않거나 관련이 없는 내용을 쓴 경우

특별한 서술/논술 77쪽

01 (1) ㉠, ㉡, ㉥, ㉦ (2) ㉢, ㉣, ㉤

02 ① 예시 답안 생활에 필요한 물건을 만들거나 사람들의 생활을 편리하고 즐겁게 해 주는 활동입니다.
② 예시 답안 생산한 것을 쓰거나 이용하는 활동입니다.

03 예시 답안 생산하지 않으면 소비할 수 없습니다. / 소비하지 않으면 생산할 필요가 없습니다. / 다양한 생산 활동을 통해 다양한 소비 활동을 할 수 있고, 편리한 생활을 하게 됩니다. / 다양한 생산 활동이 생기면 소비도 다양해집니다.

제시된 자료 살펴보기

시장에 가면 물건을 사는 사람과(소비) 파는 사람(생산), 물건을 가게나 손님에게 배달해 주는 사람(생산), 음식을 만드는 사람(생산)과 사 먹는 사람(소비) 등 다양한 생산과 소비의 모습을 볼 수 있습니다.

01 생활에 필요한 물건을 만들거나 사람들의 생활을 편리하고 즐겁게 해 주는 활동을 생산이라고 하고, 생산한 것을 쓰거나 이용하는 활동을 소비라고 합니다.

> 만점 꿀팁 생산과 소비의 뜻을 떠올리면 ㉠~㉦을 구분할 수 있습니다.

02 시장에서 볼 수 있는 다양한 경제활동 모습을 통해 생산은 생활에 필요한 물건을 만들거나 사람들의 생활을 편리하고 즐겁게 해 주는 활동이고, 소비는 생산으로 만들어진 것을 쓰거나 이용하는 활동이라는 것을 알 수 있습니다.

> 만점 꿀팁 01번에서 찾은 생산과 소비의 특징을 정리합니다.

03 시장의 모습을 통해 생산한 것은 소비되고 소비하려면 생산이 필요하다는 것을 알 수 있습니다.

> 만점 꿀팁 02번을 통해 알게 된 생산과 소비의 뜻을 바탕으로 생산과 소비의 관계를 생각해 봅니다.

> 채점 기준 '생산하지 않으면 소비할 수 없고, 소비하지 않으면 생산할 필요가 없다.'라는 내용을 바탕으로 생산과 소비가 서로 영향을 주고받는다는 내용을 바르게 썼으면 정답입니다.

2 교류하며 발전하는 우리 지역

문제로 개념 탄탄 81쪽

01 (1) ㉡ (2) ㉠ **02** ○
03 ㉠ **04** ①

01 우리 주변의 상품이 어디에서 왔는지는 상품 정보를 통해 확인할 수 있습니다. (1) 원산지 표시판, (2) 상품을 홍보하는 광고지를 나타냅니다.

02 우리 주변의 상품이 어디에서 왔는지 신문 기사, 뉴스, 통계 자료를 통해 정보를 얻을 수 있습니다.

03 ㉠ 상품 판매량은 상품이 얼마나 팔렸는지를 알 수 있는 자료입니다. 상품이 어디에서 왔는지 확인하는 방법과 관련 없습니다.

04 다른 지역에서 우리 지역으로 다양한 상품이 들어오는 까닭은 우리 지역에서 그 상품이 생산되지 않거나 부족하기 때문입니다.

문제로 개념 탄탄 83쪽

01 미호 **02** 교류 **03** ○
04 ④ **05** ①

01 우리 주변에서 다른 지역으로부터 온 다양한 상품을 볼 수 있는 까닭은 지역 간에 경제적 교류가 이루어지기 때문입니다.

왜 틀린 답일까?

준서: 지역에 많은 사람이 모여 살아도 지역 간에 경제적 교류가 이루어지지 않으면 다른 지역에서 온 상품을 보기 어렵습니다.

02 개인이나 지역이 경제적 이익을 얻기 위해 상품이나 자원, 기술, 정보 등을 서로 주고받는 것을 경제적 교류라고 합니다.

03 개인이나 지역, 국가 간에 경제적 교류가 필요한 까닭은 지역이나 국가마다 자연환경, 생산 기술, 자원, 인구 등이 다르기 때문입니다.

04 첨단 기술을 이용한 상품이 부족한 지역은 첨단 기술이 발달한 지역과 교류하면 이익을 얻을 수 있습니다.

05 각 지역은 경제적 교류를 통해 다른 지역의 특산물을 싸게 살 수 있고, 우리 지역의 우수한 제품을 널리 알릴 수 있습니다. 또한 관광객이 늘어나 지역의 수익이 늘어나고, 주변 지역과 기술 교류를 하여 새로운 상품을 만들 수도 있습니다.

문제로 개념 탄탄 85쪽

01 (2) ○ **02** ㉡ **03** 교통, 통신
04 ③, ⑤

01 다른 나라의 공연을 우리나라에서도 볼 수 있는 것은 문화 활동을 통한 경제적 교류의 모습입니다.

왜 틀린 답일까?

(1) 지역 환경에 따라 다른 생산물을 교류하는 모습입니다.

02 지역과 지역이 경제적 교류를 하는 모습입니다.

03 오늘날 경제적 교류가 이전보다 다양한 장소에서 여러 가지 모습으로 나타나고 있는 까닭은 오늘날에는 교통과 통신이 발달하여 서로 연락을 주고받고 오가는 것이 편리하고 더욱 활발해졌기 때문입니다.

04 인터넷, 홈 쇼핑 등 대중 매체를 이용해 교류하면 장소나 시간의 제약 없이 상품의 정보를 얻거나 알릴 수 있습니다. 또한 직접 가지 않아도 물건을 쉽고 편리하게 사고팔 수 있습니다.

문제로 개념 탄탄

87쪽

01 ③　02 (1) ㉢ (2) ㉠ (3) ㉡
03 ×　04 ○

01 경제적 교류가 증가하면 우리 지역을 찾는 관광객이 많아지고 지역 경제 성장에 도움이 됩니다.

02 지역의 경제적 교류 모습을 (1) 지역 신문, (2) 지역 뉴스, (3) 지역 누리집을 통해 조사하는 방법입니다.

03 시장이나 가게에 안내된 원산지 표시판을 살펴보는 것은 주변의 상품이 어디에서 왔는지 확인하는 방법입니다.

04 지역의 경제적 교류가 늘어나면 지역 주민들의 경제활동이 활발해지고 지역 경제 성장에도 도움이 됩니다.

문제로 실력 쑥쑥

92~94쪽

01 ③　02 ⑤　03 예시 답안 지역 간에 경제적 교류가 이루어지기 때문입니다.
04 경제적　05 ①　06 ㉠, ㉡, ㉣
07 ③　08 특산물　09 예시 답안 우리 지역의 우수한 제품을 홍보할 수 있습니다.
10 ④　11 ②　12 ㉢
13 예시 답안 교통과 통신의 발달로 개인이나 기업도 경제적 교류에 활발히 참여하고 있기 때문입니다.
14 진서　15 ①, ②　16 예시 답안 장소나 시간의 제약 없이 상품의 정보를 얻거나 알릴 수 있습니다.　17 ㉠, ㉢

01 시장, 백화점, 편의점, 할인 매장 등 사람들의 생활에 필요한 다양한 물건들을 파는 장소에 가면 다른 지역에서 온 상품을 많이 볼 수 있습니다.

02 우리 주변의 상품이 어디에서 온 것인지 확인하는 방법에는 상품 포장지의 정보 확인하기, 상품을 홍보하는 광고지 찾아보기, 시장이나 가게에 안내된 원산지 표시판 보기, 상품을 판매하는 누리집의 상품 소개 찾아보기, 신문 기사나 뉴스, 통계 자료 찾아보기 등이 있습니다.

03 우리 주변에서 다른 지역으로부터 온 다양한 상품을 볼 수 있는 것은 지역 간에 경제적 교류가 이루어지기 때문입니다.

> 채점 기준 '지역 간에 경제적 교류를 하기 때문이다.'라는 내용을 바르게 썼으면 정답입니다.

04 경제적 교류란 개인이나 지역이 경제적 이익을 얻기 위해 서로 상품이나 자원, 기술, 정보 등을 주고받는 것입니다.

05 친구에게 책을 빌려 읽는 것은 경제적 이익을 얻기 위해 서로 상품이나 자원, 기술, 정보 등을 주고받는 것이 아니므로 경제적 교류가 아닙니다.

06 각 지역은 경제적 교류를 통해 경제적 이익을 얻고 화합할 수 있습니다.

07 지역이나 국가마다 자연환경, 생산 기술, 자원, 인구 등이 다르기 때문에 경제적 교류가 이루어집니다.

08 지역에서 생산되는 특별한 물건을 특산물이라고 합니다. 직거래 장터에서 지역의 특산물을 소개하거나 지역을 홍보하면 지역 특산물을 많이 팔 수 있어 지역의 경제 성장에 도움이 됩니다.

09 그림은 지역에서 생산되는 우수한 인삼을 다른 지역에 널리 알려서 많은 사람이 찾는 모습입니다. 이렇듯 경제적 교류를 통해 지역의 우수한 제품을 홍보할 수 있습니다.

> 채점 기준 '지역의 제품을 홍보할 수 있다.'라는 내용을 바르게 썼으면 정답입니다.

10 생산물뿐만 아니라 기술, 문화, 운동 경기 등의 경제적 교류를 통해 지역끼리 더욱 가깝게 지낼 수 있습니다.

11 다른 나라 뮤지컬 배우가 우리나라에 와서 공연하는 것은 문화 활동을 통한 경제적 교류입니다.

12 서울특별시가 '서울시 중국 투자 협력의 날' 행사를 열었다는 것에서 지역과 국가 간 경제적 교류의 모습을 찾을 수 있습니다.

13 오늘날 경제적 교류가 더 많아지고 경제적 교류의 대상이 더 다양해진 까닭은 교통과 통신이 발달했기 때문입니다.

채점 기준 '교통과 통신이 발달했기 때문이다.'라는 내용을 바르게 썼으면 정답입니다.

14 도시와 농촌이 생산물을 통한 경제적 교류에 참여하고 있습니다.

15 전통 시장, 할인 매장, 직거래 장터 등에서는 상품을 직접 보고 살 수 있습니다.

왜 틀린 답일까?

①, ② 대중 매체를 이용한 교류 방법입니다.

16 인터넷, 홈 쇼핑 등 대중 매체를 이용하여 경제적 교류를 하면 장소나 시간의 제약을 받지 않고 상품의 정보를 얻거나 알릴 수 있습니다. 또한 물건을 편리하게 살 수 있고, 파는 곳까지 직접 가는 데 드는 시간과 비용을 줄일 수 있습니다.

채점 기준 '장소나 시간의 제약 없이 정보를 얻거나 알릴 수 있다.'라는 내용을 바르게 썼으면 정답입니다.

17 지역에 관한 다양한 홍보 자료를 만들고, 관광객을 위한 관광 지도를 만드는 것은 우리 지역의 경제적 교류를 늘리기 위한 방법입니다.

특별한 서술/논술

95쪽

01 경제적 교류

02 ① 예시 답안 많은 상품을 팔아서 더 많은 이익을 얻습니다. / 지역에는 일자리가 더 많아집니다.

② 예시 답안 더 많이 소비하게 됩니다. / 경제적 교류로 얻은 이익을 더 많은 경제적 교류를 만드는 데 사용합니다.

03 예시 답안 생산과 소비 활동이 더욱 많아집니다. / 지역 사람들이 더 많은 이익을 얻고, 편리한 생활을 할 수 있습니다. / 지역 경제가 더 성장하게 됩니다.

제시된 자료 살펴보기

지역 축제나 박람회 등을 통해 경제적 교류가 많아지면 지역의 생산과 소비 활동이 많아지게 됩니다(경제적 교류 증가가 경제활동에 주는 영향). 생산 활동이 증가하면 많은 상품을 팔아서 더 많은 이익을 얻을 수 있고, 지역에는 일자리가 많아집니다(경제적 교류 증가가 경제활동에 주는 영향). 더 많은 이익이 생기면 더 많이 소비하게 되고 경제적 교류로 얻은 이익을 더 많은 경제적 교류를 만드는 데 사용하게 됩니다(경제적 교류 증가가 경제활동에 주는 영향). 또한 지역 경제가 더 성장하게 됩니다(경제적 교류 증가가 경제활동에 주는 영향).

01 개인이나 지역이 경제적 이익을 얻기 위해 서로 상품이나 자원, 기술, 정보 등을 주고받는 것을 경제적 교류라고 합니다.

만점 꿀팁 경제적 교류의 개념을 파악하고 있으면 풀 수 있는 문제입니다.

02 제시된 자료를 통해 지역의 경제활동이 서로 밀접하게 관련되어 있음을 알 수 있습니다.

만점 꿀팁 제시된 자료를 꼼꼼히 살펴보면 주어진 문제에 답할 수 있습니다.

03 경제적 교류가 많아지면 지역의 생산과 소비 활동이 증가하고, 지역 주민의 이익이 늘어나면 결국 지역 경제가 성장하게 된다는 것을 알 수 있습니다.

> **만점 꿀팁** 지역의 경제적 교류가 활발해질 때 지역에 어떤 도움이 되는지 생각해 봅니다.

> **채점 기준** 지역 경제 성장과 관련된 내용을 바르게 썼으면 정답입니다.

단원 평가 1회

100~102쪽

01 희소성 **02** ④ **03** 예시 답안 물건을 사기 전에 나에게 필요한지, 자주 사용할 수 있는지 등을 꼼꼼하게 따져 봅니다. **04** ④
05 저렴한 **06** 희서 **07** ⑤
08 ㉡ **09** ③ **10** ㉠
11 예시 답안 생산하지 않으면 소비할 수 없고, 소비하지 않으면 생산할 필요가 없습니다. / 다양한 생산 활동을 통해 다양한 소비 활동을 할 수 있습니다.
12 ㉡, ㉢, ㉠ **13** 소득
14 ③, ④ **15** ③ **16** ④
17 예시 답안 경제적 이익을 얻을 수 있습니다. / 기술 협력과 문화 교류를 통해 더 편리한 생활을 할 수 있습니다. / 지역 간에 여러 가지 소식과 정보를 주고받으며 더욱 가깝게 지낼 수 있습니다. **18** ㉢
19 개인과 기업 **20** ②

01 사람들이 원하는 것은 많으나 그것을 모두 가질 수 없는 상태를 희소성이라고 합니다. 우리가 경제생활에서 선택의 문제를 겪는 까닭은 이 희소성 때문입니다.

02 경제활동을 하는 사람이라면 누구나 희소성 때문에 선택의 문제를 겪게 됩니다.

왜 틀린 답일까?
④ 숙제를 할지 게임을 할지 고민하는 것은 경제활동과 관련 없습니다.

03 예쁜 모양만 생각하고 산 가방이 너무 크고 무거워서 자신이 한 선택을 후회하고 있습니다. 후회하지 않는 선택을 하려면 물건을 사기 전에 필요성, 가격, 모양, 품질 등을 꼼꼼하게 따져 보고 결정해야 합니다.

> **채점 기준** '물건을 선택할 때 필요성, 가격, 모양, 품질 등 여러 가지 선택 기준을 고려해서 선택한다.'라는 내용을 바르게 썼으면 정답입니다.

04 물건을 선택할 때는 그 물건이 나에게 꼭 필요한지 먼저 생각해 보아야 합니다.

05 물건의 필요성, 모양, 품질 등 조건이 같다면 가격이 더 저렴한 것을 고르는 것이 현명한 선택입니다.

06 현명한 선택을 하면 돈과 자원을 낭비하지 않고 절약할 수 있습니다. 또한 자신에게 가장 알맞은 것을 선택하게 되어 만족감과 즐거움을 얻을 수 있습니다.

왜 틀린 답일까?
희서: 현명한 선택을 한다고 해도 희소성 때문에 비싸고 좋은 물건을 모두 가질 수는 없습니다.

07 시장에 가면 물건을 사는 사람과 파는 사람, 물건을 가게나 손님에게 배달해 주는 사람, 음식을 만드는 사람과 사 먹는 사람 등 다양한 경제활동을 하는 모습을 볼 수 있습니다.

왜 틀린 답일까?
⑤ 농사짓기, 조개 캐기, 젖소 우유 짜기와 같이 생활에 필요한 것을 자연에서 얻는 활동을 하는 사람은 시장에서 직접 보기 어렵습니다.

08 ㉡ 빵 가게에서 빵을 만드는 것은 사람들의 생활에 필요한 것을 만드는 생산 활동입니다.

왜 틀린 답일까?

㉠, ㉢, ㉣ 모두 생산한 것을 쓰거나 이용하는 소비 활동입니다.

09 가수가 공연을 하고, 의사가 환자를 진료하고, 슈퍼마켓에서 물건을 팔고, 배달원이 물건을 배달하는 것은 모두 사람들의 생활을 편리하고 즐겁게 해 주는 활동입니다.

왜 틀린 답일까?

③ 공장에서 선풍기를 만드는 것은 생활에 필요한 것을 만드는 활동입니다.

10 그림은 농사짓는 모습으로 생활에 필요한 것을 자연에서 얻는 생산 활동입니다. ㉠ 산에서 버섯을 따는 것은 생활에 필요한 것을 자연에서 얻는 활동입니다.

왜 틀린 답일까?

㉡ 건설 회사에서 아파트를 짓는 것은 생활에 필요한 것을 만드는 활동입니다.

㉢ 프로 야구 선수가 야구 경기를 하는 것은 사람들의 생활을 편리하고 즐겁게 해 주는 활동입니다.

11 생산과 소비 활동은 밀접한 관련이 있습니다. 생산하지 않으면 소비할 수 없고, 소비하지 않으면 생산할 필요가 없습니다. 또한 다양한 생산 활동을 통해 다양한 소비 활동을 할 수 있고 편리한 생활을 하게 됩니다.

채점 기준	
상	생산과 소비 활동의 관계를 두 가지 모두 바르게 쓴 경우
중	생산과 소비 활동의 관계를 한 가지만 바르게 쓴 경우
하	답을 쓰지 않거나 전혀 관련이 없는 내용을 쓴 경우

12 하나의 물건이 우리에게 오기까지의 과정은 ㉡ 재료를 재배하거나 구하기 → ㉢ 재료를 가공하거나 물건 만들기 → ㉠ 물건을 팔고 사기입니다.

13 가정에서는 생산 활동을 통해 얻은 소득으로 여러 가지 소비 활동을 합니다. 소득은 경제활동을 통해 얻은 대가입니다.

14 용돈 기입장은 개인이 쓰는 돈의 드나듦을 정리하여 적어 넣는 공책입니다. 용돈 기입장을 쓰면 용돈을 어디에 썼는지 한눈에 알 수 있고, 계획에 맞게 돈을 쓰는 습관을 기를 수 있어서 현명한 소비 생활을 할 수 있습니다.

15 우리 주변의 상품이 어디에서 왔는지 확인하는 방법에는 상품 정보를 통해 확인하는 방법과 뉴스나 신문 기사, 통계 자료를 통해 정보를 얻는 방법이 있습니다. ①, ②, ④, ⑤ 상품 정보를 통해 확인하는 방법입니다.

왜 틀린 답일까?

③ 행정 복지 센터에 문의하는 방법으로는 상품 정보를 확인하기 힘듭니다.

16 경제적 교류는 개인이나 지역이 경제적 이익을 얻기 위해 서로 상품이나 자원, 기술, 정보 등을 주고받는 것입니다. 경제적 교류가 필요한 까닭은 지역이나 국가마다 자연환경, 생산 기술, 자원, 인구 등에 차이가 나기 때문입니다.

왜 틀린 답일까?

①, ②, ③, ⑤ 지역이나 국가마다 자연환경, 생산 기술, 자원, 인구 등이 다르기 때문에 경제적 교류가 필요합니다.

17 ㉠은 경제적 교류입니다. 경제적 교류란 개인이나 지역이 경제적 이익을 얻기 위해 서로 상품이나 자원, 기술, 정보 등을 주고받는 것입니다. 경제적 교류를 하면 경제적 이익을 얻을 수 있고, 기술 협력과 문화 교류를 통해 더 편리한 생활을 할

수 있습니다. 또한 지역 간에 여러 가지 소식과 정보를 주고받으며 더욱 가깝게 지낼 수 있습니다.

채점 기준	
상	경제적 교류의 이로운 점을 두 가지 모두 바르게 쓴 경우
중	경제적 교류의 이로운 점을 한 가지만 바르게 쓴 경우
하	답을 쓰지 않거나 전혀 관련이 없는 내용을 쓴 경우

18 제시된 글을 통해 경제적 교류를 한 두 지역이 경제적 성장과 화합을 이루었다는 것을 알 수 있습니다. 경제적 교류는 개인, 지역, 기업, 국가 등 다양한 대상 간에 이루어지며, 생산물뿐만 아니라 자원, 기술, 문화, 운동 경기 등을 교류합니다. 경제적 교류를 하면 두 지역이 함께 경제적 이익을 얻을 수 있습니다.

19 기업이 개인의 아이디어를 활용해 제품을 개발하거나 홍보한다는 내용을 통해 경제적 교류의 대상이 개인과 기업이라는 것을 알 수 있습니다.

20 인터넷, 홈 쇼핑 등 대중 매체를 이용해 경제적 교류를 하면 장소나 시간의 제약을 받지 않고 상품을 살 수 있습니다.

왜 틀린 답일까?

①, ③, ④, ⑤ 전통 시장이나 할인 매장, 농수산물 시장과 같은 대형 시장에서 직접 교류하는 방법에 대한 설명입니다.

단원 평가 2회

103~105쪽

01 예시 답안 사람들이 선택의 문제를 겪는 까닭은 쓸 수 있는 돈이나 자원이 한정되어 있기 때문입니다.
02 ① **03** ⑤ **04** ①, ②
05 ㉠ 생산 ㉡ 소비 **06** ①
07 ㉡ **08** 주하 **09** ⑤
10 생산 **11** 예시 답안 재료를 재배하거나 구하는 활동 / 공장에서 재료를 가공하거나 물건을 만드는 활동 / 재료나 물건을 운반하는 활동 / 물건을 팔고 사는 활동 **12** ⑤ **13** ①
14 ⑤ **15** 예시 답안 상품의 포장지에 표시된 정보 확인하기 / 상품 홍보 광고지에서 찾아보기 / 시장이나 가게에 안내된 원산지 표시판 보기 / 상품 판매 누리집의 상품 소개 찾아보기 / 신문 기사나 뉴스를 통해 확인하기 / 통계 자료 확인하기
16 ④ **17** ① **18** ⑤
19 ①, ③ **20** ③

01 사람들이 어떤 교통수단을 이용할지, 어떤 옷을 살지 선택의 문제를 겪는 까닭은 쓸 수 있는 돈이나 자원이 한정되어 있기 때문입니다. 이렇게 사람들이 원하는 것은 많으나 그것을 모두 가질 수 없는 상태를 희소성이라고 합니다. 즉 경제활동을 하는 사람이라면 누구나 희소성 때문에 선택의 문제를 겪게 되며, 어떤 것을 선택할지는 사람에 따라 다를 수 있습니다.

채점 기준 돈이나 자원이 한정되어 있다는 희소성과 관련된 내용을 바르게 썼으면 정답입니다.

02 물놀이 가서 쓸 물총이 필요한 은지는 '500원 더 싸.'라는 진우의 말을 듣고 초록색 물총을 사기로 했습니다. 은지가 물건을 선택한 기준은 가격이라는 것을 알 수 있습니다.

03 현명한 선택을 하려면 오래 쓸 수 있는 것인지, 나

에게 꼭 필요한 것인지, 자주 사용할 수 있는 것인지, 모양과 색깔이 마음에 드는지 등 여러 가지 기준을 꼼꼼하게 따져 보아야 합니다.

왜 틀린 답일까?

⑤ 다른 사람에게 자랑할 수 있는지를 기준으로 물건을 선택하면 필요성, 가격, 모양, 품질 등에서 만족하지 못해 선택을 후회할 수 있습니다.

04 현명한 선택을 하면 자신에게 가장 알맞은 것을 고르게 되어 만족감과 즐거움을 얻을 수 있고, 돈과 자원을 절약할 수 있습니다.

왜 틀린 답일까?

③ 현명한 선택은 나를 위한 것이지 다른 사람에게 칭찬을 받기 위해 하는 것이 아닙니다.
④ 다른 사람의 부러움을 사는 것이 현명한 선택을 하는 까닭은 아닙니다.
⑤ 돈이나 자원은 한정되어 있으므로 현명한 선택을 한다고 해도 가장 비싸고 좋은 물건을 선택할 수 있는 것은 아닙니다.

05 생활에 필요한 물건을 만들거나 사람들의 생활을 편리하고 즐겁게 해 주는 활동을 생산이라고 하고, 생산한 것을 쓰거나 이용하는 활동을 소비라고 합니다.

06 생산은 생활에 필요한 것을 자연에서 얻는 활동, 생활에 필요한 것을 만드는 활동, 생활을 편리하고 즐겁게 해 주는 활동으로 구분할 수 있습니다. ②, ③, ④, ⑤ 생활에 필요한 것을 자연에서 얻는 생산 활동입니다.

왜 틀린 답일까?

① 건물을 짓는 것은 생활에 필요한 것을 만드는 생산 활동입니다.

07 배달원이 물건을 배달하는 것은 사람들의 생활을 편리하고 즐겁게 해 주는 생산 활동입니다. ㉡ 버스 운전하기는 사람들의 생활을 편리하게 해 주는 생산 활동입니다.

왜 틀린 답일까?

㉠ 가구를 만드는 것은 생활에 필요한 것을 만드는 생산 활동입니다.
㉢ 젖소의 우유를 짜는 것은 생활에 필요한 것을 자연에서 얻는 생산 활동입니다.

08 사람들이 생활하는 데 필요한 여러 가지 것들을 만들고 사용하는 것과 관련된 모든 활동을 경제 활동이라고 합니다. 그중 생산한 것을 쓰거나 이용하는 활동을 소비라고 합니다. 남은 용돈으로 떡볶이와 튀김을 사 먹은 것은 생산한 것을 쓰거나 이용하는 소비 활동입니다.

왜 틀린 답일까?

서윤: 생활에 필요한 것을 자연에서 얻는 활동입니다.
하정: 동생과 놀아 주는 것은 소비 활동과 관련 없습니다.

09 소비는 생산한 것을 쓰거나 이용하는 것으로, 시장에서는 다양한 소비 활동을 볼 수 있습니다. ⑤ 반찬 가게에서 만든 반찬을 사는 것은 생산한 것을 이용하는 소비 활동입니다.

왜 틀린 답일까?

① 손님에게 팔 빵을 만드는 것, ② 손님이 맡긴 옷을 고치는 것, ③ 생선 가게에서 생선을 파는 것, ④ 손님이 산 이불을 배달하는 것은 모두 생산 활동입니다. 생산은 생활에 필요한 물건을 만들거나 사람들의 생활을 편리하고 즐겁게 해 주는 활동입니다.

10 생산하지 않으면 소비할 수 없고 소비하지 않으면 생산할 필요가 없습니다. 다양한 생산 활동이 생기면 소비도 다양해집니다. 이렇듯 생산과 소비 활동은 서로 밀접한 관련이 있습니다.

11 하나의 물건이 우리에게 오기까지는 재료를 재배하거나 구하기, 재료를 가공하거나 물건 만들기, 물건을 팔고 사기, 물건을 운반하기 등 다양한 생산과 소비 활동을 거칩니다.

채점 기준	
상	물건이 우리에게 오기까지의 과정에서 일어나는 활동을 두 가지 모두 바르게 쓴 경우
중	물건이 우리에게 오기까지의 과정에서 일어나는 활동을 한 가지만 바르게 쓴 경우
하	답을 쓰지 않거나 전혀 관련이 없는 내용을 쓴 경우

12 현명한 소비 생활을 하는 방법에는 미리 소비 계획을 세워 꼭 필요한 곳에만 돈을 쓰기, 용돈 기입장이나 가계부 쓰기, 용돈의 일부를 저축하기 등이 있습니다.

왜 틀린 답일까?

⑤ 광고 모델만 보고 무조건 물건을 사는 것은 현명한 소비 생활을 하는 방법이 아닙니다.

13 소비할 때 정보를 활용하면 현명한 소비를 할 수 있습니다. 정보를 활용하는 방법에는 상품을 사용해 본 주변 사람에게 물어보기, 상품을 판매하는 사람에게 필요한 정보를 물어보기, 상점을 방문하여 물건의 상태를 눈으로 직접 확인하기, 인터넷이나 광고를 활용하여 물건의 종류와 가격을 비교해 보기 등이 있습니다.

왜 틀린 답일까?

① 상품을 사기 전에 다양한 정보를 찾아 비교해야 합니다.

14 그림은 상품 포장지에 표시된 정보를 나타냅니다. 이를 통해 상품 정보를 확인할 수 있습니다.

15 우리 주변의 상품이 어디에서 왔는지 확인하는 방법에는 상품의 포장지에 표시된 정보 확인하기, 상품 홍보 광고지에서 찾아보기, 시장이나 가게에 안내된 원산지 표시판 보기, 상품 판매 누리집의 상품 소개 찾아보기, 신문 기사나 뉴스를 통해 확인하기, 통계 자료 확인하기 등이 있습니다.

채점 기준	
상	우리 주변의 상품이 어디에서 왔는지 확인하는 방법을 세 가지 모두 바르게 쓴 경우
중	우리 주변의 상품이 어디에서 왔는지 확인하는 방법을 두 가지만 바르게 쓴 경우
하	우리 주변의 상품이 어디에서 왔는지 확인하는 방법을 한 가지만 바르게 쓴 경우

16 그림은 텔레비전 뉴스입니다.

17 '미국산 쇠고기 수입 역대 최고'라는 제목의 텔레비전 뉴스를 통해 수입된 쇠고기의 원산지가 미국이라는 정보를 알 수 있습니다.

왜 틀린 답일까?

②, ③, ④, ⑤ 제시된 자료만으로는 알 수 없습니다.

18 경제적 교류를 하면 지역 간에 화합할 수 있고 경제적 이익을 얻을 수 있습니다. 기술 협력과 문화 교류를 통해 더 편리한 생활을 할 수 있으며, 주변 지역과 기술 교류를 하여 새로운 상품을 만들 수 있습니다.

왜 틀린 답일까?

⑤ 경제적 교류를 통해 우리 지역에서 생산할 수 없거나 부족한 물건을 다른 지역에서 사 올 수 있습니다.

19 오늘날에는 교통과 통신의 발달로 경제적 교류의 모습과 대상이 다양해졌습니다.

20 전통 시장을 통한 경제적 교류는 상품을 직접 보고 신선하고 질이 좋은 것을 확인해서 살 수 있다는 장점이 있습니다.

왜 틀린 답일까?

①, ②, ④, ⑤ 인터넷, 홈 쇼핑 등 대중 매체를 이용해 교류하는 방법에 대한 설명입니다.

3 단원 사회 변화와 문화 다양성

1 사회 변화로 나타난 일상생활의 모습

111쪽

문제로 개념 탄탄

01 × **02** (가) 옛날 (나) 오늘날
03 ④ **04** 노인 **05** ㉠, ㉡

01 옛날에는 학생 수가 많아 오전반과 오후반을 나누어 등교했지만, 오늘날에는 학생 수가 적어 오전반과 오후반을 나눌 필요가 없어졌습니다.

02 ㈎는 다른 나라의 음식을 먹기가 어려웠던 옛날의 점심시간 모습이며, ㈏는 다른 나라의 음식을 쉽게 먹을 수 있는 오늘날의 점심시간 모습입니다.

03 오늘날에는 인터넷이나 스마트폰 등을 많이 사용하고 있습니다.

왜 틀린 답일까?

① 오늘날에는 노인의 수가 늘어나고 있습니다.
② 오늘날에는 다른 나라와의 교류가 늘어나고 있습니다.
③ 오늘날에는 출생아의 수가 줄어들고 있습니다.
⑤ 오늘날에는 학교에서 칠판 외에도 컴퓨터나 스마트 기기 등을 활용하여 수업을 하는 교실이 늘어나고 있습니다.

04 노인정, 요양원, 노인 전문 병원 등은 오늘날 노인이 많아지면서 생겨난 노인을 위한 시설입니다.

05 오늘날에는 골목길마다 모여서 노는 아이들의 모습을 보기 어렵습니다. 또한 오늘날에는 사람들이 휴대 전화를 사용하면서 공중전화를 사용하려고 줄을 서서 기다리는 모습도 보기 어렵습니다.

왜 틀린 답일까?

㉢ 오늘날에는 세계 여러 나라와 활발히 교류하게 되면서 다른 나라에서 생산된 물건을 시장에서 쉽게 살 수 있습니다.

문제로 개념 탄탄

01 × **02** 저출산 현상
03 고령화 **04** ㉠, ㉡, ㉣ **05** ②

01 옛날에는 아이를 너무 많이 낳아서 문제가 되었지만, 오늘날에는 아이를 낳지 않아서 문제가 되고 있습니다.

02 ㈎의 그래프에서는 태어나는 아이의 수가 줄어드는 것을 알 수 있습니다. ㈏의 포스터에서는 아이를 많이 낳도록 권장하는 것을 알 수 있습니다. ㈎, ㈏를 통해 공통으로 우리 사회에서 저출산 현상이 나타나고 있음을 알 수 있습니다.

03 오늘날에는 의료 기술이 발달하고 생활 수준이 높아져 많은 사람이 건강하게 살아갈 수 있게 되면서 전체 인구에서 65세 이상 노인 인구의 비율이 높아지는 고령화 현상이 나타나고 있습니다.

04 오늘날에는 저출산 현상으로 인해 학생 수, 일할 사람, 가족 구성원의 수가 옛날에 비해 모두 줄어들었습니다.

왜 틀린 답일까?

㉢ 오늘날에는 고령화에 따라 노인이 최소한의 기본적인 생활을 할 수 있도록 기초 연금을 주는 등 노인의 생활을 돕는 복지 제도가 늘어나고 있습니다.

05 저출산 사회에 대처하기 위해서는 아기를 돌보아 주는 기관을 늘리고, 아이가 아플 때 병원비를 나라에서 내주는 등의 경제적 지원을 해 주며, 직장인이 아이를 키우기 위한 휴가를 쓸 수 있도록 함으로써 아이를 걱정 없이 잘 키울 수 있도록 해야 합니다.

왜 틀린 답일까?

② 노인의 여가 활동을 제도적으로 지원하는 것은 고령화 사회에 대처하는 방법입니다.

문제로 개념 탄탄

115쪽

01 정보 **02** ○ **03** ⑤
04 (가) 사이버 폭력 (나) 저작권 침해 **05** ㉢

01 정보가 중요한 자원이 되어 정보를 중심으로 사회가 운영되고 발전하는 것을 정보화라고 합니다.

02 오늘날에는 정보화에 따라 지식과 정보를 더 쉽고 빠르게 활용할 수 있게 되면서 생활이 더욱 편리하고 다양하게 변화하고 있습니다.

03 오늘날에는 정보화로 인해 휴대 전화로 가전제품을 켜고 끄는 등 집 밖에서도 가전제품을 조정할 수 있게 되었습니다.

왜 틀린 답일까?

① 가게에 직접 가지 않고도 컴퓨터나 휴대 전화로 물건을 살 수 있습니다.
② 집에서도 학교 누리집을 통해 학교 소식을 들을 수 있습니다.
③ 은행에 가지 않고도 컴퓨터나 휴대 전화로 은행 업무를 볼 수 있습니다.
④ 도서관에 직접 가지 않고도 인터넷으로 모둠 과제에 들어갈 내용을 검색할 수 있습니다.

04 ㈎는 인터넷에 올라온 악성 댓글로 상처를 입는 사이버 폭력을 나타낸 것이고, ㈏는 다른 사람이 만든 영화를 불법으로 내려받는 저작권 침해를 나타낸 것입니다.

05 인터넷과 스마트폰의 사용 시간을 정해 스스로 지키는 것은 정보화 사회의 문제점인 인터넷·스마트폰 중독 문제를 해결하는 방법입니다.

왜 틀린 답일까?

㉠ 돈을 내고 내려받았더라도 다른 사람이 만든 자료를 인터넷에 함부로 올리는 것은 저작권 침해입니다.
㉡ 개인 정보를 공개된 인터넷 게시판에 올려 유출시켜서는 안 됩니다.

문제로 개념 탄탄

117쪽

01 세계화 **02** 세계화 **03** ×
04 ㉡, ㉢ **05** ①, ⑤

01 교통·통신의 발달로 세계 여러 나라가 교류하고 가까워지는 현상을 세계화라고 합니다.

02 세계화로 인해 일상생활의 모습이 다양하게 바뀌어 가고 있습니다. 즉 ㈎와 같이 세계의 다양한 물건을 일상생활에서 쉽게 접할 수 있게 되었으며, ㈏와 같이 인적 자원의 교류가 활발하게 이루어지게 되었습니다.

03 세계화에 따라 세계 여러 나라의 문화를 접할 수 있게 되었지만, 서로의 문화를 이해하지 못해 문제가 발생하거나 우리의 전통문화에 대한 관심이 적어져 전통문화가 점점 사라지고 있습니다.

04 세계 여러 나라의 물건을 쉽게 구할 수 있고, 세계 여러 나라의 문화를 쉽게 경험할 수 있게 된 것은 세계화의 긍정적 영향 때문입니다.

왜 틀린 답일까?

㉠ 교통 정보를 손쉽게 알 수 있게 된 것은 정보화의 긍정적 영향 때문입니다.

05 세계화에 잘 대처하기 위해서는 서로 다른 점을 이해하고 존중하며, 우리의 전통문화를 잘 지키고 발전시켜 나가려고 노력하는 자세를 갖추어야 합니다.

왜 틀린 답일까?

② 다른 나라 문화의 좋은 점을 본받아야 하지만 나쁜 점을 본받아서는 안 됩니다.
③ 다른 나라의 문화를 무조건 따라서 하는 것은 바람직하지 않습니다.
④ 우리의 전통과 다른 문화라도 바람직한 문화라면 받아들일 수 있어야 합니다.

문제로 실력 쑥쑥 122~124쪽

01 ㉠, ㉡ 02 ④ 03 ③
04 ㉡, ㉢ 05 ⑤ 06 예시 답안 의료 기술이 발달했기 때문입니다. / 생활 수준이 높아졌기 때문입니다. 07 ② 08 영서, 주호
09 정보화 10 ① 11 ①
12 예시 답안 인터넷과 스마트폰의 사용 시간을 정해서 지킵니다. 13 ④ 14 세계화
15 ⑤ 16 ② 17 전통문화
18 예시 답안 서로 다른 점을 인정하고 존중합니다. / 서로의 문화를 이해하려고 노력합니다.

01 옛날과 오늘날 모두 학생들은 학교에서 친구들과 함께 생활하며, 선생님께서는 학생들을 가르쳐 주십니다.

왜 틀린 답일까?

㉢ 오늘날에는 학교에서 칠판 외에도 컴퓨터나 스마트 기기 등을 활용하여 수업을 합니다.

㉣ 옛날에는 세계 여러 나라가 활발하게 교류하지 않았기 때문에 점심시간에 다른 나라의 음식을 먹기가 어려웠습니다.

02 옛날에 비해 오늘날에는 태어나는 아기의 수가 줄어들면서 놀이터에서 노는 어린이도 줄어들었습니다.

왜 틀린 답일까?

①, ②, ③, ⑤ 학생 수가 적은 학교, 해외여행을 가는 사람, 노인을 위한 전문 시설, 다른 나라의 음식을 파는 가게는 모두 옛날에 비해 오늘날에 늘어났습니다.

03 오늘날에는 학생들이 방과 후에 모여서 놀기보다 각자 학원 등으로 가거나 친구들과 문자 메시지로 연락을 주고받는 모습을 많이 볼 수 있습니다.

왜 틀린 답일까?

①, ②, ④, ⑤ 모두 옛날에 많이 볼 수 있었던 모습으로 오늘날에는 보기 어려워졌습니다.

04 ㉠은 1974년, ㉡은 2009년, ㉢은 2016년, ㉣은 1983년에 만들어진 인구 포스터입니다. ㉡, ㉢과 같이 2000년대 이후에는 태어나는 아이의 수가 줄어드는 것이 문제가 되어 출산을 장려하는 포스터들이 만들어졌습니다.

왜 틀린 답일까?

㉠, ㉣ 태어나는 아이의 수가 늘어나 문제가 되면서 아이를 적게 낳자고 권유하는 포스터입니다.

05 제시된 그래프와 같이 태어나는 아이의 수가 줄어드는 현상을 저출산 현상이라고 합니다.

왜 틀린 답일까?

① 전체 인구에서 노인 인구의 비율이 높아지는 현상입니다.

② 지구 전체를 한 마을처럼 여겨 이르는 말입니다.

③ 교통과 통신이 발달하면서 세계 여러 나라가 교류하고 가까워지는 것입니다.

④ 정보가 중요한 자원이 되어 정보를 중심으로 사회가 운영되고 발전하는 것입니다.

06 오늘날에는 의료 기술이 발달하고 생활 수준이 높아지면서 고령화 현상이 나타나고 있습니다.

채점 기준	
상	의료 기술이 발달하였다는 것, 생활 수준이 높아졌다는 것을 모두 바르게 쓴 경우
중	의료 기술이 발달하였다는 것, 생활 수준이 높아졌다는 것 중 한 가지만 바르게 쓴 경우
하	의료 기술이 발달하였다는 것, 생활 수준이 높아졌다는 것 외에 다른 내용을 쓴 경우

07 고령화에 따라 일하는 노인이 많아졌고, 노인을 위한 시설이나 복지 제도가 늘어났습니다. 또한 노인을 대상으로 하는 여러 가지 산업이 발달하였습니다.

왜 틀린 답일까?

② 오늘날 우리 사회가 고령화되면서 노인의 수가 많이 늘어나게 되었습니다.

08 제시된 그래프에 나타난 현상은 저출산·고령화입니다. 노인이 일자리를 쉽게 찾을 수 있도록 돕는 것은 고령화에 대처하는 방법이고, 직장인이 아이를 키우기 위한 휴가를 쓸 수 있도록 하는 것은 저출산에 대처하는 방법입니다.

왜 틀린 답일까?

미래, 수정: 서로 다른 세대가 소통하고 배려해야 하며, 아이를 돌보아 주는 기관을 늘려야 합니다.

09 왼쪽 그림은 운전 중에 길도우미의 도움을 받는 모습이고, 오른쪽 그림은 스마트폰을 이용하여 관리비를 보내는 모습입니다. 이는 모두 정보화로 인해 나타난 생활 모습입니다.

10 옛날에는 교실에서만 선생님과 공부할 수 있었지만 오늘날에는 정보화에 따라 인터넷을 통해 집에서도 선생님과 공부할 수 있게 되었습니다.

11 인터넷에서 나쁜 댓글을 다는 것은 사이버 폭력의 대표적인 모습입니다. 따라서 ①이 사이버 폭력을 점검하기 위한 질문입니다.

왜 틀린 답일까?

② 개인 정보 유출을 점검하기 위한 질문입니다.
③, ⑤ 저작권 침해를 점검하기 위한 질문입니다.
④ 인터넷·스마트폰 중독을 점검하기 위한 질문입니다.

12 정보화 사회의 문제점인 인터넷·스마트폰 중독 문제를 해결하기 위해서는 인터넷과 스마트폰의 사용 시간을 정해서 지키는 것이 필요합니다.

채점 기준 '인터넷과 스마트폰의 사용 시간을 정해서 지킨다.'라는 내용을 바르게 썼으면 정답입니다.

13 정보화 사회에서는 음악, 영화, 사진, 프로그램 등을 불법으로 내려받아 만든 사람의 저작권을 침해하는 문제가 나타나기도 합니다.

왜 틀린 답일까?

④ 과일은 저작물이 아닙니다.

14 세계 여러 나라가 교류하고 가까워지는 것을 세계화라고 합니다. 세계화로 인해 지구가 한 마을처럼 되어 감에 따라 오늘날 세계를 가리켜 '지구촌'이라고 합니다.

15 세계화로 인해 우리나라 기업이 만든 물건이 다른 나라에서 많이 팔리고 있습니다.

왜 틀린 답일까?

① 우리나라 사람이 세계 여러 나라에서 일하게 되었습니다.
② 우리나라에서 일하는 외국 사람이 많아졌습니다.
③ 다른 나라의 자원이 우리나라로 많이 들어오게 되었습니다.
④ 외국의 음악을 우리나라에서도 쉽게 접할 수 있게 되었습니다.

16 세계 여러 나라의 물건을 쉽게 살 수 있게 된 것이나 세계 여러 나라의 문화를 쉽게 접할 수 있게 된 것은 세계화로 인해 나타난 생활 모습입니다.

17 한 나라에서 만들어져 전해 내려오는 고유한 문화를 전통문화라고 합니다. 세계화로 인해 세계의 다양한 문화를 접하게 되면서 우리의 전통문화에 대한 관심이 줄어드는 문제점이 생겨났습니다.

18 서로의 문화를 이해하지 못해 생기는 문제는 상대방의 다른 점을 인정하고 존중하며, 서로의 문화를 이해하려고 노력할 때 해결할 수 있습니다.

채점 기준	
상	서로 다른 점을 인정하고 존중해야 한다는 것, 서로의 문화를 이해하려고 노력한다는 것을 모두 바르게 쓴 경우
중	서로 다른 점을 인정하고 존중해야 한다는 것, 서로의 문화를 이해하려고 노력한다는 것 중 한 가지만 바르게 쓴 경우
하	서로 다른 점을 인정하고 존중해야 한다는 것, 서로의 문화를 이해하려고 노력한다는 것 외에 다른 내용을 쓴 경우

특별한 서술/논술 125쪽

01 ㉠ 저출산 ㉡ 고령화

02 예시 답안 아이를 키우는 가정을 경제적으로 지원해야 해. / 직장인이 아이를 키우기 위한 휴가를 쓸 수 있도록 해야 해. / 아이를 돌보아 주는 기관을 늘려야 해.

03 예시 답안 노인이 일자리를 쉽게 찾을 수 있도록 돕습니다. / 노인의 여가 활동을 지원하는 제도를 운영합니다. / 노인의 건강을 돌보고, 돌봄이 필요한 노인을 지원합니다.

제시된 자료 살펴보기

(가)

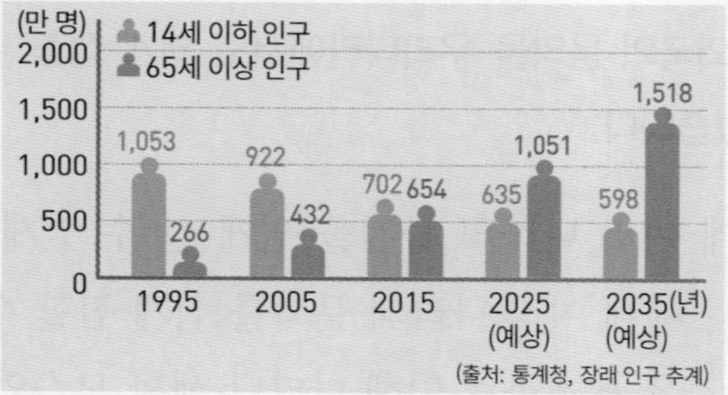

▲ 어린이와 노인 인구의 변화

그래프를 통해 14세 이하 인구는 점점 줄어들고 있고, 65세 이상 인구는 점점 늘어나고 있다는 것을 알 수 있습니다.

(나) 예전에는 골목길마다 삼삼오오 모여서 노는 아이들이 많았습니다. 또한 환갑을 맞이한 어른을 위해 동네 사람들이 모여 마을 잔치를 열기도 했습니다. 하지만 오늘날에는 이런 모습을 보기 힘들어졌습니다.

살아서 61세를 맞이하는 어른을 축하하는 잔치였습니다.

아이들이 적어지고, 살아서 61세를 맞이하는 어른의 수가 많아졌기 때문입니다.

01 (가)의 그래프와 (나)의 글을 통해 태어나는 아이의 수가 줄어드는 저출산 현상과 노인 인구 비율이 늘어나는 고령화 현상을 알 수 있습니다.

만점 꿀팁 이 문제는 제시된 그래프와 글에 동시에 나타난 현상이 무엇인지 써 보라는 것입니다. 아이들(14세 이하 인구)이 줄어들었다는 것을 통해 출생아의 수가 줄어드는 저출산 현상을 알 수 있고, 노인들(65세 이상 인구)이 늘어났다는 것을 통해 노인 인구의 비율이 높아지는 고령화 현상을 알 수 있습니다.

02 저출산 현상에 대처하기 위해서는 아이를 키우는 가정을 경제적으로 지원하고, 직장인의 육아 휴직 사용을 권장해야 합니다. 또한 아이를 돌보아 주는 기관을 늘려야 합니다.

만점 꿀팁 제시된 대화를 읽고 사람들이 아이를 적게 낳는 까닭이 아이를 키우기가 힘들기 때문이라는 점을 알았다면, 아이를 키우기 힘든 까닭이 무엇인지 생각해 보아야 합니다. 경제적 문제로 힘든 사람에게는 경제적 도움을 주어야 하고, 아이를 돌볼 시간이 없는 사람에게는 시간을 낼 수 있도록 해 주거나 대신 돌보아 줄 기관을 마련해 주어야 한다는 점을 떠올리면 쉽게 답을 쓸 수 있습니다.

채점 기준 저출산 현상의 대처 방법을 세 가지 모두 썼다면 '상', 즉 만점입니다. 하지만 저출산 현상의 대처 방법을 두 가지만 썼다면 '중', 한 가지만 썼다면 '하'로 점수가 깎입니다.

03 고령화 현상에 대처하기 위해서는 노인들이 경제적 어려움 없이 건강하게 살아갈 수 있도록 해야 합니다. 이를 위해 노인이 쉽게 일자리를 찾을 수 있도록 돕고, 노인이 자유롭게 여가 활동을 할 수 있도록 지원하는 제도를 운영하며, 노인의 건강을 돌보는 것은 물론 돌봄이 필요한 노인을 지원해야 합니다.

만점 꿀팁 고령화 현상에 대처하기 위해서는 노인들이 어떤 점 때문에 힘들지 먼저 생각해 보아야 합니다. 경제적 어려움 때문에 힘들다면 일자리를 좀 더 쉽게 구할 수 있도록 도와야 하고, 여가 활동을 못해서 힘들다면 여가 활동을 자유롭게 할 수 있도록 지원해야 합니다. 그리고 아프거나 돌봄이 필요하다면 그에 맞게 도움을 주어야 합니다.

채점 기준 고령화 현상의 대처 방법을 세 가지 모두 썼다면 '상', 즉 만점입니다. 하지만 고령화 현상의 대처 방법을 두 가지만 썼다면 '중', 한 가지만 썼다면 '하'로 점수가 깎입니다.

2 다양한 문화에 대한 이해와 존중

문제로 개념 탄탄 129쪽

01 문화 02 설날 03 ㉢
04 ① 05 ×

01 문화란 한 나라나 사회의 사람들이 공통적으로 가지고 있는 생활 방식을 말합니다.

02 한복을 입고 웃어른께 세배를 하며, 다같이 모여 앉아 떡국을 먹는 것은 설날에 하는 우리나라의 문화입니다.

03 한 나라나 사회의 사람들이 오랫동안 함께 생활하면서 만들어지고 전해져 내려온 생활 방식을 문화라고 합니다.

왜 틀린 답일까?

㉠ 한 나라나 사회 안에서도 다양한 모습의 문화가 나타납니다.
㉡ 사람마다 오랫동안 되풀이하여 몸에 밴 각자의 행동 방식은 습관입니다.

04 지역, 세대, 사회, 나라에 따라 의식주, 음악과 같은 문화의 모습이 다르게 나타납니다.

왜 틀린 답일까?

① 사람마다 생각하는 바가 다른 것을 문화라고 보기 어렵습니다.

05 오늘날 세계화로 인해 우리나라에서도 다양한 문화를 접할 수 있게 되었습니다.

문제로 개념 탄탄 131쪽

01 × 02 ㉡, ㉢ 03 편견
04 차별 05 (가) 장애 (나) 성별
06 ⑤

01 오늘날 우리 사회에 다양한 문화가 나타나면서 피부색, 출신 지역, 언어, 종교 등이 다른 사람과 함께하는 일이 더욱 많아졌습니다.

02 다양한 사람들이 함께할 때 문화가 다른 사람에게 자신의 문화를 강요하는 문제가 생기기도 합니다. 또한 겉모습이나 출신 지역만으로 다른 사람을 판단하는 등 나와 다른 사람에 대해 한쪽으로 치우친 생각을 갖는 문제가 생기기도 합니다.

왜 틀린 답일까?

㉠ 다양한 사람들이 함께할 때 자신과 다른 사람들을 그대로 인정하고 존중하지 않기 때문에 여러 가지 문제가 발생합니다.

03 공정하지 못하고 한쪽으로 치우친 생각이 편견입니다.

04 어떤 기준으로 대상을 구분하고 다르게 대우하는 것이 차별입니다.

05 (가)는 휠체어를 탔다고 승차 거부를 한 모습으로 장애에 관한 차별을 보여 주고 있습니다. (나)는 여자라서 축구를 못한다는 편견을 가지고 차별을 하는 모습으로 성별에 관한 차별을 보여 주고 있습니다.

06 편견과 차별로 인해 서로 간에 갈등이 커져 다투게 되면 마음에 상처를 입는 사람들이 생길 수 있습니다.

왜 틀린 답일까?

①, ④ 편견과 차별이 심해지면 자신의 능력을 발휘하지 못하는 사람들이 많아져 사회 발전이 늦어질 수 있습니다.
② 편견과 차별로 인해 사람들이 자주 다투는 일이 생길 수 있습니다.
③ 편견과 차별은 사람들이 마땅히 누려야 할 권리를 누리지 못하게 할 수 있습니다.

바른답 · 알찬풀이

문제로 개념 탄탄

133쪽

01 ㉢, ㉣　02 ○　03 ④
04 (가) 성별　(나) 나이　05 피부색

01 전학 온 외국인 친구에 대해 편견을 가지거나 차별하지 않고 그 친구의 처지를 살피고 배려하며, 우리 학급에서 알아야 할 것을 소개해 주는 등 학교생활을 잘 할 수 있도록 도와주는 것이 외국인 친구를 대하는 올바른 자세입니다.

왜 틀린 답일까?

㉠ 낯선 환경에 놓인 친구를 모른 척하는 것은 친구를 배려하지 않는 자세입니다.
㉡ 생김새나 피부색이 나와 다르다고 놀리는 것은 차별이므로 바람직하지 않습니다.

02 편견과 차별의 문제를 해결하기 위해서는 다른 사람의 마음에 공감하고, 공감을 바탕으로 그 사람의 입장에서 배려하는 자세를 가져야 합니다.

03 한복을 소개하고 만드는 법을 함께 배우는 것은 서로의 문화를 배우고 체험함으로써 편견과 차별을 없애려는 노력입니다.

왜 틀린 답일까?

①, ②, ③, ⑤ 모두 법과 제도를 마련하고 홍보하는 활동을 통해 편견과 차별이 없는 세상을 만들기 위한 노력입니다.

04 ㈎의 표어는 남자나 여자라서 못한다거나 안 된다고 하는 것이 성별에 관한 편견과 차별이라는 뜻을 담고 있습니다. ㈏의 표어는 모든 사람이 아이였다가 노인이 되므로 나이에 따른 편견과 차별은 잘못된 것이라는 뜻을 담고 있습니다.

05 로자 파크스는 백인과 흑인의 피부색에 따라 앉는 자리를 정해 놓은 법에 저항했다는 이유로 경찰에 체포되었습니다.

문제로 실력 쑥쑥

138~140쪽

01 문화　02 ②　03 ㉠, ㉢
04 ①　05 세계화　06 예시 답안 우리 나라에서 외국인들이 자리를 잡고 모여 사는 곳으로 외국의 문화를 그대로 느낄 수 있습니다.
07 ㉡, ㉢, ㉣　08 ③
09 (가) 편견　(나) 차별　10 예시 답안 나와 다른 사람에 대해 공정하지 못하고 한쪽으로 치우친 편견을 가지고 있기 때문입니다.　11 ⑤
12 ②　13 ⑤　14 ㉠, ㉢
15 예시 답안 서로를 잘 이해할 수 있습니다. / 서로에 관한 편견에서 벗어날 수 있습니다.　16 ③
17 ①　18 ④

01 한 나라나 사회의 사람들이 오랫동안 함께 생활하면서 공통으로 가지고 있는 생활 방식을 문화라고 합니다.

02 숟가락을 사용하며, 된장이나 고추장을 넣은 음식을 많이 먹고, 설날에 한복을 입고 웃어른께 세배하며, 방바닥이 따뜻한 집에서 사는 것은 우리나라에서 오랫동안 전해져 내려오는 문화입니다.

03 사람들이 김치를 먹는 것은 우리 사회에서 공통으로 나타나는 문화이지만, 사는 지역에 따라 즐겨 먹는 음식이 다를 수 있습니다.

왜 틀린 답일까?

㉡ 한 사회 안에서도 다양한 음식 문화가 나타납니다.
㉣ 같은 나라에 살더라도 먹는 음식은 다릅니다.

04 사람들이 즐겨 먹는 음식, 즐겨 듣는 음악, 주로 하는 옷차림, 즐기는 놀이의 모습은 지역이나 세대 등에 따라 다양하게 나타납니다.

왜 틀린 답일까?

① 사람들이 모두 옷을 입는 것은 다양한 문화의 모습이라고 보기 어렵습니다.

05 오늘날 세계화에 따라 우리나라에서도 더욱 다양한 문화를 접할 수 있게 되었습니다.

06 서울 이태원 이슬람 거리, 경기도 안산시 다문화 마을, 인천 차이나타운 등은 외국인들이 많이 모여 살기 때문에 우리나라에서 외국의 문화를 그대로 느낄 수 있는 곳입니다.

채점 기준	
상	외국인들이 자리를 잡고 모여 살며, 외국의 문화를 느낄 수 있다는 것을 모두 바르게 쓴 경우
중	외국인들이 자리를 잡고 모여 살며, 외국의 문화를 느낄 수 있다는 것 중 한 가지만 바르게 쓴 경우
하	외국인들이 자리를 잡고 모여 살며, 외국의 문화를 느낄 수 있다는 것 외에 다른 공통점을 쓴 경우

07 출신 지역으로 다른 사람을 판단하고, 문화가 다른 사람에게 자신의 문화를 강요하며, 겉모습이 다른 사람들에 대해 한쪽으로 치우친 생각을 갖는 것은 모두 오늘날 한 사회 안에서 다양한 사람들과 함께하면서 생겨날 수 있는 문제입니다.

왜 틀린 답일까?

㉠ 오늘날에는 다양한 사람들과 함께하면서 다른 나라에 가지 않고도 다양한 문화를 쉽게 접하게 되었습니다.

08 장애인도 농구 선수가 될 수 있다는 것은 장애에 관한 편견을 갖지 않은 올바른 생각입니다.

왜 틀린 답일까?

① 남자도 미용사가 될 수 있습니다.
② 노인도 패션모델이 될 수 있습니다.
④ 여자도 비행기 조종사가 될 수 있습니다.
⑤ 피부색이 달라도 요리사가 될 수 있습니다.

09 편견은 공정하지 못하고 한쪽으로 치우친 생각으로 차별의 원인이 됩니다. 차별은 어떤 기준으로 대상을 구분하고 다르게 대우하는 것입니다.

10 왼쪽 그림은 피부색에 관한 편견, 오른쪽 그림은 성별에 관한 편견 때문에 사람을 구분하고 다르게 대우하는 차별이 생겼습니다.

채점 기준	
상	편견의 뜻을 포함해 편견 때문이라고 쓴 경우
중	편견 때문이라고만 쓴 경우
하	편견 외에 다른 까닭을 쓴 경우

11 "장애인이 모든 일에서 비장애인의 도움을 받아야 하는 것은 아니다."라는 주장에는 장애인이 항상 비장애인의 도움을 필요로 한다는 편견이 담겨 있지 않습니다.

왜 틀린 답일까?

① 출신 지역에 관한 편견이 담긴 주장입니다.
② 피부색에 관한 편견이 담긴 주장입니다.
③ 성별에 관한 편견이 담긴 주장입니다.
④ 나이에 관한 편견이 담긴 주장입니다.

12 편견과 차별은 사람들 사이에 갈등을 만들어 자주 다투게 하거나 마음의 상처를 줍니다. 또한 편견과 차별로 사람들의 능력이 발휘되지 못하고, 사람들이 마땅히 누려야 할 권리조차 누리지 못하게 할 수 있습니다.

왜 틀린 답일까?

② 편견과 차별로 능력을 발휘하지 못하는 사람들이 많아지면 사회 발전이 늦어질 수 있습니다.

13 우리 마을에 이사 온 외국인 친구가 마을에서 생활하며 알아야 할 것을 소개해 주는 것은 외국인 친구를 배려하는 올바른 자세입니다.

왜 틀린 답일까?

①, ④ 외국인 친구에게 영어로 말을 걸어야 한다거나 무조건 도와주어야 한다고 생각하는 것은 편견입니다.
② 나와 다른 점을 놀리지 말고 존중해야 합니다.
③ 친구의 문화를 모두 따라 해서는 안 됩니다.

14 편견과 차별의 문제를 해결하기 위해서는 다른 사람의 마음에 공감하며, 그 사람이 처한 상황을 이해하려고 노력해야 합니다.

왜 틀린 답일까?

㉡ 나의 입장을 앞세우기보다 다른 사람의 입장에서 생각해 보아야 합니다.

㉣ 피부색이나 생김새를 보고 다른 사람을 판단해서는 안 됩니다.

15 서로의 문화를 체험하고 배우는 활동을 통해 서로를 잘 이해할 수 있고, 서로에 관한 편견에서 벗어날 수 있습니다.

> 채점 기준 '서로를 잘 이해할 수 있다.', '서로에 관한 편견에서 벗어날 수 있다.'라는 두 가지 내용을 바르게 썼으면 정답입니다.

16 차별 금지를 위한 홍보 활동, 다양한 문화의 사람들을 돕는 기관 운영, 소통을 위한 교육 기회 제공, 차별받는 사람들을 위한 상담 지원은 모두 편견과 차별에서 벗어나기 위한 노력입니다.

왜 틀린 답일까?

③ 사용하는 언어나 출신 지역을 기준으로 다르게 대우하는 것은 차별입니다.

17 제시된 표어들은 편견과 차별이 없는 사회를 이루기 위한 내용을 담고 있습니다.

18 제시문은 장애인이 '못할 것'이라고 생각한 일들을 해 내며 장애인에 대한 편견을 깬 닉 부이치치에 관한 내용입니다.

왜 틀린 답일까?

①, ③ 이태영과 마리 퀴리는 여성에 관한 편견과 차별을 이겨 내었습니다.

② 세종대왕은 제시된 내용과 같이 장애에 관한 편견을 깼다고 보기 어렵습니다.

⑤ 로자 파크스는 피부색을 차별하는 법에 저항하였습니다.

특별한 서술/논술

141쪽

01 ㉠ 장애 ㉡ 성별

02 예시 답안 편견은 차별의 원인이 됩니다.

03 예시 답안 다른 사람이 처한 상황을 이해하려고 노력합니다. / 다른 사람의 마음에 공감하고, 공감을 바탕으로 그 사람의 입장에서 배려합니다.

제시된 자료 살펴보기

(가) 피부색이 다른 은아는 학교에서 같은 반 친구들에게 외국 사람이라는 놀림을 받았습니다.
(은아네 반 친구들이 가진 편견이 피부색에 관한 것임을 알 수 있습니다.)

(나) 창우는 청각 장애인인 영수가 손으로 대화하는 모습을 보면서 손으로는 자기 생각을 전하기가 어려울 것이라고 생각했습니다.
(창우가 가진 편견이 장애에 관한 것임을 알 수 있습니다.)

(다) 주호는 미래가 여자라서 축구를 잘 못할 거라고 생각하고, 미래는 주호가 남자라서 교실 꾸미기를 잘 못할 거라고 생각합니다.
(주호와 미래가 가진 편견이 성별에 관한 것임을 알 수 있습니다.)

01 (나)의 창우는 장애가 있는 사람에 관해 편견을 갖고 있고, (다)의 주호와 미래는 자신과 성별이 다른 사람에 관해 편견을 갖고 있습니다.

> 만점 꿀팁 (가)의 '피부색이 다른'이라는 말을 통해 피부색에 관한 편견이 나타나 있다는 것을 알면, (나)의 '청각 장애인', (다)의 '여자라서, 남자라서'라는 말에 나타난 편견이 무엇인지 생각해 보면 쉽게 답을 쓸 수 있습니다.

02 피부색, 언어, 종교, 장애, 출신 지역, 성별, 나이 등에 관한 편견이 차별을 하는 원인이 됩니다.

> 만점 꿀팁 제시된 ①, ②를 순서대로 살펴보면, 피부색이 다르면 외국 사람이라는 편견을 가지고 있는 은아네 반 친구들이 피부색을 기준으로 은아를 차별했습니다. 이를 보고 편견 때문에 차별이 이루어졌다는 것을 알았다면, 편견이 차별의 원인이 된다는 답을 쉽게 알 수 있습니다.

채점 기준 편견이 차별의 원인이 된다고 썼다면 '상', 즉 만점입니다. 하지만 편견이 차별을 불러온다고 썼다면 '중', 편견과 차별의 관계 외에 다른 내용을 썼다면 '하'로 점수가 깎입니다.

03 편견과 차별에서 벗어나기 위해서는 나와 다른 사람을 이해하고 공감하며 배려하는 자세를 가져야 합니다.

만점 꿀팁 은아네 반 친구들, 창우, 주호와 미래가 공통으로 가져야 할 자세를 쓰기 위해서는 먼저 이들이 공통으로 가지고 있는 문제를 알아야 합니다. 01번과 02번에서 파악한 내용을 참고하면 모두 편견과 차별의 태도를 가지고 있음을 알 수 있고, 이러한 태도를 벗어나기 위해서는 상대방에게 어떻게 해야 할지 생각해 보면 답을 금방 알 수 있습니다.

채점 기준 이해, 공감, 배려를 모두 포함하여 답을 썼다면 '상', 즉 만점입니다. 하지만 이해, 공감, 배려 중 두 가지만 포함하여 답을 썼다면 '중', 한 가지만 포함하여 답을 썼다면 '하'로 점수가 깎입니다.

단원 평가 1회

146~148쪽

01 ② 02 ③ 03 저출산
04 ㉠, ㉡ 05 정보화 06 ④
07 ⑤ 08 ㉠, ㉡ 09 예시 답안 세계 여러 나라의 문화를 쉽게 접할 수 있습니다.
10 ① 11 문화 12 ③
13 ③, ⑤ 14 ④ 15 예시 답안 나와 다른 사람들에 대해서 한쪽으로 치우친 생각(편견)을 갖기도 합니다. 16 ① 17 ⑤
18 ㉠, ㉡, ㉢ 19 편견 20 ③

01 오늘날 우리 사회는 태어나는 아이의 수가 줄어든 반면에 노인 인구는 크게 늘어나고 있습니다.

02 제시된 그래프에서 14세 이하의 어린이 수가 줄어드는 것을 통해 태어나는 아이의 수가 줄어들고 있음을 알 수 있습니다.

왜 틀린 답일까?

①, ⑤ 전체 인구에서 65세 이상 노인 인구가 차지하는 비율이 높아지는 고령화 현상이 심해지고 있습니다.
②, ④ 14세 이하 인구가 줄어들고 있으며, 사람들이 아이를 낳지 않아서 문제가 되고 있습니다.

03 아이를 돌보아 주는 기관을 늘리고, 직장인이 아이를 키우기 위한 휴가를 쓸 수 있도록 하는 것은 사람들이 아이를 낳지 않아 생긴 저출산 문제를 해결하기 위한 노력입니다.

04 의료 기술이 발달하고 생활 수준이 높아지면서 전체 인구에서 노인 인구의 비율이 높아지는 고령화 현상이 나타나고 있습니다.

왜 틀린 답일까?

㉢ 일하는 노인이 많아진 것은 노인 인구가 늘어났기 때문에 나타난 결과입니다.
㉣ 아이를 키우는 비용이 늘어나 출산을 꺼리게 되면서 저출산 현상이 나타났습니다.

05 정보가 중요한 자원이 되어 정보를 중심으로 사회가 운영되고 발전하는 것을 정보화라고 합니다.

06 정보화로 인해 학교에 가지 않고도 학교 누리집에서 학교 소식을 알 수 있게 되었습니다.

왜 틀린 답일까?

①, ⑤ 집에서도 인터넷이나 휴대 전화로 물건을 사거나 모둠 과제에 들어갈 내용을 찾을 수 있습니다.
② 휴대 전화로 집 밖에서도 가전제품을 켜고 끌 수 있습니다.
③ 길도우미를 이용해 교통 정보를 실시간으로 알 수 있습니다.

07 인터넷·스마트폰 중독에 빠져 할 일을 제때 하지 못하는 문제는 인터넷과 게임을 할 때 사용 시간을 정해서 지키는 방법으로 해결할 수 있습니다.

08 교통과 통신이 발달하면서 세계 여러 나라가 교류하고 가까워지는 세계화가 나타났습니다.

왜 틀린 답일까?

㉢, ㉣ 저출산·고령화에 관한 설명입니다.

09 세계화로 인해 문화의 교류가 활발해지면서 다른 나라의 문화를 우리나라에서도 쉽게 접할 수 있게 되었습니다.

채점 기준 '세계 여러 나라의 문화를 쉽게 접할 수 있다.'라는 내용을 바르게 썼으면 정답입니다.

10 세계화 속에서 우리는 다른 나라의 문화를 존중하는 태도를 지녀야 합니다.

왜 틀린 답일까?

② 전통문화도 바꾸거나 고칠 수 있어야 합니다.
③ 다른 나라의 문화를 무조건 따라 해서는 안 됩니다.
④ 다른 나라 문화의 좋은 점만 본받아야 합니다.
⑤ 우리의 전통문화에도 관심을 가져야 합니다.

11 한 나라나 사회에서 사람들이 오랫동안 함께 생활하면서 만들어지고 전해져 내려온 공통의 생활 방식을 문화라고 합니다.

12 문화에는 옛날부터 내려온 것도 있고, 오늘날 새롭게 만들어진 것도 있습니다.

13 에스키모인들이 얼음집에서 살고, 우리나라 사람들이 김치를 즐겨 먹듯이 문화는 지역이나 나라에 따라 다르게 나타납니다.

왜 틀린 답일까?

①, ②, ④ 지역이나 나라에 따라 다르게 나타나는 문화의 모습이라고 보기 어렵습니다.

14 제시된 장소들은 모두 외국인들이 자리를 잡고 모여 사는 곳으로 외국의 문화를 그대로 느낄 수 있습니다.

왜 틀린 답일까?

① 외국인뿐만 아니라 우리나라 사람도 삽니다.
② 제시된 장소 모두 우리나라에 속합니다.
③ 중국 문화, 이슬람 문화 등 다양한 문화를 엿볼 수 있습니다.
⑤ 외국의 문화를 체험할 수 있습니다.

15 우리 사회에 다양한 문화를 가진 사람들이 함께 하면서 나와 다른 사람들에 대해 한쪽으로 치우친 생각(편견)을 갖는 문제가 나타나기도 합니다.

채점 기준 '나와 다른 사람들에 대해서 한쪽으로 치우친 생각(편견)을 갖기도 한다.'라는 내용을 바르게 썼으면 정답입니다.

16 차별은 어떤 기준으로 대상을 구분하고 다르게 대우하는 것으로, 어느 한쪽으로 치우친 생각인 편견 때문에 나타납니다.

17 나이에 관해 편견을 갖지 않은 사람은 나이가 많은 사람과도 대화가 통할 수 있다고 생각합니다.

18 밑줄 친 '같은 반 아이들'은 아픈 친구의 마음을 이해하고 공감하며 배려해 주었습니다.

왜 틀린 답일까?

㉣ 같은 반 아이들은 장애를 겪고 있는 친구를 차별하지 않았습니다.

19 서로 다른 문화를 배우고 체험하는 활동을 통해 서로에 대해 가질 수 있는 공정하지 못한 생각인 편견에서 벗어날 수 있습니다.

20 로자 파크스는 피부색을 차별하는 법에 저항하였습니다.

왜 틀린 답일까?

①, ② 신체 장애를 갖고 태어나 장애인에 관한 편견을 깨뜨린 사람은 닉 부이치치입니다.
④ 로자 파크스는 경찰서에서 경찰관에게 피부색을 차별하는 법이 잘못되었음을 주장했습니다.
⑤ 변호사가 되어 차별받는 여성을 위해 봉사한 사람은 이태영입니다.

단원 평가 2회

149~151쪽

01 ㉢, ㉣ 02 ④ 03 ④
04 ①, ⑤ 05 ② 06 정보화
07 예시 답안 음악, 영화, 프로그램 등을 만든 사람이 자기가 만든 것에 대해 가지는 권리인 저작권을 침해하였습니다. 08 지구촌 09 ③
10 예시 답안 ㉠ 세계 여러 나라의 문화를 쉽게 접할 수 있습니다. ㉡ 서로의 문화를 이해하지 못해 문제가 생깁니다. 11 다양성 12 ㉠, ㉢
13 ① 14 ③ 15 ㉡, ㉢
16 편견 17 ① 18 ⑤
19 ④ 20 ②

01 환갑을 맞은 어른이 많지 않아 마을에서 환갑잔치를 열거나 휴대 전화를 사용하지 않아 사람들이 전화를 하려고 공중전화 앞에서 줄을 서서 기다리는 모습은 오늘날 보기 힘듭니다.

02 노인정, 요양원 등 노인을 위한 시설이 늘어나는 것은 전체 인구에서 노인 인구의 비율이 높아지는 고령화로 달라진 우리 사회의 모습입니다.

03 제시된 포스터에는 태어나는 아이의 수가 줄어드는 저출산 현상을 해결하려는 사회적 노력이 담겨 있습니다.

04 고령화에 대처하기 위해서는 돌봄이 필요한 노인을 지원하고, 노인들이 일자리를 쉽게 찾을 수 있도록 도와야 합니다.

05 정보화로 지식과 정보를 손쉽게 활용하면서 사람들의 생활이 더욱 편리해졌습니다.

왜 틀린 답일까?

① 개인 정보가 유출될 가능성이 커졌습니다.
③ 다른 사람과 정보를 주고받기 쉬워졌습니다.
④ 얻을 수 있는 정보와 지식의 양이 늘어났습니다.
⑤ 정보와 지식을 얻는 데 걸리는 시간이 줄었습니다.

06 정보화 사회에서는 악성 댓글이나 거짓 소문과 같은 사이버 폭력, 자신도 모르게 개인 정보가 빠져나가는 개인 정보 유출과 같은 문제가 나타나기도 합니다.

07 정보화 사회에서는 돈을 내고 내려받은 음악을 다시 인터넷에 올리는 것, 돈을 내고 보아야 하는 영화를 공짜로 내려받는 것, 다른 사람이 만든 프로그램을 허락 없이 사용하는 것 등과 같이 저작물을 만든 사람이 자기가 만든 것에 대해 가지는 권리인 저작권을 침해하는 문제가 많이 발생합니다.

채점 기준	
상	저작권의 뜻을 포함하여 저작권을 침해했다고 쓴 경우
중	저작권을 침해했다고만 쓴 경우
하	다른 사람의 권리를 침해했다고만 쓴 경우

08 세계화로 인해 지구가 한 마을처럼 되어 간다는 뜻에서 오늘날 세계를 가리켜 '지구촌'이라고도 합니다.

09 세계화로 인해 나라 간에 물건과 자원의 교류, 인적 자원의 교류, 드라마와 같은 문화의 교류가 활발하게 이루어지고 있습니다.

왜 틀린 답일까?

③ 오늘날에는 세계화로 인해 외국에 가지 않고도 우리나라에서 외국의 음악을 들을 수 있습니다.

10 오늘날에는 세계화로 인해 세계 여러 나라의 물건이나 문화를 쉽게 접할 수 있게 되었지만, 동시에 전통문화가 점점 사라지고 서로의 문화를 이해하지 못해 문제가 생기기도 합니다.

채점 기준 '세계 여러 나라의 문화를 쉽게 접할 수 있다.', '서로의 문화를 이해하지 못해 문제가 생긴다.'라는 내용 모두를 바르게 썼으면 정답입니다.

11 한 사회의 사람들 사이에서도 음식, 옷차림, 놀이, 음악 등이 다르게 나타나는 것을 통해 문화가 다양하다는 것을 알 수 있습니다.

12 문화는 사람들이 공통적으로 가지고 있는 생활 방식으로 지역, 시대, 나이 등에 따라 다양하게 나타납니다.

왜 틀린 답일까?

㉡ 한 사람이 오랫동안 되풀이해 온 행동 방식은 습관입니다.
㉣ 나라나 사회마다 문화의 모습은 다르게 나타납니다.

13 인천 차이나타운, 서울 이태원 이슬람 거리, 경기도 안산시 다문화 마을, 김해 서상동 외국인 거리 등은 모두 외국인들이 자리를 잡고 모여 사는 곳입니다. 이런 장소에 가면 외국의 문화를 그대로 느낄 수 있습니다.

왜 틀린 답일까?

① 전주 한옥 마을은 오랫동안 전해져 내려온 우리의 전통문화를 그대로 느낄 수 있는 곳입니다.

14 오늘날에는 다양한 문화를 지닌 사람들이 함께하면서 서로의 문화를 이해하고 존중하지 못해 자신의 문화를 다른 문화를 가진 사람에게 강요하거나 겉모습이나 출신 지역만으로 다른 사람을 판단하는 등 한쪽으로 치우친 생각인 편견을 갖기도 합니다.

왜 틀린 답일까?

③ 태어나는 아이의 수가 줄어드는 저출산이 계속되면서 나타날 수 있는 문제점입니다.

15 성별에 따라 가질 수 있는 직업이 정해진다는 생각은 편견이며, 남자뿐만 아니라 여자도 비행기 조종사가 될 수 있습니다. 또한 나이에 따라 가질 수 있는 직업이 정해진다는 생각도 편견이며, 젊은 사람뿐만 아니라 나이가 든 사람도 패션모델이 될 수 있습니다.

16 편견은 공정하지 못하고 한쪽으로 치우친 생각으로 차별의 원인이 됩니다.

17 제시된 그림에는 출신 지역에 관한 차별이 나타나 있습니다. 이러한 차별로 능력을 발휘하지 못하는 사람들이 많아지면 사회 발전이 늦어질 수 있습니다.

왜 틀린 답일까?

② 사람 간의 다툼이 늘어납니다.
③ 자신이 마땅히 누려야 할 권리를 누리지 못하는 사람들이 생겨납니다.
④ 마음의 상처를 입는 사람이 늘어납니다.
⑤ 자신의 능력을 발휘하지 못하는 사람들이 늘어납니다.

18 성별에 따라 여자는 얌전하고, 남자는 씩씩하다는 성격이 정해진다고 말하는 영서와 예쁘게 꾸미는 일은 여자만 할 수 있다고 말하는 수정이가 성별에 관한 편견을 갖고 있습니다.

왜 틀린 답일까?

창우는 성별에 관한 편견이 포함되지 않은 말을 하고 있으며, 미래는 외모에 관한 편견이 포함된 말을 하고 있습니다.

19 편견과 차별을 없애기 위해서는 상대방의 입장에서 생각하며 나와 다른 문화를 이해하고 존중해야 합니다. 또한 한쪽으로 치우친 생각을 하지 않도록 노력해야 합니다.

왜 틀린 답일까?

④ 사람을 출신 지역에 따라 다르게 대우하는 것은 차별입니다.

20 제시된 그림은 차별받는 여성을 위해 봉사한 이태영 변호사에 관한 것입니다. 이태영 변호사는 여성이라는 이유로 판사가 되지 못한 차별을 겪었던 사람으로서 무료 법률 상담을 통해 차별받는 여성들의 권리를 되찾아 주기 위해 노력하였습니다.

초등학교		
학년	반	이름

초등학교에서 탄탄하게 닦아 놓은
공부력이 중·고등 학습의 실력을 가릅니다.

하루한장 쏙셈

쏙셈 시작편
초등학교 입학 전 연산 시작하기
[2책] 수 세기, 셈하기

쏙셈
교과서에 따른 수·연산·도형·측정까지 계산력 향상하기
[12책] 1~6학년 학기별

쏙셈+플러스
문장제 문제부터 창의·사고력 문제까지 수학 역량 키우기
[12책] 1~6학년 학기별

쏙셈 분수·소수
3~6학년 분수·소수의 개념과 연산 원리를 집중 훈련하기
[분수 2책, 소수 2책] 3~6학년 학년군별

하루한장 한국사

큰별★쌤 최태성의 한국사
최태성 선생님의 재미있는 강의와 시각 자료로
역사의 흐름과 사건을 이해하기
[3책] 3~6학년 시대별

하루한장 한자

그림 연상 한자로 교과서 어휘를 익히고 급수 시험까지 대비하기
[4책] 1~2학년 학기별

하루한장 급수 한자

하루한장 한자 학습법으로 한자 급수 시험 완벽하게 대비하기
[3책] 8급, 7급, 6급

하루한장 ENGLISH BITE

ENGLISH BITE 알파벳 쓰기
알파벳을 보고 듣고 따라쓰며 읽기·쓰기 한 번에 끝내기
[1책]

ENGLISH BITE 파닉스
자음과 모음 결합 과정의 발음 규칙 학습으로
영어 단어 읽기 완성
[2책] 자음과 모음, 이중자음과 이중모음

ENGLISH BITE 사이트 워드
192개 사이트 워드 학습으로 리딩 자신감 키우기
[2책] 단계별

ENGLISH BITE 영문법
문법 개념 확인 영상과 함께 영문법 기초 실력 다지기
[Starter 2책 , Basic 2책] 3~6학년 단계별

ENGLISH BITE 영단어
초등 영어 교육과정의 학년별 필수 영단어를
다양한 활동으로 익히기
[4책] 3~6학년 단계별